知っておきたい日本の名言格言事典

大隅和雄・神田千里・季武嘉也
山本博文・義江彰夫　著

吉川弘文館

はじめに

二〇〇三年の春、編集部の人から、日本史の名言を集めて事典を作りたいと思っているという話を聞いた。興味の無い事柄ではなかったが、日本史の名言とは何なのか考えはじめるとよく分からず、その場で協力しましょうと言うのは躊躇され、返事は保留して編集室を辞去した。

私が国民学校の生徒だった頃、五年生になると、教科に地理と歴史が加わった。『初等 国史』の教科書は上下に分けられ、神代から戦国時代までが上巻、下巻は江戸時代以降大東亜戦争開戦までで、六年生の教科書だった。国史の教科書はなかなかの美文で書かれていて、子供が暗唱するのに適していた。五年生の教室には、正面の壁一杯、つまり黒板の上に大きな国史年表が掲げられていた。年表とともに、授業では掛図《かけず》が大きな役割を果たした。掛図は、横八〇チ《センチ》、縦一二〇チ《センチ》くらいの大きさで、歴史の時間には、その日の授業と関連のある絵が、生徒の前に掲げられた。掛図の絵は、歴史の重要な場面の緊張感を伝え、歴史の決定的瞬間を巧みに表すものだった。絵図には、文字は書き込まれていなかったが、今でいえば、吹き出しのような形で書かれることばが予定されていて、それが歴史の舞台の名科白《めいぜりふ》であり、その中から選ばれたものが歴史の名言だと考えられていた。

歴史の授業は、掛図の絵解《えと》きというような形で進められ、そこで聞いた歴史の名言は生徒の心に残り、また、歴史画や芝居などを通じて広く知られていた。掛図に吹き出しの形で書き込まれる名言を集めて、そのことばが発せられるようになった経緯を解説すれば、名言事典を作ることは、容易な事のように思われた。

しかし、名言とされることばが、人々の間で選び抜かれ、歴史の場面と重なり合うようになるのは、一朝一夕に成ったことではない。それは、永い間語り伝えられた歴史の中で、名科白として受け容れられたことばだった。掛図の絵にしても、近世後期に盛んに描かれるようになった錦絵《にしきえ》版画の趣向を受け継いで、取り上げる場面や構図ができ上がったものだった。そういうことを考えると、名言事典などに関わりを持つと、考えなければならないことは縦横にひろがり、結局は伝統的な歴史認識の世界にのめり込んで行くことになるという、危惧を払いのけることができなかった。

けれども、編集部の熱心で具体的な計画を聞いているうちに、今度の名言事典は、伝統的・通俗的な歴史の世界に傾いて行くことではなく、新しい歴史像を模索して行くことになるのだと考えるようになった。何世紀もかけて選ばれてきた名言を集めるのではなく、現代の歴史の概説・通説の中で重要な役割を果たした人物百人前後を選び、その人物が歴史の中で、どんな役割を果たし、歴史に何を残したか伝えることばを、歴史の名言として考えるという方針にしたがって、名言事典を作ることが必要なのではないか。私もそう考えるようになった。

歴史の伝え方、書き方に決まりはない。主要な人物のことばを巡って、その選択の適否を論じ、歴史の場面を想像し、歴史画の構図を考えてみたり、歴史の舞台の構想を練って、歴史の決定的瞬間に思いをはせたりするのも、歴史に接近する方法の一つであるに違いない。名言を集めたこの事典が、日本の歴史を豊かに享受するための、手がかりの一つになることを願っている。

最後に、この事典を作り上げる仕事がほぼ計画どおりに進み、刊行の運びとなったことを嬉しく思っている。編集部の熱意と、普段とは勝手の違う仕事を、意欲的に進めた執筆者諸氏の苦労もあってのことと思う。山本博文氏は、本務が多忙を極めたために、近世の項目のうちのいくつかは松澤克行氏と福留真紀氏の助力を得た。企画と進行は編集部の大岩由明さんにお世話いただき、事典という性格上、吉川弘文館の皆さんには、さまざまな配慮をしていただいた。ここに謝意を表したい。

二〇〇五年六月十日

大隅和雄

知っておきたい　日本の名言・格言事典　目　次

はじめに

古代

1 聖徳太子（五七四—六二二） 2
2 藤原鎌足（六一四—六六九） 5
3 天武天皇（?—六八六）・額田王（?） 7
4 天武天皇（?—六八六） 9
5 役行者（?） 10
6 聖武天皇（七〇一—五六） 12
7 多度大神（?） 14
8 最澄（七六七—八二二） 16
9 空海（七七四—八三五） 17
10 藤原基経（八三六—九一） 19
11 菅原道真（八四五—九〇三） 21
12 三善清行（八四七—九一八） 23
13 宇多天皇（八六七—九三一） 25
14 醍醐天皇（八八五—九三〇） 28
15 紀貫之（八七二?—九四五） 31
16 平将門（?—九四〇） 34
17 九条師輔（九〇六—六〇） 36
18 村上天皇（九二六—六七） 39
19 清少納言（?） 43
20 紫式部（?） 45
21 平兼忠（?） 47
22 源信（九四二—一〇一七） 49
23 源頼信（九六八—一〇四八） 52
24 清原武則（?） 54
25 源頼義（九八八—一〇七五） 56
26 大江匡房（一〇四一—一一一一） 59
27 白河法皇（一〇五三—一一二九） 61
28 平清盛（一一一八—八一） 62
29 後白河法皇（一一二七—九二） 64

中　世

30 法　然（一一三三―一二一二）68
31 源　頼朝（一一四七―九九）70
32 鴨　長明（一一五五―一二一六）73
33 慈　円（一一五五―一二二五）75
34 北条政子（一一五七―一二二五）77
35 藤原定家（一一六二―一二四一）79
36 親　鸞（一一七三―一二六二）81
37 道　元（一二〇〇―五三）83
38 阿仏尼（?―一二八三）85
39 日　蓮（一二二二―八二）87
40 無　住（一二二六―一三一二）89
41 吉田兼好（一二八三?―一三五二?）91
42 北畠親房（一二九三―一三五四）93
43 足利尊氏（一三〇五―五八）96
44 今川了俊（一三二六―?）98
45 世阿弥元清（一三六三?―一四四三?）100
46 一休宗純（一三九四―一四八一）102
47 蓮　如（一四一五―九九）104
48 宗　祇（一四二一―一五〇二）106
49 北条早雲（一四三二―一五一九）108
50 朝倉宗滴（一四七四―一五五五）110
51 多胡辰敬（?―一五六二）112
52 毛利元就（一四九七―一五七一）114
53 武田信玄（一五二一―七三）116
54 千　利休（一五二二―九一）118
55 上杉謙信（一五三〇―七八）120
56 織田信長（一五三四―八二）122

近世

57 豊臣秀吉（一五三六―九八） 126
58 徳川家康（一五四二―一六一六） 129
59 大久保忠教（一五六〇―一六三九） 131
60 細川ガラシャ（一五六三―一六〇〇） 134
61 柳生宗矩（一五七一―一六四六） 136
62 沢庵宗彭（一五七三―一六四五） 138
63 宮本武蔵（一五八四―一六四五） 140
64 池田光政（一六〇九―八二） 142
65 三井高利（一六二二―九四） 144
66 伊藤仁斎（一六二七―一七〇五） 146
67 貝原益軒（一六三〇―一七一四） 148
68 大道寺友山（一六三九―一七三〇） 150
69 井原西鶴（一六四二―九三） 152
70 近松門左衛門（一六五三―一七二四） 154
71 新井白石（一六五七―一七二五） 156
72 室　鳩巣（一六五八―一七三四） 158
73 荻生徂徠（一六六六―一七二八） 160
74 近衛家熙（一六六七―一七三六） 162
75 雨森芳洲（一六六八―一七五五） 164
76 工藤平助（一七三四―一八〇〇） 167
77 森山孝盛（一七三八―一八一五） 169
78 松平定信（一七五八―一八二九） 171
79 曲亭馬琴（一七六七―一八四八） 173
80 二宮尊徳（一七八七―一八五六） 175
81 大塩平八郎（一七九三―一八三七） 177
82 川路聖謨（一八〇一―六八） 179
83 勝　小吉（一八〇二―五〇） 181

近　代

84 西郷隆盛（一八二七―七七） 184
85 吉田松陰（一八三〇―五九） 186
86 大久保利通（一八三〇―七八） 189
87 福沢諭吉（一八三四―一九〇一） 191
88 坂本龍馬（一八三五―六七） 194
89 板垣退助（一八三七―一九一九） 196
90 大隈重信（一八三八―一九二二） 199
91 山県有朋（一八三八―一九二二） 201
92 渋沢栄一（一八四〇―一九三一） 203
93 田中正造（一八四一―一九一三） 205
94 中江兆民（一八四七―一九〇一） 207
95 東郷平八郎（一八四七―一九三四） 209
96 今泉みね（一八五五―一九三七） 211
97 犬養　毅（一八五五―一九三二） 213
98 原　　敬（一八五六―一九二一） 216
99 穂積陳重（一八五六―一九二六） 218
100 加藤高明（一八六〇―一九二六） 220
101 内村鑑三（一八六一―一九三〇） 222
102 岡倉天心（一八六二―一九一三） 224
103 夏目漱石（一八六七―一九一六） 226
104 徳富蘆花（一八六八―一九二七） 229
105 樋口一葉（一八七二―九六） 231
106 柳田国男（一八七五―一九六二） 233
107 寺田寅彦（一八七八―一九三五） 235
108 マッカーサー（一八八〇―一九六四） 237
109 平塚らいてう（一八八六―一九七一） 239
110 石川啄木（一八八六―一九一二） 242
111 柳　宗悦（一八八九―一九六一） 244
112 芥川龍之介（一八九二―一九二七） 246
113 高群逸枝（一八九四―一九六四） 248
114 松下幸之助（一八九四―一九八九） 250

索引／著者紹介

*引用した史料は、典拠のテキストを忠実に掲げることを原則とした。ただし、振り仮名は新仮名遣いを採用した。

*原文が漢文のものは、適宜、読み下し文に変更したものもある。

古代

1 聖徳太子

しょうとくたいし

五七四—六二二

用明《ようめい》天皇の皇子で実名は厩戸《うまやど》皇子、崇峻《すしゅん》天皇の時代に蘇我氏《そがうじ》とともに廃仏派の物部氏《もののべうじ》を倒す。推古《すいこ》天皇の時代に摂政《せっしょう》となり、仏教興隆、遣隋使《けんずいし》派遣などをとおして、随《ずい》・唐《とう》や高句麗《こうくり》・新羅《しらぎ》・百済《くだら》の進んだ文明を摂取して、冠位《かんい》十二階・憲法十七条・国史編纂をはじめ、のちの律令国家の前提となる国制を築くことに専念した。六二二年（推古天皇三十）に四十九歳で没してのち、律令国家の建設と並行して太子の聖人化が進み、後世の聖徳太子信仰の基礎が作られていった。

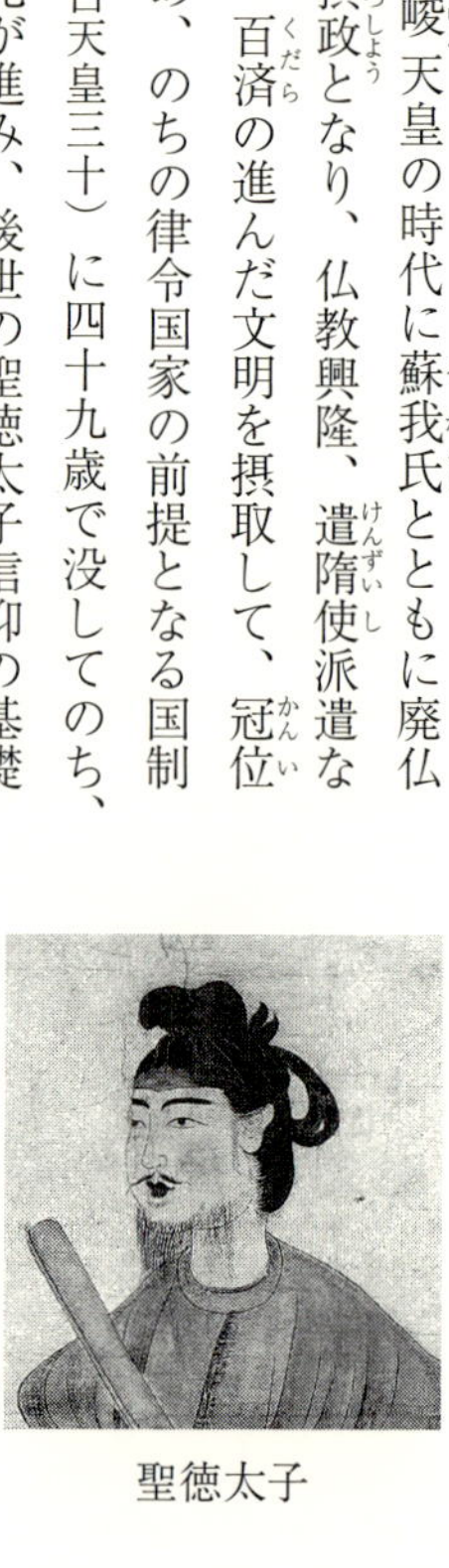

聖徳太子

一《ひとつ》に曰《い》はく、和《やわらか》なるを以《もっ》て貴《とうと》しとし、忤《さか》ふること無《な》きを宗《むね》とせよ。……或《ある》いは君父《きみかぞ》に順《したが》はず。乍《また》隣里《さととなり》に違《たが》ふ。然《しか》れども、上和《かみやわら》ぎ下睦《しもむつ》びて、事《こと》を論《あげつら》ふに諧《かな》ふときは、事理《こと》自《おの》づからに通ふ。……二に曰はく、篤《あつ》く三宝《さんぽう》を敬《うやま》へ。三宝とは仏《ほとけ》・法《のり》・僧《ほうし》なり。則《すなわ》ち四生《よつのうまれ》の終帰《おわりのよりどころ》、万《よろず》の国《くに》の極宗《きわめのむね》なり。何《いずれ》の世《よ》、何《いずれ》の人《ひと》か、是《こ》の法《みのり》を貴《とうと》びずあらむ。……三《みつ》に曰はく、詔《みことのり》を承《うけたまわ》りては必《かなら》ず謹《つつし》め。君《きみ》をば天《あめ》とす。臣《やっこらま》をば地《つち》とす。天は覆《おお》ひ地は載《の》す。四時《よつのとき》順《したが》ひ行《おこな》ひて、万気《よろずのしるしかよ》通ふこと得《う》。地、天を覆《おお》はむとするときは、壊《やぶ》ることを

致さむ。（『日本書紀』推古天皇十二年四月三日条）

【解説】六〇四年（推古十二）に制定された憲法十七条の冒頭三ヵ条の抜粋。第一条の人間関係における和の尊重は、古来、憲法十七条を代表するものとして重視されてきた。しかし、君父にしたがわないことが和を壊《こわ》していると述べていることに注目すれば、この和とは対等な人間間の和ではなく、君父・上下の別を踏まえたうえでの人と人との協調であることが明確になる。これは中国儒教を踏まえた和の論理であり、そこに隋《ずい》に比すべき古代国家を樹立しようとする王権の論理が伏在していることを読み取ることができる。

第二条での仏教の崇敬は、冒頭に述べた推古朝と太子の基本路線から見れば、当然の帰結である。しかし、仏教を万国の究極の拠り所ととらえる見方は、すでに数十年前の五三八年に百済《くだら》が欽明《きんめい》朝に仏典と仏像を贈ったときの聖明王《せいめいおう》の文に見える（『日本書紀』欽明天皇十三年十月条）。これを踏まえると日本の古代王権は、中国・百済をはじめとする国々が、すでに東アジア国際関係のなかで生き抜くうえで仏教の重要性を熟知して身につけたことを知り、その一員となるためには自ら率先して仏教を摂取していかねばならないという理解に到達したことが見えてくる。太子の仏教興隆政策と本条は、以上の王権の課題を具体化したものであった。

第三条での君臣関係の論理は、中国の帝王学を摂取して展開されている。君臣を天地に比定して覆《くつがえ》しえないものという考えは、『管子《かんし》』や『礼記《らいき》』など歴代中国の帝王学とされた書物に見られる論理であり、およそ従来の日本の王権が身につけていたものではない。従来の王権と臣下（豪族）を結ぶ論理は大王霊の配分と豪族霊の吸収、そしてそれを具体的に現す豪族の大王への始祖霊に支えられた奉仕であった。このような関係では、豪族が時の大王（天皇）を始祖が仕えた大王の血と霊を引かないと判断すれば、大王への奉仕を行わなくなる。

太子の時代の王権は、このようなマジカルな君臣関係を打破し、天皇と臣下の関係を中国帝王学がもつ自然の摂理で説明し、臣下の君子への反逆を断ち切る論理を提示したのである。中国型古代国家の建設を目指していた当時の王権にとって、これは至上命題であった。以上三ヵ条を見るだけでも太子は、時の王権の課題が何であるかを見抜いていたことが確認される。

憲法十七条については、存否・内容に関し多くの議論があるが、ここでは『日本書紀』の記述に従った。

出　典　坂本太郎ほか校注『日本書紀』下〈日本古典文学大系〉岩波書店、一九六五年

参考文献　坂本太郎『聖徳太子』〈人物叢書〉吉川弘文館、一九七九年／吉村武彦『聖徳太子』岩波新書、二〇〇二年

世間《よのなか》は虚《うつわ》り仮《か》りにして、唯仏《ただほとけ》ノミ是真《これまこと》ソ

我《わ》が大王《おおきみ》ノ告《の》りてたまへらく、「**世間《よのなか》は虚《うつわ》り仮《か》りにして、唯仏《ただほとけ》ノミ是真《これまこと》ソ**」トノりたまへり。（『上宮聖徳法王帝説《じょうぐうしょうとくほうおうていせつ》』）

【解説】これは、聖徳太子が死の床で妻子らに遺した遺言である。その典拠は、この遺言を妻らが織り込んだ「天寿国繡帳《てんじゅこくしゅうちょう》」にあり、それとまったく同文である。現世がいつわりと仮のものであり、真実は仏にしかないという、この遺言には、仏教の奥義を窮《きわ》めた者の内面の吐露《とろ》が率直に読み取れる。これによって太子は、国政上のみに仏教を求めていたのではなく、太子個人の人間としての心の悩みを救うものとして仏教に帰依《きえ》していたことが確認される。

出典・参考文献　家永三郎ほか校注『聖徳太子集』〈日本思想大系〉岩波書店、一九七五年

2 藤原鎌足

ふじわらのかまたり

六一四—六九

大きなる事《こと》を謀《はか》るには、輔《たすけ》有《あ》るには如《し》かず。請《こ》ふ、蘇我倉山田麻呂《そがのくらのやまだのまろ》の長女《えひめ》を納《めしい》れて

もと中臣鎌子《なかとみのかまこ》という。中臣氏《なかとみうじ》は大和王権時代以来、王権の神々の祭祀を司ってきた氏族。『日本書紀』によれば鎌子も六四四年（皇極《こうぎょく》三）正月に祭祀の長官に任じられたが、蘇我入鹿《そがいるか》の皇位簒奪に大きな危機感をもち、同じ志をもつ中大兄《なかのおおえ》皇子に接近して抜擢される。翌年六月鎌子は中大兄の片腕となって、蘇我入鹿を誅殺し、大化改新《たいかのかいしん》のクーデターを遂行した。同月、軽皇子《かるのみこ》が皇位（孝徳《こうとく》天皇）に就いたとき、名も鎌足に改め、内臣《うちつおみ》に任じられた。以後大化改新が始動した孝徳朝を通し、鎌足は実際には中大兄を支えて改革の諸政策を遂行したと判断される。六五四年（白雉五）皇極《こうぎょく》天皇が重祚《ちょうそ》（斉明《さいめい》天皇）して以降は、改新の重臣たちは皆没去していたので、鎌足は実権を握った中大兄の唯一の輔佐役として、一層、内政外政全般の推進の先頭に立った。六六二年（天智《てんじ》元）、中大兄が天皇（天智）に即位して以後は、最長老の人臣として廟堂《びょうどう》を束ねたが、七年後病に倒れ、天皇から大臣最高の大織冠《たいしょくかん》・大臣《おおおみ》・藤原《ふじわら》姓を与えられた翌日、自邸で没した。

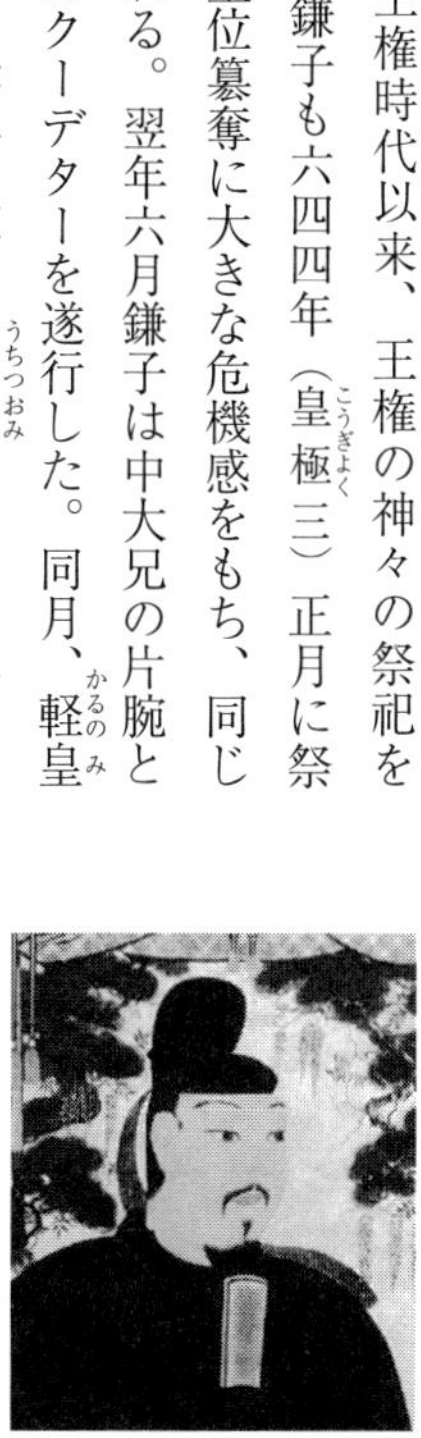

藤原鎌足

妃《みめ》として、婚姻《むこしゅうと》の昵《むつび》を成《な》さむ。然《しこう》して後《のち》に陳《の》べ説《と》きて、与《とも》に事《こと》を計《はか》らむと欲《おも》ふ。功《いたわり》を成《な》す路《みち》、茲《これ》より近《ちか》きは莫《な》し。（『日本書紀』皇極天皇三年正月条）

【解説】大化《たいか》の改新《かいしん》という大事業を実行するには、有力な輔弼《ほひつ》の臣が必要。敵方蘇我氏《そがうじ》のなかで唯一信頼できる倉山田麻呂《くらのやまだのまろ》の長女を中大兄《なかのおおえ》の妃として、そのうえで彼を説得して味方にすれば、大化の改新の実行は、もっとも確実なものとなる。鎌子は中大兄にこのように進言して、大事の遂行にいかに敵方に味方を作ることが大切かを訴えたのである。

其《そ》の葬事《のちのわざ》は、軽易《おろそか》なるを用《もち》ゐむ。生《い》きては軍国《おおやけ》に務無《つとめな》し。死《みまか》りては何ぞ敢《あ》へて重《かさ》ねて難《なやま》さむ。（『日本書紀』天智天皇八年十月条）

【解説】鎌足《かまたり》が死に臨んで遺した感慨と遺言。自分の葬儀は簡素にすべきこと、いまや老いた自分が国家の役に立たなくなった存在であることを端的に述べた名言。

出　典　坂本太郎ほか校注『日本書紀』下〈日本古典文学大系〉岩波書店、一九六五年

参考文献　青木和夫「藤原鎌足」『日本古代の政治と人物』吉川弘文館、一九七七年

3 天武天皇 てんむてんのう ?―六八六
額田王 ぬかたのおおきみ ?

天武天皇は舒明《じょめい》天皇と皇極《こうぎょく》天皇（斉明《さいめい》天皇）の皇子。母皇極天皇と兄天智《てんじ》天皇の世には皇太子として活躍し、六七二年（天武元）の壬申《じんしん》の乱に勝利して即位し、急速に中国型官僚制国家を樹立しようとした兄の路線を軌道修正しながら、律令国家の建設に生涯を捧げた。額田王は鏡王《かがみおう》の娘。はじめ大海《おおあ》人《ま》皇子（天武天皇）に嫁し、のち中大兄《なかのおおえ》皇子（天智天皇）に嫁ぐ。左の歌は中大兄皇子の妃だった頃のものと考えられる。当時有数の宮廷女流歌人として、この歌を含め多くの秀歌を『万葉集』に残している。

天皇、蒲生野《がもうの》に遊猟《みかり》したまふ時、額田王《ぬかたのおおきみ》の作る歌

あかねさす紫野《むらさきの》行き標野《しめの》行き野守《のもり》は見ずや君が袖振る

皇太子《ひつぎのみこ》の答へましし御歌　明日香宮に明日天の下知らしめしし天皇、諡して天武天皇といふ

紫草《むらさき》のにほへる妹《いも》を憎《にく》くあらば人妻ゆゑにわれ恋ひめやも（『万葉集』巻一、二〇・二一）

【解説】天武天皇が皇太子（大海人《おおあま》皇子）時代、母斉明《さいめい》天皇に従って近江《おうみ》の蒲生野《がもうの》の禁野《きんや》で狩をしたときに、元

は自分の妃であり、今は兄中大兄《なかのおおえ》皇子の妃となった額田王との間に交わした恋の歌。

大海人皇子の袖を振っての愛の呼びかけを、野守《のもり》が見るといって恥ずかしい気持ちを額田王が皇子に歌にして伝えると、大海人皇子は、貴女を憎からず思っているからこそ、今は兄の中大兄皇子の妃となってしまった貴女に袖を振って恋しい気持ちを伝えているのです、と返し歌を贈る。二人の兄弟を恋してしまったために苦しむ額田王の心と、それを知りつつ、額田王への恋心を押さえられない大海人皇子の心が伝わってくるような歌の交換である。この時代、王権の世界から個人的・内面的な愛と羞恥《しゅうち》の感性が生まれてきたことを典型的に示す名歌。

出典　高木市之助ほか校注『万葉集』一〈日本古典文学大系〉岩波書店、一九五七年

参考文献　沢瀉久孝『万葉集注釈』一、中央公論社、一九五七年

4 天武天皇《てんむてんのう》 ？—六八六

天武天皇の経歴については、3を参照。

詔《みことのり》して曰《のたま》はく、「凡《おおよ》そ政要《まつりごとのぬみ》は軍事《いくさのこと》なり。」

詔して曰はく、「凡《おおよ》そ政要《まつりごとのぬみ》は軍事《いくさのこと》なり。是《ここ》を以《も》て、文武官《ふみつかさつわものつかさ》の諸人《ひとびと》も、務《つと》めて兵《つわもの》を用《もち》ゐ、馬《うま》に乗《の》ることを習《なら》へ。則《すなわ》ち馬・兵《つわもの》、并《あわせ》て当身《みみ》の装束《よそい》の物《もの》、務めて具《つぶさ》に儲《そな》へ足《た》せ。其《そ》れ馬有《あ》らむ者《もの》をば騎士《うまのりびと》とせよ。馬無《な》からむ者をば歩卒《かちびと》とせよ。並《ならび》に当《まさ》に試練《ととの》へて、聚《あつま》り会《つど》ふに障《さわ》ること勿《まな》。……」（『日本書紀』天武天皇十三年閏四月五日条）

【解説】唐の朝鮮三国侵略・日本侵略の危機、壬申《じんしん》の乱を乗り切った天武天皇が、律令国家建設の大詰に来た時期に、その機をとらえて出した詔《みことのり》の一節。文武官人のすべてに武装を命じる。危機の経験を踏まえ、天武が国家統治の要が軍事体制の構築・強化にあることを認識し、実行しようという強い決意を表明した。

出典　『日本書紀』下〈日本古典文学大系〉岩波書店、一九六五年

参考文献　石母田正『日本の古代国家』岩波書店、一九七一年

5

役行者

えんのぎょうじゃ

？

役行者の出自は賀茂《かも》の役《え》の君《きみ》。大和《やまと》の葛木山《かずらきさん》に籠もり、日本古来の山岳信仰と雑密教《ぞうみっきょう》（孔雀王法《くじゃくおうほう》）を結合して、さまざまな奇蹟を行った。左の文から分かるように、その奇蹟で王権を揺さぶったため、伊豆国大島に流され、赦免《しゃめん》ののちは呪法で新羅《しらぎ》にまで渡ったという。平安時代初頭以降修験道《しゅげんどう》がさかんになるにしたがい、その開祖として、後世まで長く崇敬された。

役行者

大倭《やまと》の国の金《かね》の峰《たけ》と葛木《かずらき》の峰《たけ》とに椅《はし》を度《わた》して通《かよ》はせ

役《え》の優婆塞《うばそこ》は、賀茂役公《かものえのきみ》、今の高賀茂《たかかも》の朝臣《あそん》といふ者なり。大和の葛木《かずらき》の上《かみ》の郡茅原《ちはら》の村の人なり。……三宝《さんぼう》を仰《あお》ぎ信《う》けて業《わざ》とす。……年四十余歳を以て、更に巌窟《いわや》に居り、葛《かずら》を被《き》、松を餌《の》み、清水の泉を沐《あ》み、欲界《よくかい》の垢を濯《すす》キ、孔雀《くじゃく》の呪法《じゅほう》を修習し、奇異の験術《げんじゅつ》を証し得たり。鬼神《おにかみ》を駈使《おい》ひ、得ること自在《じざい》なり。諸の鬼神を唱《いざな》ひ催《もよお》シテ曰《い》はく「**大倭《やまと》の国の金《かね》の峰《たけ》と葛木の峰《たけ》とに椅《はし》を度《わた》して通《かよ》はせ**」という。是《ここ》に神等、皆愁《うれ》へて、藤原の宮に宇御《あめのしたおさ》めたまひし天皇《すめらみこと》のみ世《よ》に、葛木の峰の一言主《ひとことぬし》の大神、託《くる》ひ讒《しこ》ぢて曰はく「役《え》の優婆塞、謀《はか》りて天皇を傾《かたぶ》け将《む》とす。」といふ。天皇勅《おおせこと》して使を遣して捉《とら》ふるに、猶《なお》験力に因りて輙《たやす》ク捕《とら》へられ不《ざ》るが故に其の母を捉ふ。優婆塞母を免れ令《し》めむが故に、出で来て捕へられぬ。即ち伊図《いず》の嶋に流しき。時に身、海上に浮かびて走ること、陸を履《ふ》むが如し。體《み》萬丈に踞《うずくま》り、飛ぶこと翥《はふ》る鳳《おおとり》の如く、昼は皇命に随ひて嶋《しま》に居て行ひ、夜は駿河の富岻《ふじ》の嶺《たけ》ニ往きて修す。……大宝元年歳の辛丑に次《やど》る正月を以て天朝《みかど》の辺に近づき、遂に仙と作《な》りて天に飛びき。吾が聖朝《みかど》の人道昭法師、勅を承《うけたまわ》りて、法を求めて大唐に往く。法師、五百の虎の請を受けて、新羅に至り、其《そ》の山中に有《あ》りて法花経《ほけきょう》を講ず。時に虎衆の中に人有《あ》り、倭語を以て問を挙《あ》げたり。法師問ふ「誰そ」といふ。答ふらく「役の優婆塞」といふ。法師思へらく、我が国の聖人なりとおもひ、高座より下りて求むるに无《な》し。（『日本霊異記』上巻、第二八）

【解説】多くの鬼神を駆使して金峰山《きんぶせん》と葛木山の間に橋を渡そうとした役行者の企ては、一言《ひとこと》主神《ぬしのかみ》から讒訴《ざんそ》をうけた文武《もんむ》天皇（六八三―七〇七）の怒りを買い、七〇一年（大宝元）に謀叛《むほん》とされ伊豆国大島に配流《はいる》となった。修験道《しゅげんどう》が出発点から反王権的要素を強く持っていたことを示す。

出典　遠藤嘉基ほか校注『日本霊異記』〈日本古典文学大系〉岩波書店、一九六七年

参考文献　和歌森太郎『修験道史研究』新版〈東洋文庫〉平凡社、一九七二年

6 聖武天皇《しょうむてんのう》

七〇一—五六

文武《もんむ》天皇と藤原不比等《ふじわらのふひと》の娘宮子《きゅうし》の子。祖母元明《げんめい》天皇・伯母元正《げんしょう》天皇のあとを継いで七二四年（神亀元）に即位。七二九年（天平元）の長屋王《ながやおう》の変、七三七年藤原武智麿《むちまろ》・房前《ふささき》・宇合《うまかい》・麿《まろ》ら四兄弟の疫病死、翌年の藤原広《ひろ》嗣《つぐ》の乱など、国家を揺さぶる事変の頻発するなかで、律令国家を構築する支えとして仏教を重視し、諸国に国分寺《こくぶんじ》・国分尼寺《こくぶんにじ》を建て、それを統括するものとして、東大寺《とうだいじ》（惣国分寺《そうこくぶんじ》）と法華寺《ほっけじ》（惣国分尼寺《そうこくぶんにじ》）を建立し、これらの寺院で金光明経《こんこうみょうきょう》・仁王経《にんのうぎょう》など護国《ごこく》の経典を読ませた。この時代に仏教を軸とする文化は頂点に達し、後世これを天平《てんぴょう》文化と呼んだ。

聖武天皇

夫《そ》れ、天下《あめのした》の富《とみ》を有《たも》つは朕《われ》なり。天下《あめのした》の勢《いきおい》を有《たも》つは朕《われ》なり。

粤《ここ》に天平十五年歳《ほし》癸未に次《やど》る十月十五日を以《もち》て菩薩《ぼさつ》の大願《だいがん》を発《おこ》して、盧舎那仏《るしゃなぶつ》の金銅像《こんどうぞう》一躯を造《つく》り奉《まつ》る。国《くに》の銅《あかがね》を尽《つく》して象《かたち》を鎔《い》、大山《たいさん》を削《けず》りて堂《どう》を構《かま》へ、広《ひろ》く法界《ほうかい》に及《およぼ》して朕《わ》が智識《ちしき》とす。遂《つい》に同《おな》じく利益《りやく》を蒙《こうぶ》りて共《とも》に菩提《ぼだい》を致《いた》さしめむ。**夫《そ》れ、天下《あめのした》の富《とみ》を有《たも》つは朕《われ》なり。天下《あめのした》の勢《いきおい》を有《たも》つは朕《われ》なり。**この富と勢とを以《もち》てこの尊《とうと》き像《ぞう》を造《つく》らむ。事成《ことな》り易《やす》く、心至《こころいた》り難《がた》し。但恐《おそ》るらくは、徒《ただ》に人《ひと》を労《つから》すことのみ有りて能《よ》く聖《しょう》に感《かま》くること無く、或《ある》は誹謗《ひぼう》を生《おこ》して、反《かえ》りて罪辜《ざいこ》に堕《おと》さむことを。是《こ》の故《ゆえ》に知識《ちしき》に預《あず》かる者《ひと》は懇《ねんごろ》に至れる誠を発し、各《おのおの》介《おおき》なる福《さきわい》を招《まね》きて、日毎に三たび盧舎那仏《るしゃなぶつ》を拝むべし。自《みずか》ら念《おもい》を存して、各《おのおの》盧舎那仏を造《つく》るべし。如《も》し更《さら》に人有りて一枝の草《くさ》一把の土《ひじ》を持《も》ちて像《ぞう》を助《たす》け造《つく》らむと情《こころ》に願《ねが》はば、恣《ほしきまにま》に聴《ゆる》せ。（『続日本紀』天平十五年十月十五日条）

【解説】七四三年（天平十五）十月十五日の東大寺大仏建立の詔《みことのり》の一節。聖武天皇はここで大仏建立は、天下の富と勢いを独占する自分の力があってこそはじめて可能であることを、日本の貴族・豪族・庶民のすべてに向かって明言し、建立に協力するよう訴えた。

律令国家が、内部に矛盾と危険をかかえながら完成に向かう時期、天皇が仏教崇敬を介して自己の権力と財力を誇示し、日本人すべてを精神的・物質的に自己の下に隷属《れいぞく》させて、矛盾と危険を乗り超えようとしていたことを示す。この時代の天皇の精神構造を典型的に示す名言。

出典　『続日本紀』〈新日本古典文学大系〉岩波書店、一九九〇年

参考文献　井上光貞『日本古代の国家と仏教』岩波書店、一九七〇年

7 多度大神

たどおおがみ

？

多度大神は伊勢国《いせのくに》と尾張国《おわり》の堺にある多度山《たど》に鎮座して、古来この一帯（伊勢・尾張・志摩《しま》・美濃《みの》）の神として豪族と庶民の信仰を一身に集めてきた。左に見るように奈良時代後半に神から仏になろうとして仏教に帰依《きえ》するが、地方神が仏教に帰依するプロセスがもっともよく分かる最古の事例であり、神を介して当時の豪族・民衆の抱えていた問題を知る貴重なケースである。

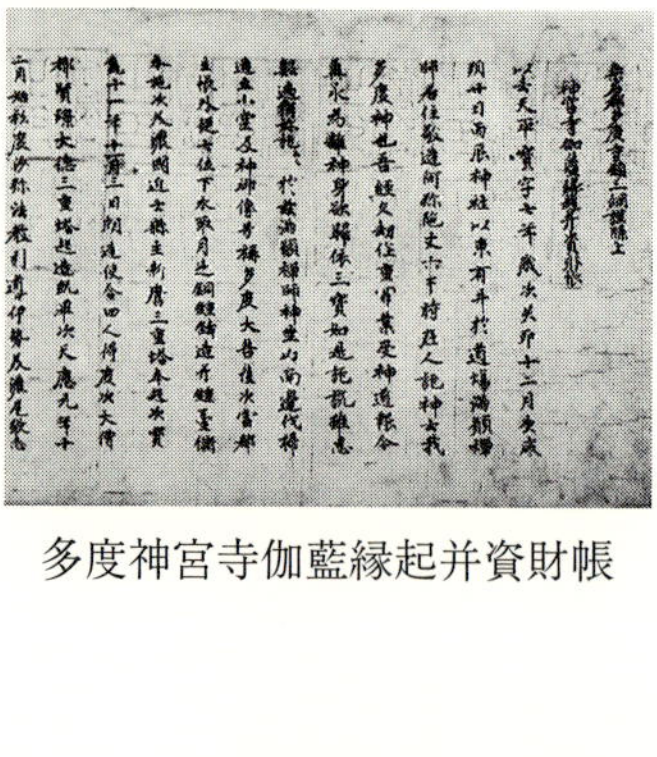

多度神宮寺伽藍縁起并資財帳

我は多度《たど》の神なり。吾久劫《われきゅうごう》を経て重き罪業《ざいごう》を作り、神道の報《むく》いを受く。今冀《こいねが》はくば永く神の身を離れむがために、三宝《さんぼう》に帰依《きえ》せむと欲す。

我は多度《たど》の神なり。吾久劫《われきゅうごう》を経て重き罪業《ざいごう》を作り、神道の報《むく》いを受く。今冀《こいねが》はくば永く神の身を離れむがために、三宝《さんぼう》に帰依《きえ》せむと欲す。是《かく》の如く託し訖《おわ》んぬ。数遍忍ぶと雖《いえど》も、猶《な》ほ弥々《いよいよ》託すと云々。茲《ここ》に於ひて満願《まんがん》禅師《ぜんじ》神の坐《おわ》す山の南の辺《ほとり》を伐り掃ひて、小堂及び神の御像を造立し、号して多度大菩薩《たどだいぼさつ》と称す。次に当郡の主《しゅ》帳《ちょう》外従七位下水取《もいとりのつきたり》月足銅鐘を鋳造し、并びに鐘台を儲《もう》け施し奉る。（延暦七年十一月「伊勢国桑名郡多度神宮寺伽藍縁起并資財帳」）

【解説】奈良時代後半になると、地方豪族はそれまでの神をまつる祭祀をとおして、民衆と富の支配をすることが虚構と欺瞞《ぎまん》に満ちたものであることに気づき、罪の意識に苦しみはじめる。彼らはその苦しみから抜け出して新しい領主的支配者に生まれ変わろうとして、仏教に帰依《きえ》し、自己の罪を告白し、仏と僧への供養を介して新しい民衆支配の罪を贖《あがな》おうとする。彼らはこれを直接語ることは出来なかったので、自己と民衆の神に託し、自己の代わりに罪を告白して仏教に帰依してもらうよう、民間遊行僧《ゆぎょうそう》を使って神の託宣《たくせん》という形で引き出すことに成功した。こうして神は仏教と複合し、神仏習合《しんぶつしゅうごう》の第一歩が切り拓かれる。また同時に彼らは仏と僧を供養することで、贖罪《しょくざい》されるという仏教の論理を逆手に取って、領主的支配者として配下の民衆を新しい形で支配する正当化の根拠にしようとした。ここに見られる伊勢《いせ》国多度大神の神身離脱と仏教帰依の告白は、以上の地方豪族の精神を典型的に語る名言である。なお、神身離脱と神宮寺《じんぐうじ》建立は、豊前《ぶぜん》国宇佐《うさ》八幡宮や伊勢神宮など、国家を守護するレヴェルの神社では、奈良時代前半までに生じており、王権レヴェルの仏教の本質理解が、1・6で見たように、地方豪族や民衆に遥かに先んじて生じていることに対応している。

出典　竹内理三編『平安遺文』古文書編一、二〇号、東京堂出版、一九六四年
参考文献　義江彰夫『神仏習合』岩波新書、一九九六年

8　最　澄　さいちょう　七六七―八二二

近江国《おうみのくに》滋賀郡の生まれ。伝教大師《でんぎょうだいし》と号す。七八五年（延暦四）比叡山《ひえいざん》に草堂《そうどう》を建て、修行を始め、延暦寺《えんりゃくじ》の基礎を作る。八〇四年（延暦二十三）、遣唐使《けんとうし》として空海《くうかい》とともに唐《とう》に渡り、法華経《ほけきょう》を根本経典とする天台宗をもたらし、延暦寺を拠点に新しい鎮護国家《ちんごこっか》の仏教を興す。

最　澄

国宝《こくほう》とは何物ぞ。宝とは道心《どうしん》なり。道心あるの人を名づけて国宝となす。故《ゆえ》に古人言《いわ》く、「径寸《けいすん》十枚、これ国宝に非《あら》ず。照千《しょうせん》・一隅《いちぐう》、これ則《すなわ》ち国宝なり」と。（『山家学生式《さんげがくしょうしき》』「天台法華宗年分学生式一首（六条式）」）

【解説】彼が著した『山家学生式』のこの一節は、鎮護国家の要が仏教を極めようとする道心にあることを端的に述べた名言である。『山家学生式』は独自の大乗戒壇《だいじょうかいだん》を開くためのものであり、そのため、南都《なんと》教団の猛反対にあい、戒壇設立は彼の死の七日後まで待たねばならなかった。

出典　安藤俊雄ほか校注『最澄』〈日本思想大系〉岩波書店、一九七四年

参考文献　田村晃祐『最澄』〈人物叢書〉吉川弘文館、一九八八年

9 空海《くうかい》

七七四―八三五

讃岐国《さぬきのくに》多度《たど》郡の生まれ。七八五年（延暦四）十五歳で上京し伯父に付いて学問を始め、十八歳で大学に入り儒・道・仏を学び、仏教に傾倒して出家。勤《ごん》操《ぞう》から雑密《ぞうみつ》を学び、諸国で修行し、大和国久米田寺《くめだでら》で大日経《だいにちきょう》に接したといわれ、その意味を極めるため八〇四年（延暦二十三）遣唐使《けんとうし》に参加し唐に渡り、長安《ちょうあん》青龍寺で恵果《けいか》からわずか半年足らずで大乗密教《だいじょうみつきょう》と両界曼荼羅《りょうかいまんだら》を伝授されて帰国。はじめ高雄《たかお》の神護寺《じんごじ》に住し、やがて東寺《とうじ》を獲得し、晩年に高野《こうや》山金剛峰寺《さんこんごうぶじ》を開いて、大乗密教を日本に定着させる基礎を築いた。

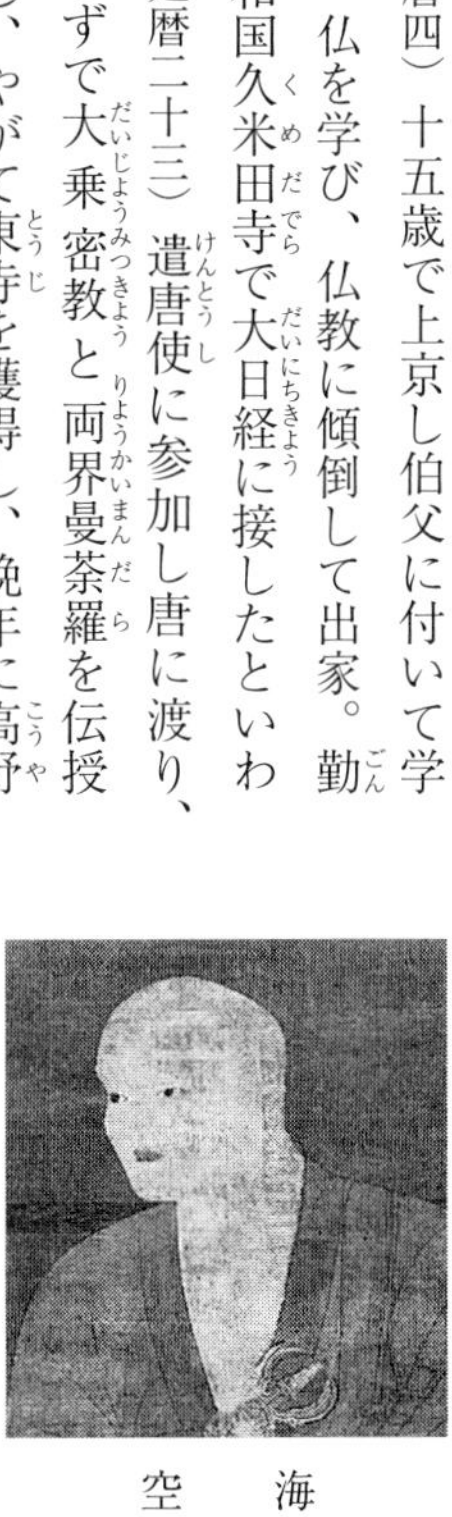

空　海

余思《われおも》はく、「物《もの》の情一《こころひとつ》ならず、飛沈性異《ひちんせいこと》なり。是の故《ゆえ》に聖者《しょうじゃ》、人《ひと》を駆《か》るに、教網三種《こうもうさんじゅ》あり、所謂《いわゆる》、釈《しゃく》・李《り》・孔《こう》なり。浅深隔《せんじんへだて》有りと雖《いえど》も竝《なら》びに皆聖説《みなせいぜい》なり。若《も》し一《ひとつ》の羅《あみ》に入りなば、何ぞ忠孝に乖《そむ》かむ」。……彼此両事《かれこれりょうじ》、日毎《ひごと》に予《われ》を起《おこ》す。所以《このゆえ》に亀毛《きぼう》を請《こ》うて儒客《じゅかく》とし、兎角《とかく》を要《もて》めて主人となす、虚亡士《きょぼうし》を邀《むか》へて道《どう》に入る旨《むね》を張り、仮名児《かめいじ》を屈《くっ》して出世《しゅっせ》の趣《おもぶき》を示す。倶《とも》に楯戟《じゅんげき》を陳《つら》ねて竝びに蛭公《しっこう》を箴《いまし》む。（『三教指帰《さんごうしいき》』巻の上序）

【解説】空海は渡唐以前の七九七年（延暦十六）わずか二十四歳で『三教指帰《さんごうしいき》』を著す。その要は右の一節に集約されている。仏教（釈）・道教（李）・儒教（孔）は大切な教えではあるが入道出世を説く仏教こそは人間を救う真の道であることを示唆したこの文は、空海が儒・道を極めたうえで、仏教が究極の道であることを体得していたことを示す。

此の勝地《しょうち》に託《つ》いて聊《わず》かに伽藍《がらん》を建《た》てて、金剛峯寺《こんごうぶじ》と名《なづ》く。此《ここ》に住《じゅう》して道《どう》を修し、四《し》上《じょう》持念《じねん》す。花蔵《けぞう》を心海《しんかい》に観《かん》じ実相《じっそう》を此の山に念ず。神威《しんい》を崇《あが》めて国皇《こくこう》の福《ふく》を饒《ゆたか》にせむ。（『続遍照発揮性霊集補闕抄』巻九、九五）

【解説】空海は晩年の八三四年（承和元）九月十五日、紀伊国高野山に真言《しんごん》修行寺院＝金剛峰寺《こんごうぶじ》をたてることを仁明《にんみょう》天皇に奏上した。右はその上表文の一節。真言密教の根本道場とし、その僧と神仏の力で国家を鎮護したいと述べる。空海の思想と実践の到達点を語る。

出　典　渡辺照宏ほか校注『三教指帰・性霊集』〈日本古典文学大系〉岩波書店、一九六五年

参考文献　和多秀乗ほか編『弘師と真言宗』〈日本仏教史論集〉吉川弘文館、一九八四年

10 藤原基経

ふじわらのもとつね

八三六—九一

伯父良房《よしふさ》の養子となって藤原北家《ほっけ》を継ぎ、応天門《おうてんもん》の変や陽成《ようぜい》天皇廃位に積極的に活動し、宇多《うだ》天皇即位後はいわゆる阿衡《あこう》の変を起こして関白《かんぱく》の号を与えられるまで、天皇を補佐しなかった。伯父良房の摂政《せっしょう》に次いで彼が関白になったことで、北家の摂関家《せっかんけ》の基礎が確立した。

藤原基経自署

皇胤《こういん》なれど、姓給《しょうたまわり》てたゞ人にてつかへて、位につきたる例《ためし》やある

陽成院《ようぜいいん》おりさせ給《たもう》べき陣定《じんのさだめ》に候はせ給。融《とおる》のおとゞ、左大臣にてやむ事なくて、位につかせ給はん御心ふかくて、「いかゞは。ちかき皇胤《こういん》をたづねば、融らもはべるは」といひいでたまへるを、このおとゞこそ、「**皇胤なれど、姓給《しょうたまわり》てたゞ人にてつかへて、位につきたる例《ためし》やある**」と申いで給へれ。さもあることなれど、このおとゞのさだめによりて、小松の帝《みかど》は位につかせ給へる也。(『大鏡』二巻、太政大臣基経昭宣公)

【解説】八八四年(元慶八)、陽成《ようぜい》天皇が乱暴狼藉を日常的に行っていたため、重臣たちの不満を買い、譲位を認めざるをえなくなり、それを踏まえて新帝を決める陣《じん》の定《さだめ》で、嵯峨《さが》天皇の子で臣籍《しんせき》に降下《こうか》した源融《みなもとのとおる》が自分

にも天皇になる資格があると述べた。この際『大鏡』は、時の廟堂《びょうどう》の長太政大臣《だじょうだいじん》藤原基経が皇胤《こういん》でも姓を賜って臣下になった人が天皇になった例はないといって一蹴したと、記している（これが史実か否かは、自ら皇位継承を名乗り出ることが普通に行われたとは考えにくいので、問題は残る。しかし、前例を破って発言することがありえない根拠も見出せないので、ここでは『大鏡』の記述を認めて考えることにする）。

たしかにその前例はないが、このとき即位した光孝《こうこう》天皇が三年後に没して、後任の天皇を立てる際、基経は光孝の子で臣籍降下していた源定省《さだみ》に親王号を与えて、皇太子に立て、宇多《うだ》天皇として即位させることに成功している。これを念頭におくと、摂関家《せっかんけ》の道を開いた基経が、時々の情勢のなかで自分に都合の良い人間を、親王であるかないかに関わりなく天皇にしようとしていたことがわかる。基経の皇位継承に対する発言力の高さを示す。

出　典　松村博司校注『大鏡』〈日本古典文学大系〉岩波書店、一九六〇年

参考文献　坂本太郎『歴史と人物』〈坂本太郎著作集一二〉吉川弘文館、一九八九年

11 菅原道真

すがわらのみちざね

八四五—九〇三

奈良時代以来の文章道《もんじょうどう》の家に生まれ、少年の時から学才を顕わし、八六二年（貞観四）わずか十八歳で文章生となり、宇多《うだ》天皇の八九一年（寛平三）には昇殿《しょうでん》して殿上人《てんじょうびと》にまで抜擢され、同年蔵人頭《くろうどのとう》の職を与えられた。翌々年には参議《さんぎ》として公卿《くぎょう》になり、八九九年（昌泰二）には右大臣《うだいじん》に登りつめた。翌々この結果、左大臣藤原時平《ときひら》をはじめ多くの公卿・殿上人《てんじょうびと》らの恨みを買い、翌々年、女婿斉世《ときよ》親王（宇多天皇皇子）を天皇にしようとする謀叛《むほん》の企てありという冤罪《えんざい》を着せられて、太宰員外帥《だざいのいんげのそち》に左遷するという形で大宰府《だざいふ》に配流となり、二年後に配所で病没した。

菅原道真

大唐の凋弊《ちょうへい》、これを具《つぶさ》に載せり。……臣等伏し願はくば、中瓘《ちゅうかん》の状をもって、遍《あまね》く公《く》卿《ぎょう》博士《はかせ》に下し、詳《つまび》らかにその可否を定められん。

謹《つつし》んで、在唐僧中瓘《ちゅうかん》、去年三月商客王訥《おうとつ》等に附して、到《いた》すところの録記を案ずるに、**大唐の凋弊《ちょうへい》、これを具《つぶさ》に載せり。……臣等伏し願はくば、中瓘の状をもって、遍《あまね》く公卿博士に下し、詳《つまび》らかにその可否を定められん。**国の大事、独り身のためならず。且《か》つがつ款誠《かんせい》を陳《の》ぶ。伏して処分を請《こ》ふ。（『菅家文章』巻九、六〇一、寛平六年

九月十四日、請令諸公卿議定遣唐使進止状）

【解説】宇多《うだ》天皇は、八九四年（寛平六）菅原道真を遣唐使《けんとうし》長官に任じ、遣唐使派遣の可否を諮問《しもん》すると、道真は唐商人の言に基づき唐の凋弊《ちょうへい》を説いて派遣停止を提案して右の奏状《そうじょう》を認《したた》めた。道真の国際認識と国家理念の深さを示す。

出典　川口久雄校注『菅家文章・菅家後集』〈日本古典文学大系〉岩波書店、一九六六年

かくのごとき大事《だいじ》は、自《おのずか》らに天の時あり、忽《いるかせ》にすべからず、早くすべからず

右大将菅原朝臣は、これ鴻儒《こうじゅ》なり。また深く政事《まつりごと》を知れり。朕《ちん》選びて博士《はかせ》と為し、多く諫正《かんせい》を受けたり。……東宮初めて立ちし後、二年を経ざるに、朕位を譲らむの意《こころ》あり。朕この意をもて、密々《みつみつ》に菅原朝臣に語りつ。しかるに菅原朝臣申して云はく、**かくのごとき大事《だいじ》は、自《おのずか》らに天の時あり、忽《いるかせ》にすべからず、早くすべからず**云々とまうす。よて或は封事《ふうじ》を上《たてまつ》り、或は直言《ちょくげん》を吐きて、朕が言に順《したが》はず。またまた正論《せいろん》なり。（『寛平遺誡《かんぴょうのゆいかい》』一五）

【解説】宇多天皇は菅原道真を、政治に明るい儒者として重用し、立太子や譲位など最重要案件については、道真だけに諮問した。八九五年（寛平七）頃、宇多は皇太子（醍醐）に譲位したい旨を道真に諮問したところ、天の時が熟していないとして反対した。道真の国政への見識の高さを示す。

出典　大曽根章介ほか校注『古代政治社会思想』〈日本思想大系〉岩波書店、一九七九年

参考文献　坂本太郎『菅原道真』〈人物叢書〉吉川弘文館、一九六二年

12

三善清行

みよしきよゆき

八四七—九一八

宇多《うだ》・醍醐《だいご》朝に仕えた文章博士《もんじょうはかせ》。和漢の典籍に詳しく、また陰陽道《おんみょうどう》にも通《つう》暁《ぎょう》していたユニークな文人官僚。菅原道真《すがわらのみちざね》亡きあとは醍醐天皇の手足となって、数々の献策を行った。他方、道真存命中は、彼の異例の昇進を妬《ねた》み、右大臣《うだいじん》辞職の提言、大宰府《だざいふ》配流《はいる》の狂言廻しなどを行い、没後は子息浄蔵《じょうぞう》を道真霊魂 調伏僧《ちょうぶくそう》に仕立て上げるなどの側面も備えた人であった。

三善清行

一、水旱《すいかん》を消《け》し豊穣《ほうじょう》を求むべきこと

右、臣伏して以《おも》みるに、国は民をもて天と為《な》し、民は食《じき》をもて天と為す。民なくば何にか拠《よ》らむ。食なくば何にか資《よ》らむ。然《しか》らば民を安むずるの道、食を足《た》すの要《よう》は、ただ水旱沴《わざわい》なく年穀《ねんこく》登《みの》ることあるにあり。（『意見封事十二箇条《いけんふうじじゅうにかじょう》』）

【解説】『意見封事十二箇条』は九一四年（延喜十四）、醍醐天皇の諮問《しもん》に答えて奏上した一二ヵ条からなる政策提言の書。この条では国の繁栄は民の豊かさに懸かっているという判断を和漢の典籍を拠り所として導き出し、そのためには水害と旱天《かんてん》とを起こさず、起きても防げる政策を立て、民の豊穣《ほうじょう》を実現することが肝心と提言する。やや型どおりのきらいはあるが、代々の文人官僚の経験を踏まえた、典型的な民政安定の名言。

一、奢侈《しゃし》を禁ぜむと請ふこと

……節倹《せつけん》を崇《とうと》び、奢盈《しゃえい》を禁ず。浣濯《かんたく》が衣《え》を服し、蔬糲《それい》の食《じき》を嘗《な》む。これ往古《おうご》の称美《しょうび》するところ、明時《めいじ》の規模《きぼ》とするところなり。しかるを今澆風《ぎょうふう》漸《やや》くに扇《さかり》にして、王化行《おうかおこな》はれず。

右、臣伏して以《おもん》みるに、先聖明王の世を御《おさ》めたまふ、節倹《せつけん》を崇《とうと》び、奢盈《しゃえい》を禁ず。浣濯《かんたく》が衣《え》を服し、蔬糲《それい》の食《じき》を嘗《な》む。これ往古《おうご》の称美《しょうび》するところ、明時《めいじ》の規模《きぼ》とするところなり。しかるを今澆風《ぎょうふう》漸《やや》くに扇《さかり》にして、王化行《おうかおこな》はれず。百官庶僚《しょりょう》、嬪御媵妾《ひんぎょようしょう》、及び権貴《けんき》の子弟《してい》、京洛浮食《けいらくふじき》の輩《ともがら》、衣服飲食の奢《おごり》、賓客饗宴《きょうえん》の費《ついえ》、日《ひび》にもて侈《し》靡《び》にして、紀極《ききょく》を知ることなし。今略《ほぼ》一端を挙げて、事の実《まこと》を指し陳《ちん》ず。（『意見封事十二箇条』）

【解説】和漢の古典籍の知識をふまえて官僚貴族から庶民まで衣服をはじめ万事が贅沢《ぜいたく》に流れていることを憂い、古の聖王の代のように節約を尊び奢侈《しゃし》を慎む気風を作ることが肝心と献策する。これも清行が初めて提言したものではないが、国風《こくふう》文化の創造のなかで生まれがちであった奢侈を抑制する効果をもった点で、重要。

出　典　竹内理三ほか校注『古代政治社会思想』〈日本思想体系〉岩波書店、一九七九年

参考文献　所功『三善清行』〈人物叢書〉吉川弘文館、一九七〇年

13 宇多天皇《うだてんのう》

八六七—九三一

光孝《こうこう》天皇の皇子。諱《いなみ》は定省《さだみ》。八八四年（元慶八）皇籍を下り源氏となる。八八七年（仁和三）即位。阿衡《あこう》の変を乗り切って藤原基経《もとつね》を関白《かんぱく》に据えて輔弼《ほひつ》の臣とする傍ら、菅原道真《すがわらのみちざね》を抜擢して重用し、令外官《りょうげのかん》を軸とする国政改革を断行し、唐風を脱皮し、日本独自の国制・社会・文化の構築を目指した。道真とのみ相談して八九七年（寛平九）皇子敦仁《あつぎみ》（醍醐《だいご》天皇）に位を譲り、東大寺と延暦寺《えんりやくじ》で受戒《じゅかい》し、法皇となる。その後も醍醐天皇の後見として、国政を支えるとともに、日本独自の国風《こくふう》文化の創出に尽力し、醍醐天皇没去の翌年九三一年（承平元）に崩じた。

宇多天皇

外蕃《がいばん》の人必ずしも召し見るべき者は、簾中《れんちゅう》にありて見よ。直《ただ》に対《むか》ふべからざらくのみ。李環《りかん》、朕《ちん》すでに失《あやま》てり。新君慎《つつし》め。（『寛平遺誡《かんぴょうのゆいかい》』七）

【解説】『寛平遺誡』は、宇多天皇が位を醍醐天皇に譲るときに書き与えた帝王としての教訓書。そのなかで外国人と簾《みす》を隔てずに接見してはならないと教えていることは、彼がすでに帝位にあったときから、外国（主に中国・新羅《しらぎ》など）と距離を取って、独自の国制と文化を構築しようとする意志をもっていたことをうかがわせる。

菅原朝臣は朕《ちん》が忠臣のみに非《あら》ず、新君の功臣《こうしん》ならむや。人の功は忘るべからず。新君慎《つつし》め云々。

右大将菅原朝臣は、これ鴻儒《こうじゅ》なり。また深く政事《まつりごと》を知れり。朕《ちん》選びて博士《はかせ》と為《な》し、多く諫正《かんせい》を受けたり。よて不次《ふじ》に登用《とうよう》し、もてその功に答へつ。しかのみならず朕前《さき》の年東宮《とうぐう》に立てし日、ただ菅原朝臣一人とこの事を論じ定めき〈女知尚侍《しょうし》居りき〉。その時共に相議する者一人もなかりき。また東宮初めて立ちし後、二年を経ざるに、朕位を譲らむの意《こころ》あり。朕この意をもて、密々《みつみつ》に菅原朝臣に語りつ。しかるに菅原朝臣申して云はく、かくのごとき大事《だいじ》は、自《おのずか》らに天の時あり、忽《いるかせ》にすべからず、早くすべからず云々とまうす。よて或は封事《ふうじ》を上《たてまつ》り、或は直言《ちょくげん》を吐きて、朕が言に順《したが》はず。またまた正論《せいろん》なり。今年《ことし》に至りて、菅原朝臣に告ぐるに朕が志必ずしも果すべきの状をもてす。菅原朝臣更に申すところなく、事々《ことごと》に奉行《ぶぎょう》せり。七月に至りて行ふべきの儀《ぎ》人の口に云々《つつや》きぬ。殆《ほとほと》にその事を延引《えんいん》せむと欲するに至りて、菅原朝臣申して云はく、大事は再び挙ぐべからず。事留《とどま》るときは変生《へんしょう》ず云々とまうせり。遂《つい》に朕が意をして石のごとくに転ぜざらしめつ。惣《すべ》てこれを言へば、菅原朝臣は朕が忠臣のみに非ず、新君の功臣《こうしん》ならむや。人の功は忘るべからず。新君慎《つつし》め云々。（『寛平遺誡』一五）

【解説】 これも『寛平遺誡』の一節。宇多天皇が菅原道真《すがわらのみちざね》を重用したことは11で述べたが、醍醐が天皇になれたのも道真の尽力としたうえで、その道真を重用せねばならない忠臣であることをはっきりと教えた。

天子は経史百家を窮《きわ》めずといへども、何の恨《うら》むところあらんや。唯《た》だ群書治要《ぐんしょちよう》早く誦習《しょうしゅう》すべし。雑文《ざつぶん》に就《つ》きて以《も》って日月を消すなからんのみ。（『寛平遺誡』明文抄巻一、帝道部上）

【解説】これも宇多天皇が中国文明一辺倒でなく日本独自の国政を築こうとしていたことの証拠となる発言。彼が中国古典籍に通暁《つうぎょう》していたことはよく知られたことであるが、それだけに、日本が中国古典の示す国政や文化を全面摂取できない社会であることを知り尽くしていた。そこから日本の帝王は四書五経《ししょごきょう》・史書《ししょ》・百家《ひゃっか》の書を窮《きわ》める必要はなく、唐の太宗《たいそう》が編纂させた『群書治要《ぐんしょちよう》』という政治の実用書だけ体得していればよいという発言が生まれた。本格的な寝殿造《しんでんづくり》を築くなど文化面の和風化を推進するとともに、中国の政治論理を選択的に取捨するなど、宇多天皇が切り拓いた国風文化とその政治の論理を端的に伝える。

出　典　大曽根章介ほか校注『古代政治社会思想』〈日本思想大系〉岩波書店、一九七九年

参考文献　目崎徳衛「宇多上皇の院と国政」、古代学協会編『延喜天暦時代の研究』吉川弘文館、一九六七年／所功「『寛平の治』の再検討」『皇学館大学紀要』五、一九六七年

14 醍醐天皇

だいごてんのう

八八五—九三〇

宇多《うだ》天皇の皇子。諱《いなみ》は敦仁《あつぎみ》。八九七年（寛平九）父の譲りを受けて即位。当初は菅原道真《すがわらのみちざね》の配流《はいる》を認めるなど、道真を重用して藤原北家の主時平《ときひら》らを抑えようとする宇多の路線（宇多天皇については13参照）に部分的に抵抗したが、長期的には父の路線を継承・発展させることに尽力し、『延喜式《えんぎしき》』や『古今和歌集《こきんわかしゅう》』の編纂を命じ、推進した。このため、後代から彼の治世は延喜の聖代と仰がれた。しかし、彼の国風化を遂行しようとする改革路線は実際には思うようには進まず、道真の怨霊とそれを担ぐ勢力に苦しめられ、九三〇年（延長八）には道真の使者の仕業と噂された清涼殿《せいりょうでん》への落雷が原因となって病没した。

醍醐天皇

「延喜《えんぎ》の聖主勅《ちょく》して曰《のたま》はく、『博文《ひろふみ》の詩は作文《さくもん》の体《てい》を得たり。しかれども諸蔭《もろかげ》の詩は毎句上の字に逸人《いつじん》の名を用ゐる。才《さえ》に余力有るなり。もつて優《まさ》れりと為《な》す』と。よりて抽《ぬきん》でて雑色《ぞうしき》に補せらる」と云々。（『江談抄《ごうだんしょう》』第四、一二一）

【解説】醍醐天皇が和歌とともに漢詩に長じていたことを伝える逸話。大江匡房《おおえのまさふさ》の語った説話を集成した『江談抄』の話なので、信憑性には問題がある。しかし、醍醐が漢詩に長けていたことは、自身の日記『醍醐天皇記』でも確認できるので、このようなことは実際にあったと考えて不思議はない。「博文」「諸蔭」は、藤原博文、藤原諸蔭のことで、九〇二年（延喜二）秀句により博文は蔵人所雑色になる。

出典　後藤昭雄ほか校注『江談抄・中外抄・富家語』〈新日本古典文学大系〉岩波書店、一九九七年

参考文献　上横手雅敬「延喜天暦期の天皇と貴族」『歴史学研究』二二八号、一九五九年

敬《うやま》ふべからず。冥途《めいど》は罪なきを王となし、貴賤《きせん》を論ぜず。我は是《これ》日本金剛覚大王《こんごうかくだいおう》の子なり。然《しか》れどもこの鉄窟苦所《てっくつくしょ》に堕《お》ちたり。我位に居る年尚《ひさ》しけり。その間種々の善を作り、また種々の悪報《あくほう》を造る。……天神《てんじん》怨心をもって仏法《ぶっぽう》を焼滅《しょうめつ》し、衆生《しゅじょう》を損害せしむ。その悪報をなすところ、惣《すべ》て我が所に来たれり。

日蔵《にちぞう》……復《ま》た鉄窟苦所《てつくつくしょ》に至《いた》る。……一茅屋《ぼうおく》あり。その中に四箇人あり。その形灰の如《ごと》し。一人は衣あり。僅《わず》かに背の上を覆う。三人は裸形《らぎょう》にして、赤き灰に蹲踞《そんきょ》して、かつて床席《しょうせき》なく、悲泣《ひきゅう》嗚咽《おえつ》す。獄領《ごくりょう》曰く、「衣あるの一人は上人《しょうにん》の本国の延喜《えんぎ》の帝王なり。余の三人はその臣なり。君臣ともに苦を受けたり」。王仏子を見て、相招《あいまね》き給《たま》ふ。仏子即《すなわ》ち茅屋に入り、敬屈し奉る。王曰く「敬《うやま》ふべからず。冥途《めいど》は罪なきを王となし、貴賤《きせん》を論ぜず。我は是《これ》日本金剛覚大王《こんごうかくだいおう》の子なり。然《しか》れどもこの鉄窟苦所に堕《お》ちたり。我位に居る年尚《ひさ》しけり。その間種々の善を作り、また種々の悪報《あくほう》を造る。……天神《てんじん》怨心をもって仏法《ぶっぽう》を焼滅《しょうめつ》し、衆生《しゅじょう》を損害せしむ。その悪報

をなすところ、惣《すべ》て我が所に来たれり。……」（『日蔵夢の記』）

【解説】　経歴で述べたように、道真の怨霊に醍醐天皇が苦しめられた、と当時の人々がいかにまともに信じていたかを示す話。道真の栄達を妬《ねた》んでいた三善清行《みよしきよゆき》（12参照）は、子息浄蔵《じょうぞう》の道真死霊調伏《ちょうぶく》が失敗したあと、その祟《たた》りが自分に及ばぬように浄蔵の弟になるもう一人の子を金峰山に送り込んで修験者《しゅげんじゃ》に仕立て上げ、逆に道真霊を守り、その乱行を後押しする役割を演じさせた。その子ははじめ道賢といったが、金峰山笙《しょう》の岩屋《いわや》に籠もって、同山の神金剛蔵王の導きで冥界廻《めいかいめぐ》りをした際、道真霊から日蔵《にちぞう》の名をもらう。道真霊から彼の怒りの大きさを聞いたあと、地獄に行き鉄窟苦所《てつくつくしょ》で三人の臣下をしたがえた黒焦げの醍醐天皇にあう。そのときの醍醐天皇の言葉が、この一句である。

冥途《めいど》では貴賤を問わず罪なき人を王とする定めであるから、私を敬ってはならない。宇多天皇の子である私は道真を配流に処し、死に追いやるなど種々の悪行をしたので、地獄に堕ち、ここで苦しんでいる。私の苦しみはすべて道真（天神）の怒りのなせる業である。この言葉が醍醐天皇自身の言葉でないことはいうまでもないが、日蔵の言をとおして当時の人々が、広く醍醐天皇が地獄でこう語っていたであろうことを、信じて疑わなかったことも確実である。道真の怨霊に怯《おび》え、また慰《なぐさ》めようとするこの時代の人々の醍醐天皇観を示す典型。

出　典　『日蔵夢の記』〈神道大系〉神道大系編纂会、一九七八年

参考文献　真壁俊信『天神信仰史の研究』続群書類従完成会、一九九四年

15 紀　貫之

きのつらゆき

八七二？―九四五

九世紀末から十世紀前半主に宇多《うだ》・醍醐《だいご》両朝で活躍した宮廷歌人。『古今和《こきんわ》歌集《かしゅう》』の編纂の中心人物。官吏《かんり》としては土佐守《とさのかみ》・木工権頭《もくのごんのかみ》・御書所預《おかきどころあずかり》どまりだったが、歌人としての名声は高く、『古今和歌集』編纂の際は、醍醐天皇の意志を充分に汲んで選歌にあたり、当時の和歌の状況とあるべき姿を『古今和歌集』仮名序《かなじょ》で明解に論じた。また、散文にも秀で土佐守任終帰京の記録を仮名で記した『土佐日記』を遺した。

紀　貫之

やまとうたは、ひとのこゝろをたねとして、よろづのことの葉《は》とぞなれりける。世中《よのなか》にある人、ことわざしげきものなれば、心におもふことを、見るもの、きくものにつけて、いひいだせるなり。……いまの世中、色《いろ》につき、人のこゝろ、花になりにけるより、あだなるうた、はかなきことのみ、いでくれば、いろごのみのいへに、むもれぎの、人しれぬこととなりて、まめなる所には、花すゝき、ほにいだすべき事にもあらずなりにたり。そのはじめをおもへば、かゝるべくなむあらぬ。いにしへの世々のみかど、春の花のあした、秋の月のよごとに、さぶらふ人々をめして、ことにつけつゝ、うたをたてまつらしめたまふ。あるは花をそふとて、たよりなきところにまどひ、あるは月をおもふとて、しるべなきやみにたどれるこゝろごころをみたまひて、さかしをろかなりとしろしめしけむ。……今はふじの山も、煙《けぶり》たゝずなり、ながらのはしも、つくるなりときく人は、哥《うた》にのみぞ、心をなぐさめける。……いま、すべらぎの、あめのしたしろしめすこと、……よろずのまつりごとを、きこしめすいとま、……いにしへのことをもわすれじ、ふりにしことをも、おこしたまふとて、いまにもみそなはし、のちの世にもつたはれとて、延喜《えんぎ》五年四月十八日に、大内記《だいないき》きのとものり、御書《ごしょ》のところのあづかり、きのつらゆき、さきのかひのさう官、おふしかうちのみつね、右衛門《うえもん》の府生《ふしょう》、みぶのたゞみねらにおほせられて、万《まん》えうしふにいらぬふるきうた、みづからのをも、たてまつらしめたまひてなん。（『古今和歌集』仮名序）

【解説】和歌とは古来おのずから風物に託して歌う人の心を表現するものであり、古の世では、それをとおして君臣の心も自然に合体していた。「ことわざ」（言と業）が複雑に繁茂して、人の心が華美に流れ、そのためにうわべだけの歌があふれて、和歌本来の姿が失われた今、それを取り戻そうとされる醍醐《だいご》天皇の意志に応えるためには、意識的に風物と人間の断絶を乗り越えることを心の世界で和歌によって築くことが肝要であり、そのために『万葉集』以後のこの趣旨に叶った秀歌を集大成することが課題である。

右にその一部を引いた「仮名序」をとおして貫之は、こう主張する。ここには和歌が亀裂を生じた人間と社会や自然との関係を回復する心の営みであるという、和歌の本質論が鮮やかに読み取れる。詠歌行為の意味をはじめて摑みきった画期的文章である。

出典　佐伯梅友校注『古今和歌集』〈日本古典文学大系〉岩波書店、一九五八年

参考文献　目崎徳衛『紀貫之』〈人物叢書〉吉川弘文館、一九六一年

16 平　将門

たいらのまさかど

?—九四〇

坂東桓武平氏《ばんどうかんむへいし》に属する生成期の典型的な武士。若年の頃、醍醐《だいご》天皇の滝口《たきぐち》の武者を勤めており、東国生まれながら都の有様に通じていた。はじめ東国の桓武平氏一族や他の武士らと勢力争いを繰り返していたが、九三九年（天慶二）武蔵国足立郡司《むさしのくにあだちぐんじ》武蔵武芝《むさしのたけしば》と常陸《ひたち》国大領主藤原玄明《ふじわらのはるあき》がそれぞれの国司《こくし》に圧迫されると、武士として彼らを助けるべく立ち上がり、反国衙《こくが》闘争を始める。そしてその展開が関東八ヵ国の国衙を手中にいれる方向を取ったときから、関東八ヵ国は朝廷から独立した新しい国家を造ろうと志すようになり、ついに八幡と天神を正当化の根拠として、自ら即位式を行って新皇《しんのう》と名乗るまでになる。しかし、反対勢力の武士らが朝廷側に付いて集中的に彼を襲ったため、九四〇年（天慶三）朝廷の正式な追討使《ついとうし》の到着以前に誅殺された。

平　将門

将門すでに柏原《かしわばらの》帝王の五代の孫なり。たとひ永く半国を領せむに、あに非運と謂《い》はんや。

伏して昭穆《しょうぼく》を案《かんが》ふるに、将門すでに柏原《かしわばらの》帝王の五代の孫なり。たとひ永く半国を領せむに、あに非運と謂《い》はんや。昔は兵威《ひようい》を振ひて天下を取る者、皆史書に見えたるところなり。将門の与へたるところすでに武芸にあり。思ひ惟《はか》るに、等輩《とうばい》誰か将門に比《なら》ばむ。（『将門記』）

【解説】将門が独立国家を造ろうとしていたことは、経歴に記したとおりであるが、この一句は彼が新皇《しんのう》の地位に就いたとき、彼の主太政大臣藤原忠平《だじょうだいじんふじわらのただひら》宛に自分の心情を認《したた》めた書状の一節である。新皇になった根拠を桓武《かんむ》天皇五代の孫に求めている点は、この反乱が底辺の武士や領主の願望に基づかない復古的なものであったことを、よく伝えている。生成期の武士は、蝦夷鎮圧に功のあった下級軍事貴族が、浮囚・狩猟民・魚撈民・重罪人・非人など殺生を生業とする人々を編成することで成り立った専業的戦士集団であった。編成された人々の多くは、血や死の穢《けがれ》を忌避することを重要視するようになった当時の貴族世界から、疎んじられるとともに、生業の成果を収取されていたから、朝廷と貴族社会に大きな不満をもっていた。そして、その上に立つ軍事貴族も、穢に染まった者として朝廷と貴族社会から忌避されていたため、朝廷と貴族社会に反抗的な気持ちをもっていた。しかし、このような誕生したばかりの武士が朝廷にかわる新しい国家の像をもてるはずもない。したがって、将門は新皇となる根拠を皇胤《こういん》に求めざるをえなかったのである。成立したばかりの武士が、精神的にも社会的にも、同時代の天皇や貴族の精神構造を一歩も超えていないことを伝える格好の言である。

出典　竹内理三ほか校注『古代政治社会思想』〈日本思想大系〉岩波書店、一九七九年

参考文献　福田豊彦『平将門の乱』岩波新書、一九八一年

17 九条師輔

くじょうもろすけ

九〇六—六〇

摂関《せつかん》藤原《ふじわらの》忠平《ただひら》の子。村上《むらかみ》天皇の厚い信頼を得て、即位の翌年の九四七年（天暦元）に右大臣となり、女安子《あんし》を入内させて、村上天皇の后とし、冷《れい》泉《ぜい》・円融《えんゆう》両天皇の外戚となったが、最後まで右大臣以上の地位を求めず、天皇の輔弼《ほひつ》の臣として、生涯を村上天皇の志す令外官《りょうげのかん》体制の確立に捧げるとともに、摂関家の繁栄の基礎を固めることに専念した。

人に会ひて言語《げんぎょ》多く語《かた》ふことなかれ。また人の行事《ぎょうじ》を言ふことなかれ。ただその思ふところと兼ねて触るることとを陳《の》べ、世の人のことを言ふべからず。人の災《わざわい》は口より出づ。努々《ゆめゆめ》慎《つつし》み慎め。

次に出仕すべきことあれば、衣冠《いかん》を服《き》て懈緩《おこた》るべからず。人に会《あ》ひて言語《げんぎょ》多く語《かた》ふことなかれ。また人の行事《ぎょうじ》を言ふことなかれ。ただその思ふところと兼ねて触るることとを陳《の》べ、世の人のことを言ふべからず。人の災《わざわい》は口より出づ。努々《ゆめゆめ》慎《つつし》み慎め。また公事《くじ》に付《つ》きて文書《もんじょ》を見るべし。必ずしも情《こころ》を留《とど》めて見るべし。（『九条《くじょう》右丞相遺誡《うじょうしょうゆいかい》』）

【解説】 師輔は晩年『九条右丞相遺誡《くじょううじょうしょうゆいかい》』を著し、家訓の書とした。宇多《うだ》天皇の『寛平遺誡《かんぴょうのゆいかい》』に次ぐ人臣最古の家訓の書であるだけでなく、当時朝廷の中枢を占めていた最高貴族の対人関係や人生観を知る格好の書である。

他人の前で自説を多く語るな、他人の行為について語るな、ただ自分の所信と知見だけを言葉少なに述べよ、決して他人の評価を口に出すな、口は災いのもとであるから。

この一句には師輔が対人関係にいかに慎重であったかが如実にうかがわれる。控え目で重要なことだけを語れと強調する彼の言葉が、彼の人柄によるところが大きいことはいうまでもない。しかし、彼が右大臣の地位に甘んじて終生村上天皇を補佐し、慎重に摂関家繁栄の礎を築いた人であったことを想起すれば、このような彼の役割がこのような教訓の言となったことも疑いない。日本的処世訓の典型でもある名言。

人のためには常に恭敬《くぎょう》の儀《ぎ》を致して、慢逸《まんいつ》の心を生《しょう》ずることなかれ。衆《しゅ》に交《まじわ》るの間、その心を用ゐること、或は公家《こうか》と王卿《おうけい》たるにもあれ、殊ならむ謗《そしり》に非《あら》ずといへども、善《よ》からざることを言ふの輩《ともがら》は、然《しか》るごときの間も必ずしも座《ざ》を避けて却《しりぞ》き去れ。

凡そ人のためには常に恭敬《くぎょう》の儀《ぎ》を致して、慢逸《まんいつ》の心を生《しょう》ずることなかれ。衆《しゅ》に交《まじわ》るの間、その心を用ゐること、或は公家《こうか》と王卿《おうけい》たるにもあれ、殊ならむ謗《そしり》に非《あら》ずといへども、善からざることを言ふの輩《ともがら》は、然《しか》るごときの間も必ずしも座《ざ》を避けて却《しりぞ》き去れ。もし座を避くるに便なくんば、口を守り心を隔ててその事に預《あずか》ることなかれ。

たとひ人の善なりとも言ふべからず。いはむやその悪をや。古人云はく、口をして鼻のごとくあらしめよといへり。これの謂《いい》なり。／公《おおやけ》に非ずして私に止《や》むことなきの外は、輒《たやす》くは他の処に到《いた》るべからず。また妄《みだり》に契《ちぎり》を衆《もろもろ》の人と交ふることなかれ。交《まじわり》の難きこと、古賢の誡《いまし》むるところなり。たとひ人あり、甲と乙と隙《ひま》ありて、もし件《くだん》の乙を好むときは甲その怨《うらみ》を結ぶ。かくのごときの類《たぐい》は重く慎《つつし》むべし。（『九条右丞相遺誡』）

【解説】人に対しては、身分の高下を問わず尊敬の態度を失うな。天皇・皇族・公卿《くぎょう》であっても他人の悪口を言う者がいたときは、速やかにその座を立ち退け。

他人を尊重することを教え、天皇といえども他人の悪口を言う者の居る場を去れ、との主張は前文の論理の発展の必然の帰結である。自己を控え目にしてはじめて他人を尊重することは可能になるからである。しかも、天皇をも含む或る人が他人の悪口を言ったとき、その座を去れという教えは、自己が言わなくとも、間接的にその発言を肯定したことになる、という徹底した姿勢の所産である。右に述べた師輔の地位と役割がいかに他人の尊重を重視したうえに成りたっていたかを示す名言である。

出典・参考文献　大曽根章介ほか校注『古代政治社会思想』〈日本思想大系〉岩波書店、一九七九年

18 村上天皇

むらかみてんのう

九二六—六七

醍醐《だいご》天皇の皇子。諱《いみな》は成明《なりあきら》。兄朱雀《すざく》天皇の跡を継いで、九四六年（天慶九）に即位。右大臣藤原師輔《ふじわらのもろすけ》を片腕として、宇多《うだ》・醍醐天皇の令外官《りょうげのかん》を軸とする国政の構築を継承・発展させた。自ら学んだ典籍への素養をもって執筆した『新儀式《しんぎしき》』は清和《せいわ》天皇の時代に編纂された『儀式』を発展させたものであり、法曹《ほうそう》官僚に編纂させた『天暦蔵人式《てんりゃくくろうどしき》』は宇多期の『寛平《かんぴょう》蔵人式』や醍醐期の『延喜《えんぎ》蔵人式』の欠を補うものであり、両書によって令外官体制を完成の域に高めた。村上天皇は、文芸・文筆・管絃の道にも秀で、自ら漢詩・和歌を作り、楽器の演奏を好んだ。この結果、宇多・醍醐が大きく開拓した国風《こくふう》文化は、令外官体制に支えられながら隆盛期を迎えた。

天徳四年三月三十日己巳。此日女房歌合事あり。……蓋《けだ》し此《こ》れ風騒《ふうそう》の道徒《いたず》らに以って廃絶するを惜《お》しむがためなり。

天徳四年三月三十日己巳。此日女房歌合事あり。去年秋八月。殿上侍臣闘詩合の時。典侍命婦《てんじみょうぶ》等相《あ》ひ語りて云く。男已《すで》に文章を闘はす。女宜《よろ》しく和歌を合すべし。今年二月に及び。左右《そう》の方人《かたうど》を定む。なかんずく更衣《こうい》藤原脩子《しゅうし》、同□□等を以って左右の頭《とう》となし。各排読《はいどく》せしむ。**蓋《けだ》し此《こ》れ風騒《ふうそう》の道徒らに以って廃絶するを惜《お》しむがためなり。**後代の意を知らざる者。浮華《ふか》を好み、内寵《ないちょう》を専にするの謗を成すを恐る。仍《よ》って具《つぶ》さにこれを記す。（『天徳四年内裡歌合《てんとくよねんだいりうたあわせ》』）

【解説】九五九年（天徳三）八月、村上天皇は自ら主催して漢詩を競作する会、すなわち闘詩《とうし》を開いた。これを知った後宮の女房たちは天皇に迫り、和歌の競作の会、すなわち歌合《うたあわせ》を開くよう強く要請し、受け入れられて開催となった。村上天皇はその顚末を、自ら記した『天徳四年内裡歌合』で詳細に触れている。

右に引いた箇所は彼が歌合開催を認めた理由を述べたくだりであり、そこで日本古来の風雅の道を廃すべきではない、と述べていることは、女房の要請を受け入れるかたちで国風文化の一環としての和歌の隆盛を図ろうとする村上天皇の強い意志の現れと見ることもできる。国風文化の構築に意欲的だった村上天皇の姿がよくうかがえる。

出　典　『群書類従』一二、続群書類従完成会、一九三〇年

参考文献　萩谷朴編『平安朝歌合大成』全一〇冊、同朋舎出版、一九五七～六九年

朝綱《あさつな》が書の道風《みちかぜ》に劣れる事、譬《たと》えば道風の朝綱が才《ざえ》に劣れるがごとし

「天暦《てんりゃく》の御時、野《や》道風と江《ごう》朝綱と常に手書《てか》きの相論《そうろん》を成せし時、両人議《ぎ》して曰《い》はく、『主上《しゅしょう》の御判《ごはん》を給《たま》はりて、互ひに勝劣を決すべし』と云々。よりて御判を申し請《う》けしところ、主上仰せられて云《い》はく、『朝綱が書の道風

に劣れる事、譬《たと》えば道風の朝綱が才《ざえ》に劣れるがごとし』」と云々。（『江談抄《ごうだんしょう》』第二、一二）

【解説】 村上天皇が文筆や学才にも長けていたことは、経歴でも触れた。この記事は十二世紀の『江談抄《ごうだんしょう》』（14醍醐天皇参照）なので、史料的信憑性には問題がないわけではない。しかし、『村上天皇記』や当時の他の記録に村上天皇の文筆力や学才とその評価力に関する記述はしばしば見られるので、このような評価を受けていたことはまちがいないであろう。

大江朝綱《おおえのあさつな》は文筆では小野道風《おののみちかぜ》に劣るが、学才では彼より長けている、という評価には、文筆と学才を巨視的に評価できる村上天皇の天賦《てんぷ》の資質が充分に読み取れる。学問を窮《きわ》め、臣下の各々がもつ能力を見抜くことのできた帝王村上の姿が遺憾なく発揮されている。

出　典　後藤昭雄ほか校注『江談抄・中外抄・富家語』〈新日本古典文学大系〉岩波書店、一九九七年

参考文献　古代学協会編『延喜天暦時代の研究』吉川弘文館、一九六七年

朕《ちん》、不徳を以って久しく尊位に居りて、此の災殃《さいおう》に遭《あ》ふ。歎き憂ふること極まりなし。……天下の災斯《これ》に過ぐるはなし。後代の譏《そし》り、謝する所を知らず。

御日記に云はく、二十三日庚申、此の夜寝殿《しんでん》の後ろに侍臣《じしん》等の走り叫ぶの聲《こえ》を聞く。驚き起きて其の由緒を問ふ。少納言兼家奏して云はく、火左兵衛陣門を焼く。消し救うべきにあらず。……右大臣を召して詔す。**朕《ちん》、不徳を以って久しく尊位に居りて、此の災殃《さいおう》に遭《あ》ふ。嘆き憂ふること極まりなし。**朝忠朝臣還り来りて奏す。

火気漸《ようや》く衰へて、八省に延及すべからず。火亥《い》の四点より起こり、丑《うし》の四点迄に、宜陽殿《ぎようでん》の累代の宝物、温明《うんめい》殿《でん》の神霊鏡《しんれいきよう》・太刀《だいとう》・節刀契《せつとうけい》・印鎰《いんやく》、春興安福両殿《しゆんこうあんぷく》の戎具《じゆうぐ》、内記所《ないきどころ》の文書、又仁寿殿《じじゆうでん》の太一式盤《たいいつしきばん》、皆な灰燼《かいじん》と成る。**天下の災斯《これ》に過ぐるはなし。後代の譏《そし》り、謝する所を知らず。**（『扶桑略記』天徳四年九月二十三日条）

【解説】　九六〇年（天徳四）九月、平安京内裏が火事になったときのありさまを、村上天皇が自身の日記に記した部分の一節。

内裏の火災は最大の災であり、それが生じたのは、天皇の不徳によるものである。後世の譏りにいくら謝罪してもその責任は消えない。

天皇が公式の場で下す詔や勅にこのような発想と文言が見えるのは、奈良時代以来、通常のことである。しかし、日記という私的なものに、このような文言が見えることは、村上天皇が、火災を自身の不徳の結果とする考え方を明確に持っていたことを示している。

出　典　『扶桑略記』〈新訂増補国史大系〉吉川弘文館、一九六五年

参考文献　古代学協会編『延喜・天暦時代の研究』吉川弘文館、一九六七年

19

清少納言

せいしょうなごん

?

『古今集』の歌人清原深養父《きよはらのふかやぶ》の孫、元輔《もとすけ》の子。一条《いちじょう》天皇の中宮定子《ちゅうぐうていし》に仕え、才女の名をほしいままにした。彼女が書き残した『枕草子《まくらのそうし》』は、我々現代人が読んでも新鮮な感動を覚える名著である。

清少納言

ありがたきもの　舅《しゅうと》にほめらるる婿《むこ》。また、姑《しゅうとめ》に思《おも》はるる嫁《よめ》の君。……をとこ、女をばいはじ、女どちも、契《ちぎ》りふかくて語《かた》らふ人の、末《すえ》までなかよき人かたし。

ありがたきもの　舅《しゅうと》にほめらるる婿《むこ》。また、姑《しゅうとめ》に思《おも》はるる嫁《よめ》の君。毛《け》のよく抜《ぬ》くるしろがねの毛抜《けぬき》。主《しゅう》そしらぬ従者《ずさ》。……をとこ、女をばいはじ、女どちも、契《ちぎり》りふかくて語《かた》らふ人の、末《すえ》までなかよき人かたし。（『枕草子』七五）

【解説】清少納言は『枕草子』のなかで、親族・夫婦関係についてしばしば発言している。この一節では、舅《しゅうと》に好かれる婿《むこ》・姑《しゅうとめ》に好まれる嫁は貴重なことと述べ、生涯睦《むつ》まじい夫婦がめったにない存在であることを強調している。彼女の、親族・夫婦関係に関する見識の高さを示す。

世の中になほいと心憂《う》きものは、人ににくまれんことこそあるべけれ。……親にも、君にも、すべて、うち語《かた》らふ人にも、人に思《おも》はれんばかりめでたき事はあらじ。

世の中になほいと心憂《う》きものは、人ににくまれんことこそあるべけれ。誰《たれ》てふ物狂《ものぐるい》か、我《われ》人にさ思《おも》はれんとは思はん。されど、自然《しぜん》に宮仕所《づかえどころ》にも、親《おや》・はらからの中にても、思はるる思はれぬがあるぞいとわびしきや。／よき人の御ことはさらなり、下衆《げす》などのほども、親などのかなしうする子は、目《め》たて耳《みみ》たてられて、いたはしうこそおぼゆれ。見るかひあるはことわり、いかが思はざらんとおぼゆ。ことなることなきは、また、これをかなしと思ふらんは、親なればぞかしとあはれなり。／**親にも、君にも、すべて、うち語《かた》らふ人にも、人に思はれんばかりめでたき事はあらじ。**（『枕草子』二六七）

【解説】人に憎まれることほど、いやなことはないが、親・君主はじめ人に慕われることほどありがたいものはない。こう言い切る彼女の言葉には彼女の人生の辛苦が刻まれている。清少納言の対人関係観一般を端的に示す。

出　典　池田亀鑑ほか校注『枕草子・紫式部日記』〈日本古典文学大系〉岩波書店、一九五八年

参考文献　岸上慎二『清少納言伝記攷』畝傍書房、一九四三年

20 紫式部 むらさきしきぶ

?

歌人藤原為時《ふじわらのためとき》の娘。夫は藤原宣孝《のぶたか》。中宮彰子《ちゅうぐうしょうし》に仕えて『源氏物語』を著し、当時から文人として高い評価を得ていた。内向的な彼女は人前では一の文字さえ書けない振りを装ったが、中宮彰子に『白氏文集《はくしもんじゅう》』を講義するほどの実力をもっていた。この性格から外に自己をひけらかす人間には、辛辣《しんらつ》な言葉を投げかけずにはいられなかった。

紫式部

清少納言《せいしょうなごん》こそ、したり顔《がお》にいみじう侍《はべ》りける人。さばかりさかしだち、真字書《まなか》きちらして侍るほども、よく見れば、まだいとたへぬことおほかり。

清少納言《せいしょうなごん》こそ、したり顔《がお》にいみじう侍《はべ》りける人。さばかりさかしだち、真字書《まなか》きちらして侍るほども、よく見れば、まだいとたへぬことおほかり。かく、人にことならむと思ひこのめる人は、かならず見劣《みおと》りし、行くすゑうたてのみ侍れば、艶《えん》になりぬる人は、いとすごうすずろなる折も、もののあはれにすすみ、をかしきことも見すぐさぬほどに、おのづから、さるまじくあだなるさまにもなるに侍るべし。そのあだになりぬる人のはて、いかでかはよく侍らむ。（『紫式部日記』）

【解説】紫式部は、『紫式部日記』のなかで後宮の女房たちを軒並みこき下ろしている。そのなかでもっとも厳しいのが清少納言に対する評価である。したり顔をし、才覚をひけらかし、漢字を書き散らしているが、よく見ると恥ずかしいものが多い。こう言い切る式部の言葉には、心中自己の学識に高い誇りをもっていたことが存分にうかがえる。式部の人間観の厳しさを伝える。

ただ阿弥陀仏にたゆみなく経をならひ侍らむ。世の厭《いと》はしきことは、すべて露《つゆ》ばかり心もとまらずなりにて侍れば、聖《ひじり》にならむに、懈怠《けたい》すべうも侍らず。ただひたみちにそむきても、雲にのぼらぬほどのたゆたふべきやうなむ侍るべかなる。それにやすらひ侍るなり。（『紫式部日記』）

【解説】紫式部は『紫式部日記』の右に続く段で世の憂さを嘆き、浄土信仰を告白する。厭わしいこの世に何の執着もないので阿弥陀仏に経を学んで出家したいが、浄土に行くまでには迷いも残っているにちがいないので、まだ出家をためらっているという彼女の告白には、当時の後宮に仕える女房の辛い立場と出家したくてもできない苦しみが、鮮明に読み取れる。

出　典　池田亀鑑ほか校注『枕草子・紫式部日記』〈日本古典文学大系〉岩波書店、一九五八年

参考文献　今井源衛『紫式部』〈人物叢書〉吉川弘文館、一九六六年

21 平　兼　忠

たいらのかねただ

?

『尊卑分脈《そんぴぶんみゃく》』諸本によれば維茂《これもち》の兄であり、ともに平繁盛《しげもり》の子とされている。しかし同書一本は兼忠を維茂の父とするなど、諸説入り乱れており、『今昔《こんじゃく》物語集《ものがたりしゅう》』本説話の兼忠を維茂の子と記す点真実かどうかは確認できない。しかし、平繁盛の子か孫であることだけは、諸説一致している。したがって、十世紀後半に桓武《かんむ》平繁盛流のなかに、兼忠という武士がおり、国守《こくしゅ》(『今昔物語集』によれば、上総守《かずさのかみ》)となって活躍していたことは確実である。

祖《おや》ノ敵罰《かたきをうつ》ヲバ天道《てんとう》許《ゆる》シ給《たも》フ事ニハ非《あら》ズヤ。

守前《かみのまえ》ニシテ維茂《これもち》云《いわ》ク、「己《おのれ》ガ共《とも》ニ侍《さぶらい》ツル某《それがし》ヲ、今夜《こよい》人ノ殺《ころし》テ候《さぶろう》也。此ル旅所《たびどころ》ニ参《まいり》テ此《か》ク被為《せられ》テ候ヘバ、維茂ガ極《きわめ》タル恥《はじ》也。此レハ異人《ことひと》ノ為態《しわざ》ニハ不候《さぶらわず》。一トセノ盧外《りょがいの》馬咎《うまとが》メニ射殺《ころ》シ候ヒシ男ノ子ノ小男コソ殿《との》ニ候フナレ。定メテ其レガ為態《しわざ》ニコソ候フメレ。『彼レ召《よび》テ問ハム』トナム思ヒ給フル」ト。／守、此《こ》レヲ聞《きき》テ云《いわ》ク、「左右無《そうな》ク、其ノ男ノシタル事ナラズ。昨日《きのう》其《そこ》ノ御共《とも》ニ彼《か》ノ男庭ニ居《い》タリシヲ、腰ノ痛カリシ折ニテ、其ノ小男ヲ以《もて》腰ヲ叩カストテ、『彼ヲバ知リタリヤ』ト問シカバ、不知由《しらぬよし》ヲ答ヘシニ、『汝ガ父ハ彼ニ被殺《ころされ》シゾカシ。然様《さよう》ノ者ヲバ顔ヲ見知《みしり》タルコソ吉ケレ。彼ハ汝ヲバ何トモ不思《おもうま》ジケレドモ、无端《あじきな》キ事也』ト云シカバ、臥目《ふしめ》ニ成《なり》テ、和《やわ》ラ立《たち》ニシガ、其後《そののち》今ニ不見ヘ。立《たち》去ル事モ不為《せず》、夜《よ》ル昼《ひ》ル被仕《つかわれ》ツル奴《やつこ》ノ、昨日《きのう》ノ夕暮ヨリ不見《みえぬ》、怪《あやし》キ事也。亦疑ハシキ事ハ夜前膳所ニテ刀ヲナム極《いみじ》ク鋭《とげ》ケル。其レモ今朝《けさ》男共《ども》ノ疑ヒノ事共云《どもいい》ツルニ、聞《きき》ツル也。／抑《そもそも》『召《よび》テ問ハム』ト有ルハ、実《まこと》ニ其ノ男ノ為態《しわざ》ナラバ、其《その》男ヲ殺シ給ハムズルカ。其ノ由ヲ聞《きき》テナム召《よび》テ可奉《たてまつるべ》キ。兼忠ハ賤《いやし》ケレドモ、賢コク坐《おわ》スル其御《そこの》父也。其レニ、兼忠ヲ殺シタラム人ヲ、其《そこ》ノ御眷属共《けんぞくども》ノ此様《かくよう》ニ殺《ころし》タラムヲ、人ノ此《か》ク咎《とが》メ嗔《い》カラムヲバ、我ハ吉《よし》トヤ被思《おもわれ》ムズル。**祖《おや》ノ敵罰《かたきをうつ》ヲバ天道許《てんとうゆる》シ給《たも》フ事ニハ非《あら》ズヤ**。其《そこ》ノ止事无《やんごとな》キ兵《つわもの》ニテ坐《おわ》スレバコソ、兼忠ヲ殺シタラム人ハ『安クハ不有《ある》マジ』トハ思ヒツレ。此《か》ク祖《おや》ノ敵《かたき》ヲ罰《うち》タル者ヲ、兼忠ニ付《つき》テ責メ給バ、兼忠ガ服《ぶく》ヲバ不被為《せられ》マジキナメリ」ト云《いい》テ、（『今昔物語集』巻第二五、「平維茂郎等、被殺語第四」）

【解説】この一句は、親の敵を討つ復讐は天の認めることという認識が、武士のなかに根強く生きていたことを示す名言であり、武士の生き方を大きく規定した格言でもあった。兼忠の許《もと》に挨拶に来た子息の従者が兼忠の小男の父を殺した敵であることを、兼忠が小男に教えた。その結果、小男はその夜敵の従者を殺害したため、兼忠の子が怒りを父にぶつけに来た。右の一句はこのとき兼忠が切り返した言葉である。父の従者が子の従者を殺したとしても、親の敵討ちである以上、誰も処罰できないことを端的に伝える。むろん、これは説話中の話であるから、史実を伝えると鵜呑《うの》みにはできない。しかし、当時の文書や日記類を見ると、武士の世界では敵討ちは日常的に行われ、それをなすべきことと記す史料も少なくない。この説話に見える一言は、当時の武士世界の倫理を語ると言える。

出　典　山田孝雄ほか校注『今昔物語集』四〈日本古典文学大系〉岩波書店、一九六二年

参考文献　穂積陳重『復讐と法律』岩波文庫、一九八二年

22 源信《げんしん》

九四二—一〇一七

大和国葛木下郡卜部《うらべ》正親《まさちか》の子。九歳で比叡山《ひえいざん》に登り、天台座主《てんだいざす》良源《りょうげん》の弟子となり、法華経《ほけきょう》を究める。浄土三部経《じょうどさんぶきょう》の内容を日本人に分かるように再構成して一書にした『往生要集《おうじょうようしゅう》』、法華経の真髄を解説した『一乗要決《いちじょうようけつ》』をはじめ、多くの仏書を著した。彼は法華経と浄土教の双方に明るかったが、晩年は堕落した比叡山中枢を嫌い横川《よかわ》に隠棲し、浄土教による極楽往生を望んで、七十六歳で没した。

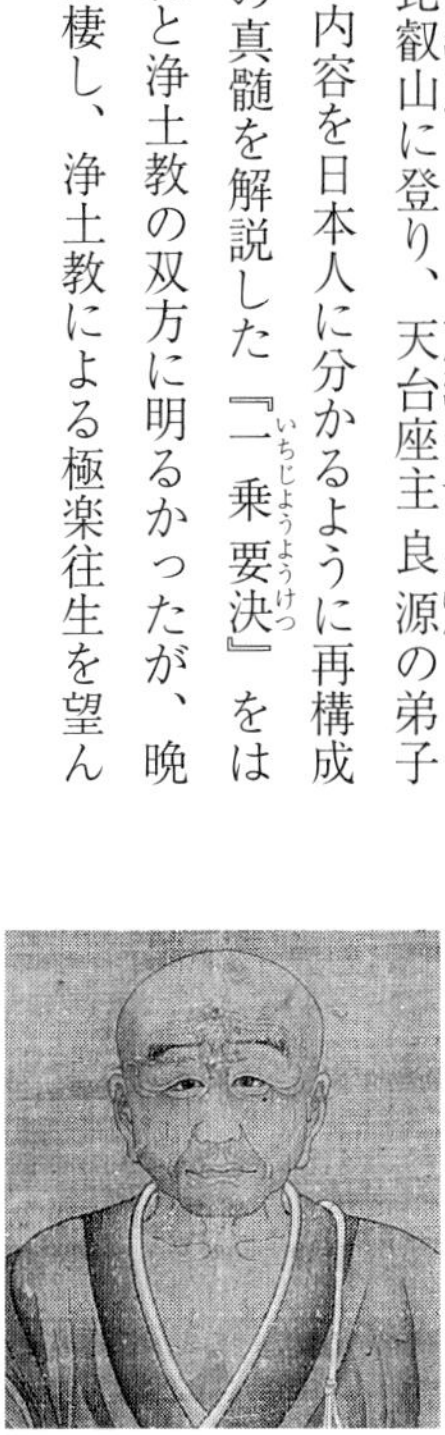

源　信

それ往生極楽《おうじょうごくらく》の教行《きょうぎょう》は、濁世《じょくせ》末代の目足《もくそく》なり。道俗貴賤《どうぞくきせん》、誰《たれ》か帰《き》せざる者あらん。
……第一に、厭離穢土《おんりえど》とは、それ三界《さんがい》は安きことなし、最も厭離すべし。

それ往生極楽《おうじょうごくらく》の教行《きょうぎょう》は、濁世末代《じょくせ》の目足《もくそく》なり。道俗貴賤《どうぞくきせん》、誰《たれ》か帰《き》せざる者あらん。ただし顕密《けんみつ》の教法《きょうぼう》は、その文《もん》、一《いつ》にあらず。事理《じり》の業因《ごういん》、その行《ぎょう》これ多し。利智精進《しょうじん》の人は、いまだ難《かた》しと為さざらんも、予《よ》が如《ごと》き頑魯《がんろ》の者、あに敢《あえ》てせんや。／この故《ゆえ》に、念仏の一門に依《よ》りて、いささか経論の要文《ようもん》を集む。これを披《ひら》いてこれを修《おさ》む……**大文第一に、厭離穢土《おんりえど》とは、それ三界《さんがい》は安きことなし、最も厭離すべし。**今その相《そう》を明さば、惣《す》べて七種あり。一には地獄、二には餓鬼《がき》、三には畜生《ちくしょう》、四には阿修羅《あしゅら》、五には人《にん》、六には天、七には惣結《そうけち》なり

（『往生要集』巻上）

【解説】『往生要集』序文と第一章からの抜粋。前者は、末世《まっせ》の現在においては極楽往生《ごくらくおうじょう》の教えを学び、実践することこそが、身分の違いを超えた万人にとっての唯一の救いの道であることを端的に著した名言。後者は、極楽浄土《じょうど》を希求する根本的理由が現世《げんぜ》が穢《けが》れた土地にあることを強調した、日本的浄土教理解の根源を一言で表現した名言。日本では平安時代中期から貴族を中心に浄土教の内的理解が始まったが、罪の意識を充分理解できない彼らは、彼らをとらえていた穢れ忌避《きひ》観念を手懸りに、浄土教帰依《きえ》を呼びかけた源信の『往生要集』を格好の書として皆一心に読んだ。

出典　石田瑞磨校注『源信』〈日本思想大系〉岩波書店、一九七〇年

参考文献　速水侑『源信』〈人物叢書〉吉川弘文館、一九八八年

兜率天《とそつてん》に生れて、慈尊《じそん》に見《まみ》え奉《たてまつ》らむこと、極《きわめ》なき善根《ぜんごん》なりといへども、弟子頃年《としころ》深く願ふところあり。身を他世《たせ》に捨てて、極楽に往生《おうじょう》し、面《まのあた》り弥陀《みだ》に見えたてまつりて、妙法《みょうほう》を聴聞《ちょうもん》せむ。慈尊力《りき》を加へて、我を極楽に送りたまへ。極楽界にして、当《まさ》に弥《み》勒《ろく》を拝むべし。天童《てんどう》早く還《かえ》りて、この誓言《せいごん》をもて、当《まさ》に慈尊に啓《もう》すべし、

慶祐阿闍梨《きょうゆうあじゃり》を留めて、密々に示して言はく、年来《としころ》の間、一乗《いちじょう》の善根《ぜんごん》、事理《じり》の功徳《くどく》をもて、西方に廻向《えこう》し、極楽の上品下生《じょうほんげしょう》に往《い》かむことを願へり。今二の天童《てんどう》ありて、来り下《くだ》りて言はく、我は兜率天《とそつてん》の弥勒菩薩《みろくぼさつ》の使者な

り。聖人偏《しょうにんひとえ》に法華経《ほけきょう》を持して、深く一乗の理《ことわり》を解けり。この功徳をもて、当《まさ》に兜率に生るべし。この故《ゆえ》に我等聖人を迎へむがために、今この処《ところ》に来りぬ。数万の天童ありて迎摂《ごうしょう》すべし。我等且《しばら》く示し告ぐるのみといふ。僧都《そうず》、天童に語りて言はく、兜率天に生れて、慈尊《じそん》に見《まみ》え奉《たてまつ》らむこと、極《きはめ》なき善根なりといへども、弟子頃年《としごろ》深く願ふところあり。身を他世《たせ》に捨てて、極楽に往生《おうじょう》し、面《まのあた》り弥陀《みだ》に見えたてまつりて、妙法《みょうほう》を聴聞《ちょうもん》せむ。慈尊力《りき》を加へて、我を極楽に送りたまへ。極楽界にして、当《まさ》に弥勒《みろく》を拝むべし。天童早く還《かえ》りて、この誓言《せいごん》をもて、当《まさ》に慈尊に啓《もう》すべし、云々といふ。(『大日本法華経験記』巻下、第八三「楞厳院の源信僧都」)

【解説】死に臨んだ源信の許《もと》に来て、釈迦《しゃか》と弥勒《みろく》の命を受けて法華経《ほけきょう》の説く来世兜率天《らいせとそつてん》に迎えようとする使者天童《てんどう》に対し、感謝の意を述べながら、近年浄土教の説く極楽浄土に往生したいので、釈迦も協力して私を往生させてほしい。そうして頂ければ、私は極楽浄土から弥勒を拝みましょう、と答えた源信のこの言葉は、事実ではないにせよ、臨終《りんじゅう》に及んだ彼の心境を如実に伝えている。法華経から出発してそれとの共存を維持しながら浄土教に到達した源信の、宗教人としての達成を示す。

出典　井上光貞ほか校注『往生伝・法華験記』〈日本思想大系〉岩波書店、一九七四年

参考文献　速水侑『源信』(前掲)

23 源頼信

みなもとのよりのぶ

九六八—一〇四八

清和《せいわ》源氏《げんじ》の事実上の開祖満仲《みつなか》の子。常陸守《ひたちのかみ》をはじめ諸国の守を歴任して日本各地の武士を従者にしようと努力した。平忠常《たいらのただつね》の乱に先立ち、常陸守在任中に忠常を従者とし、このうえに、同乱では追討使《ついとうし》として戦わずして彼を降伏させた。この結果、坂東《ばんどう》の武士の大半は頼信に臣従し、東国の覇者《はしゃ》となり、清和源氏の台頭の画期をつくった。

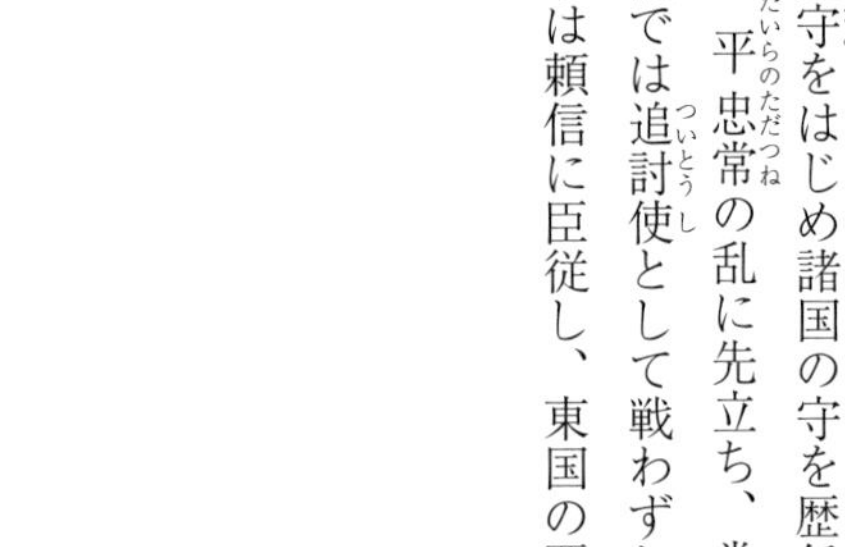

源頼信墓

方《まさ》に今永承の少臣某重ねて胸前《きょうぜん》に啓《けい》す、万事をつつみて、完《まった》く心に匿《かく》し、未《いま》だ吻《きさら》に出さず、神境《しんけい》督《と》く察して、併《しかし》ながら羨《ねが》ふところを満たせよ。

……大菩薩の聖躰は、忝《かたじけな》くも某《それがし》二十二世の氏祖なり。……近年後一条院万寿四年狼戻《ろうれい》の鼠輩《そはい》、上総国平忠常東都に横はって、坂東の受領を凌《しの》ぎ、猛威を張って、貢賦の傜丁《ようてい》を寃げ、梟悪《きょうあく》の野心を狭さんで、朝廷の規模に逆《げき》し、官物を牢《ろう》籠《ろう》して、調庸を虜掠《りょりゃく》し、官宣を忽諸《こっしょ》して詔使に対捍《たいかん》せしの日、公家《こうけ》頻りに精兵に勅して、追討せらると雖《いえど》も、要害を固めて遁避し、絶拭《ぜっしょく》に敧《そば》たって覬覦《きゆ》せしの時、僕遂に朝撰に当り、身を征東に任せて長元二年甲斐に任ず、土民を駆らず、所部を費さず、鼓を撃たず、旗を振らず、弩《ゆみ》を張らず、矢を逸《は》せず、認《しの》ばず攻めず、居ながら寇賊《こうぞく》を得たり。……是《ここ》を以って先祖の権現は本朝の鎮守、神徳に憑《よ》って貴賤の尊ばれ、後胤の老翁は末代の窮士《きゅうし》にして武芸に依って愍《おろ》かに朝野に趁しる。……**方《まさ》に今永承の少臣某重ねて胸前《きょうぜん》に啓《けい》す、万事をつつみて、完《まった》く心に匿《かく》し、未だ吻《きざら》に出さず、神境《しんけい》督《と》く察して、併《しか》しながら羨《ねが》ふところを満たせよ。**（石清水田中家文書、永承元年某月某日源頼信八幡大菩薩祭文）

【解説】この一句を含む祭文《さいもん》は、頼信が希望する河内守《かわちのかみ》になったとき、国内にある誉田八幡《ほんだはちまん》（伝応神天皇陵《おうじんてんのうりょう》）に捧げたものである。この祭文で彼は、八幡の推挙《すいきょ》で河内守になれたことを感謝し、彼にとって二〇世の祖となる八幡を氏《うじ》の祖《みおや》と名付けて、清和源氏の氏神《うじがみ》とし、平忠常の乱をはじめ数々の武勲で朝家《ちょうか》の固めと認定されたことを感謝し、そのうえで右の一句を語りかけているのである。朝家の固めと認定されたうえでそれ以上の口に出せない願いを求めているのであるから、その願いとは兵馬《へいば》の権《けん》（軍事・検察分野を統轄する公権力）をとること以外には考えられない。同じ頃、頼信は相模守《さがみのかみ》だった子息頼義《よりよし》と手を組んで、相模国最大の神社寒川社《さむかわしゃ》の主神を誉田八幡にすることに成功している。東国を基礎に武士を主従制で編成して兵馬の権を構築する土台を作ろうとしたからである。清和源氏がすでに平安時代中期から武士の権力を構想していたことを示す。

出典　竹内理三編『平安遺文』古文書編三、六四〇号、東京堂出版、一九六三年

参考文献　義江彰夫「源氏の東国支配と八幡・天神信仰」『日本史研究』三九四号、一九九五年

24 清原武則

きよはらのたけのり

?

兄光頼《みつより》とともに出羽国山北郡《でわのくにせんぼく》の俘囚《ふしゅう》の主。『陸奥話記《むつわき》』によれば、真人《まひと》姓を名乗っており、奥六郡《おくろくぐん》の俘囚の長安倍頼時《あべのよりとき》と異なり、先祖以来の俘囚の長とは述べていない。『清原氏系図』の一本によれば、光頼・武則兄弟の先祖には清原深養父《ふかやぶ》がおり、清少納言とも縁続きであり、父光方《みつかた》は兵部大輔《ひょうぶたいふ》という京の武官を帯びていたから、彼らが出羽国に来て山北郡の俘囚の長となったのは、光方の晩年か光頼・武則の時代になってからと考えられる。武則は、前九年合戦《ぜんくねん》（一〇五一―六二）で源頼義《みなもとのよりよし》を助けて、安倍氏に勝利し、朝廷から鎮守府将軍《ちんじゅふしょうぐん》の職を与えられ、安倍氏の奥六郡をも併せて奥州《おうしゅう》の事実上の覇者になった。

武則遙《はるか》に皇城を拝して、天地に誓ひて言はく、……八幡三所《はちまんさんしょ》、臣《おむ》が中丹《ちゅうたん》を照したまへ。

将軍制《せい》すること能はずして、常に甘《あま》き言をもて、出羽の山北の俘囚の主《あるじ》、清原真人光頼、舎弟《しゃてい》武則等に説きて、官の軍に与力《よりき》せしむ。光頼等猶予《ゆうよ》して決《さだ》めず。将軍常に贈るに奇珍《めずら》しきものをもてせり。光頼・武則等漸くにもて許諾《きよだく》しつ。／康平五年……頼義朝臣頻《しきり》に兵《つわもの》を光頼并《ならび》に舎弟武則等に求めつ。ここに武則同年の秋七月をもて、子弟と万余人の兵を率ゐて、陸奥国に越え来りぬ。将軍大に喜びて、三千余人を率ゐ、七月廿六日をもて発《おこ》しぬ。八月九日に、栗原郡の営崗《たむろがおか》に到る〈昔田村麿将軍蝦夷《えぞ》を征《う》つの日、ここに軍《いくさ》の士《おのこ》を支《ささ》へ整へき。それより以来《このかた》号《なづ》けて営《たむろ》の塹《ほりき》と曰ふ。迹《あと》猶し存せり〉。武則真人先づこの処に軍《いくさだち》せり。邂逅《たまさか》に相遇《あ》ひて、互に心の懐《おもい》を陳《の》べて、各《おのおの》もて涙を拭《ぬご》ふ。悲喜交《こもごも》至りぬ。／ここに武則遥《はるか》に皇城を拝して、天地に誓ひて言はく、臣《おむ》既に子弟を発《おこ》して、将軍の命《めい》に応《こた》へつ。志は節を立つるにあり、身を殺すことを顧みず。もし苟《いやし》くも死せずは、必ずしも空しく生きじ。八幡三所《はちまんさんしょ》、臣が中丹《ちゆうたん》を照したまへ。もし身命を惜み、死力を致さずは、必ずしも神の鏑《かぶらや》に中《あた》りて先づ死なむといへり。軍を合はせて臂《ひぢ》を攘《はら》ひ、一時に激《はげ》み怒りぬ。今日鳩あり、軍《いくさ》の上に翔《かけ》る。将軍以《い》下《げ》悉くにこれを拝せり。（『陸奥話記』）

【解説】この『陸奥話記』の一節は、源頼義《みなもとのよりよし》の要請に応じて一万の軍を率いて頼義の軍に合流して、陣立てを行った直後の清原武則の言動を伝えるところである。ここで、彼は頼義に先立って京都の皇城を拝し、石清《いわし》水《みず》八幡宮《はちまんぐう》に戦勝祈願を行っている。源氏と清原氏は在来姻戚関係にはないから、彼らの八幡信仰は源氏とは別に独自に作られたものというべきである。清原氏は天武《てんむ》天皇に発する氏であり、それゆえに真人《まひと》姓を名乗り続け、光方が武官を帯び、その子光頼・武則兄弟が俘囚《ふしゅう》の主であることを踏まえれば、彼らが独自に石清水八幡信仰をこの時代頃に身に付けていたことは、充分納得できる。かつて平将門《たいらのまさかど》が八幡信仰をすでに持っていたこと（16参照）を考慮すれば、この一句は武的国家鎮護神としての八幡信仰が清和源氏《せいわげんじ》の独占物ではなく、皇統に繋がる武士に広く摂取された信仰であったことを教えてくれる貴重な発言である。

出典　大曽根章介ほか校注『古代政治社会思想』〈日本思想大系〉岩波書店、一九七九年

参考文献　小林清治・大石直正編『中世奥羽の世界』〈UP選書〉東京大学出版会、一九七八年

25 源頼義《みなもとのよりよし》

九八八—一〇七五

頼信《よりのぶ》の嫡子。平忠常《たいらのただつね》の乱で父とともに戦功を挙げ、相模国守《さがみのこくしゅ》となり、この乱で東国の覇権を失った平直方《なおかた》からその娘を嫁に貰い、さらに東国支配のシンボルの意味をもつ鎌倉館をも譲り受けた。これを前提に父頼信没後は坂東《ばんどう》の武士を束ねて、文字通り東国の覇者となった。その間、父と連係して相模国寒川社《さむかわしゃ》を拠点とする誉田八幡《ほんだはちまん》信仰を持ち込んだ。鎮守府将軍《ちんじゅふしょうぐん》となって奥《おう》州《しゅう》に赴き安倍氏《あべうじ》を挑発して前九年《ぜんくねん》合戦を引き起こし、苦戦のうえに勝利、恩賞として伊予《いよ》国守に任ぜられた。また乱直後には社格のより高い石清水八幡《いわしみずはちまん》を私的に勧請《かんじょう》して、八幡信仰によって東国武士を朝家《ちょうけ》の固めの論理で一層強く組織し、それに天神信仰を結合することで、死霊に怯《おび》え、反逆心に満ちた武士の心を内側からとらえることに腐心した。武人としては、殺害した一万五〇〇〇人の耳を一堂に納めて、耳納寺と名付け鎮魂したと伝えられる。また、頼義は同時に歌人でもあり、出家後は浄土信仰に専念した人でもあった。

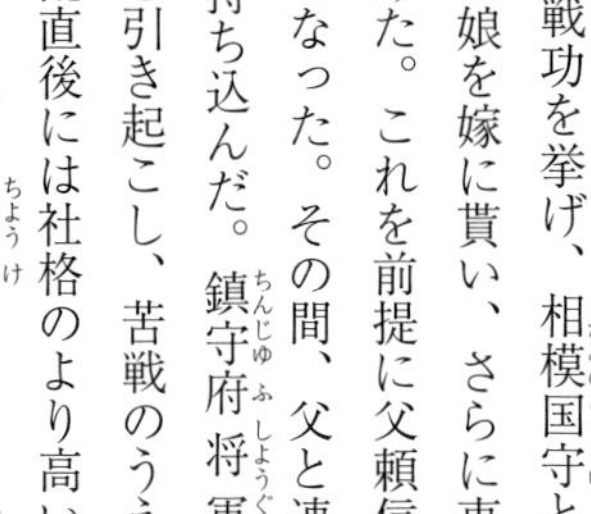

源　頼義

汝《なんじ》が先祖《さきつおや》相伝へて、予《わ》が家の僕《ぼく》たり。しかるに年来《としごろ》朝《みかど》の威を忽緒《いるかせ》にし、旧《もと》の主《あるじ》を蔑《ない》如《がしろ》にするは、大逆無道《たいぎゃくむどう》なり。

ここに経清《つねきよ》を生虜《いけどり》にす。将軍召し見《まみ》えて責めて曰《いわ》く、**汝《なんじ》が先祖《さきつおや》相伝へて、予《わ》が家の僕《ぼく》たり。しかるに年来《としころ》朝《みかど》の威を忽緒《いるかせ》にし、旧《もと》の主《あるじ》を蔑如《ないがしろ》にするは、大逆無道《たいぎゃくむどう》なり。**今日《きょう》白き符《しるし》を用ゐることを得むや否やといへり。経清首《こうべ》を伏して言ふこと能《あた》はず。将軍深く悪《にく》めり。故《かるがゆえ》に鈍《にぶ》き刀をもて漸《ようやく》にその首を斬りつ。（『陸奥話記』）

【解説】清和源氏《せいわげんじ》先祖相伝《そうでん》の家僕《かぼく》藤原経清《ふじわらのつねきよ》は、前九年《ぜんくねん》合戦にあたり当初は源頼義に従っていたが、途中から妻の父安倍頼時《あべのよりとき》側に寝返って、頼義軍を窮地に陥れた。清原氏の応援を得て戦況が好転し、厨川《くりやがわ》の柵《さく》を落として、安倍軍を壊滅させる最中、頼義は経清を生捕りにして、鈍い刀で鋸引《のこぎりび》きの斬刑に処した。右はそのとき頼義が経清に処刑の理由を語った一句である。

相伝の家人《けにん》でありながら、朝廷と主家を侮蔑《ぶべつ》し敵に味方するのは、国家反逆罪にあたる。この一句は、朝廷の固めという名目のもとに、兵馬《へいば》の権《けん》獲得のために強固な主従制を築きつつあった源氏にとって、従者のなかから反逆行為が生じることは絶対に認められず、それを今後再発しないように、従者すべてに周知させる意味も込めて、語られている。武士の主従制の根底にある主人の絶対的成敗権《せいばいけん》をまざまざと知らされる。

出典　大曽根章介ほか校注『古代政治社会思想』〈日本思想大系〉岩波書店、一九七九年

参考文献　小林清治・大石直正編『中世奥羽の世界』〈UP選書〉東京大学出版会、一九七八年

我ガ往生《おうじょう》極楽之望。決定《けつじょう》果スベシ。遂勇猛強盛之心。昔衣河《ころもがわ》ノ館《たて》オトサムト思ヒシニ違ハズ

伊与入道頼義者《いよにゅうどうよりよしは》。……十二年征戦之間殺人罪勝計スベカラズ。因果之答《いんが》ヘルトコロ地獄之業《じごくのごう》ヲ免《まぬが》レベカラザル人ナリ。然《しか》リトイヘドモ出家入道遁世《とんせい》之後、堂（ミノハダウ）ヲ建テ仏ヲ造ル。滅罪生善ノ志、猛利炳焉《もうりへいえん》ナリ。件《くだん》ノ堂ニヲイテ、悔過《けか》悲泣之涙、板敷ヨリ縁ニ伝流レテ地ニ落ケリ。其後謂ヒテ云ク。**我ガ往生《おうじょう》極楽之望。決定《けつじょう》果スベシ。遂勇猛強盛之心。昔衣河《ころもがわ》ノ館《たて》オトサムト思ヒシニ違ハズト**云々。（『古事談』第四）

【解説】 極楽往生したいという自分の念願は必ず成就するだろう。それを実現しようとする自分の心は、昔前《ぜん》九年《くねん》合戦で安倍氏《あべうじ》の衣河《ころもがわ》の館を落とそうとしたときと同じくらい強固なのだから。

この一言には、武将として前九年合戦を死に物狂いで勝利に導いた頼義の、出家と往生への精進《しょうじん》は、その殺生行為に匹敵するほど強靭《きょうじん》な精神に支えられていたことを見事に語っている。この結果、頼義は臨終《りんじゅう》に際し大往生を遂げたと伝えられている。武士の本質を見抜き、その償《つぐな》いに遁世《とんせい》後の生涯を賭けた彼にふさわしい。

出典・参考文献　小林保治校注『古事談』上・下〈古典文庫〉現代思潮社、一九八一年

26 大江匡房

おおえのまさふさ

一〇四一―一一一一

平安時代初期以来文章道《もんじょうどう》で朝廷を支えてきた家に生まれた。五代前には文《もん》章博士《じょうはかせ》・大学頭《だいがくとう》・式部大輔《しきぶたいふ》・中納言まで務めた維時《これとき》がおり、父成衡《しげひら》も大学頭を務めた。後三条《ごさんじょう》天皇の下で東宮学士《とうぐうがくし》・蔵人《くろうど》となり、記録荘園券契所《きろくしょうえんけんけいじょ》などで活躍し、多面的な国政改革の実務にあたった。次の白河《しらかわ》天皇のもとでも東宮学士・蔵人・左中弁《さちゅうべん》として国政の実務に秀で、続く堀河《ほりかわ》天皇の時代には公卿《くぎょう》に列し権中納言《ごんのちゅうなごん》から大蔵卿《おおくらきょう》にまで昇った。この間、激務の間を縫って、厖大な漢詩文とともに、『江家次第《ごうけしだい》』『続本朝往生伝《ぞくほんちょうおうじょうでん》』『本朝神仙伝《ほんちょうしんせんでん》』や日記『江記《ごうき》』、自伝『暮年記《ぼねんき》』などを著す一方、世相の書『傀儡子記《くぐつき》』・『遊女記《ゆうじょき》』、自身言談して筆録させた説話集『江談抄《ごうだんしょう》』などを残した。特に『傀儡子記』以降の書は、彼が裏面・地方・庶民の実態と新しい時代のうねりにもきわめて敏感だったことを示している。

大江匡房花押

ここに頃年《としごろ》より以来、かくのごときの人、皆もて物故したり。文を識《し》るの人、一人の存《のこ》るものなし。……巧心拙目《こうしんせつもく》は、古《いにしえ》の人の傷《いた》みし所なり。寛治より以後《のち》、文章はあへて深く思はず、ただ翰墨《かんぼく》の責《せめ》を避《の》がるらくのみ。もしそれ心内に動《はたら》くときは、言外《ことほか》に形《あらわ》る。独《ひと》り吟《ぎん》じ偶《たまたま》詠《えい》じて、聊《いささか》に巻軸を成せり。よりて由緒《ゆいしょ》を記して、来葉《らいよう》に貽《のこ》す。

ここに頃年《としごろ》より以来、かくのごときの人、皆もて物故したり。文を識《し》るの人、一人の存《のこ》るものなし。司馬遷《しばせん》が謂《い》へるありて曰《いわ》く、誰がためにか為《な》さむ、誰をして聞かしめむといへり。蓋《けだ》し聞かく、匠石《しょうせき》は斧《おの》を郢人《えいひと》に輟《や》め、伯牙《はくが》は絃《こと》を鐘子《しょうし》に絶てりと。何《いか》にいはむや風騒《ふうそう》の道は、識《し》れる者の鮮《すくな》きをや。巧心拙目《こうしんせつもく》は、古《いにしえ》の人の傷《いた》みし所なり。寛治より以後《のち》、文章はあへて深く思はず、ただ翰墨《かんぼく》の責《せめ》を避《の》がるらくのみ。もしそれ心内に動《はたら》くときは、言外《ことほか》に形《あらわ》る。独《ひと》り吟《ぎん》じ偶《たまたま》詠《えい》じて、聊《いささか》に巻軸を成せり。よりて由緒《ゆいしょ》を記して、来葉《らいよう》に貽《のこ》す。（『暮年記』）

【解説】『暮年記』は、晩年に至って文人官僚としての自分の心境を語った書物。近年文（漢詩文）の道を備えた人は皆他界してしまった。……巧みな着想も愚者から笑われるばかりのありさま。これは古の文人が嘆いたことなのに。私も、寛治年間（一〇八七―九四）以来深く思いを籠めた文章を作らなくなり、ただ詩文を作る責務を果たすだけになった。ただし、心の中から湧き上がるものがあるときは、自ら言外にあらわれる。私はそれを吟詠《ぎんえい》して、巻軸に書き上げる。というわけで私がここに至る由来を記して将来に備えたい。

この段落は、古来の秀でた文人官僚の足跡を、中国の詩文の達人らと対比しながらたどり、その流れのなかに自分を位置づけようとする本書籍の結尾にふさわしい文章である。皇族・貴族が皆地方や庶民の文化に熱中しはじめた時代に、それを先取りしながらも、古来の漢詩文の世界をも守り通そうとした匡房の生き方を鮮やかに伝える。

出典　大曽根章介ほか校注『古代政治社会思想』〈日本思想大系〉岩波書店、一九七九年
参考文献　川口久雄『大江匡房』〈人物叢書〉吉川弘文館、一九六八年

27 白河法皇 しらかわほうおう

一〇五三—一一二九

後三条《ごさんじょう》天皇の皇子。即位後は父の天皇親政を再興して国家を建て直そうとした路線を継承しその具体化に努めた。しかし、強訴《ごうそ》する寺社、台頭する武士らを天皇位にあっては防ぎきれないことを悟り、位を堀河《ほりかわ》天皇に譲り、後三条天皇以来の路線を継承させ、補強しながら、自らは法皇となって仏法の験力《げんりき》をも身に付け、難局を乗り越えようとした。

賀茂河《かもがわ》の水《みず》、双六《すごろく》の賽《さい》、山法師《やまぼうし》、是《これ》ぞ我《わ》が心にかなはぬもの。（『平家物語』巻一）

【解説】この一句は『平家物語』のなかの言葉なので、信憑性には問題がある。しかし、経歴にも述べたように、白河法皇は存命中絶えず寺社勢力の強訴などに悩まされていた。したがって、賀茂川《かもがわ》の水と双六《すごろく》の賽《さい》と同じように、比叡山《ひえいざん》の法師ばかりは自分の意のままにならないという言葉は、白河法皇の口から出ても不思議はない。寺社勢力に対する当時の王権の危機意識を端的に伝える。

出典 『平家物語』〈日本古典文学大系〉岩波書店、一九五九年

参考文献 橋本義彦「白河法皇」、川崎庸之編『王朝の落日』〈人物・日本の歴史三〉読売新聞社、一九六六年

28 平　清盛

たいらのきよもり

一一一八―八一

平忠盛《ただもり》の嫡子。祖父正盛《まさもり》以来朝家《ちょうか》の固めとして築いてきた地位を基礎に、平氏の全盛時代を打ち立てた。一一五九年（平治元）平治《へいじ》の乱《らん》に勝利して、全国の武士の棟梁《とうりょう》の地位に就き、それをステップとして朝廷に深く進出し、公卿《くぎょう》の座に連なり、自ら太政大臣《だじょうだいじん》まで登りつめるとともに、平家一門を右大臣以下の要職に就けた。この間知行国《ちぎょうこく》三十余国・荘園五百余箇所を集積しつつ、皇室との姻戚関係を深め、高倉《たかくら》天皇の外舅、安徳《あんとく》天皇の外祖父にまでなり、七九年（治承三）にはクーデターを起こし、後白河《ごしらかわ》院を鳥羽《とば》に幽閉、関白《かんぱく》藤原基房《もとふさ》を大宰府《だざいふ》へ配流《はいる》して、軍事独裁政権を樹立した。しかし、翌年源頼朝《よりとも》が関東に挙兵して、それを討つ平家の軍がことごとく敗北し、頼朝の勢力が急速に強まるなか、平家の将来に危機感を強めつつ一一八一年（養和元）病没した。

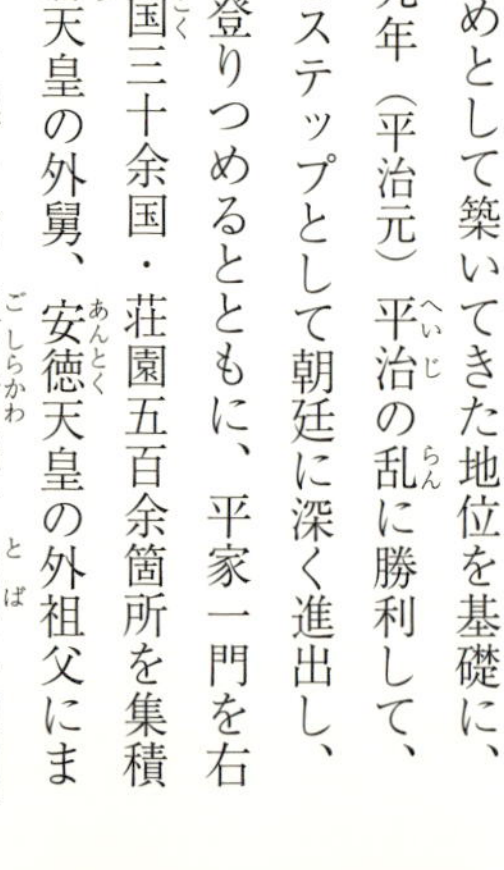
平　清盛

たゞしおもひをく事とては、伊豆国《いずのくに》の流人《るにん》、前兵衛佐頼朝《さきのひょうえのすけよりとも》が頸《くび》を見ざりつるこそやすからね。われいかにもなりなん後《のち》は、堂塔《どうとう》をもたて、孝養《こうよう》をもすべからず。やがて打手《うって》をつかはし、頼朝が頭をはねて、わがはかのまへにかくべし。それぞ孝養にてあ

らんずる

「われ保元《ほうげん》・平治《へいじ》より此《この》かた、度々《どど》の朝敵《ちょうてき》をたいらげ、勧賞《けんじょう》身《み》にあまり、かたじけなくも帝祖《ていそ》太政大臣《だいじょうだいじん》にいたり、栄花《えいが》子孫《しそん》に及《およ》ぶ。今生《こんじょう》の望《のぞみ》一事《じ》ものこる処《ところ》なし。たゞしおもひをく事《こと》とては、伊豆国《いずのくに》の流人《るにん》、前兵衛佐《さきのひょうえのすけ》頼朝《よりとも》が頸《くび》を見ざりつるこそやすからね。われいかにもなりなん後《のち》は、堂塔《どうとう》をもたて、孝養《こうよう》をもすべからず。やがて打手《うって》をつかはし、頼朝が首をはねて、わがはかのまへにかくべし。それぞ孝養にてあらんずる」との給ひけるこそ罪《つみ》ふかけれ。（『平家物語』巻六）

【解説】この一節は、『平家物語』の清盛の死を扱った「入道逝去の事」に見える話なので、史料的には問題がある。同時期の記録類に高熱に苦しんで死去したことは見えるが、遺言内容までは伝えていない。しかし、頼朝を討ち取れなかったことを生涯の悔やみと言い、葬儀供養は不要、頼朝の首を取って我が墓前に供えることこそ我に対する最大の供養、と命ずるこの遺言は、確実な史料から知られる清盛の性格と合致する。おそらく真実に近い情報を『平家物語』の作者は得ていたものと思われる。無官から叩き上げて天下を握った人間の一門滅亡への危機感と宿敵に対する怒りを端的に伝える。

出　典　『平家物語』上〈日本古典文学大系〉岩波書店、一九五九年

参考文献　五味文彦『平清盛』〈人物叢書〉吉川弘文館、一九九九年

29 後白河法皇

ごしらかわほうおう

一一二七—九二

鳥羽《とば》法皇の皇子。一一五五年（久寿二）弟近衛《このえ》天皇の急逝《きゅうせい》で即位。翌年保元《ほげん》の乱に勝利して、保元の国政改革を遂行するが、効果はなく、二年後皇子二《に》条《じょう》天皇に譲位して、法皇となる。以後五代三五年にわたり院政を行った。この間、平氏の台頭・鎌倉幕府の成立など、数々の危機に直面したが、柔軟な対応力で対処し、朝廷の存続に成功した。彼は大内裏《だいだいり》の復興や朝議《ちょうぎ》の再興にも尽力したが、それ以上に民間の新しい動きを積極的に摂取・吸収し、その力で朝廷の再生を計ろうとした。今様《いまよう》への強い関心はそれを端的に示す。

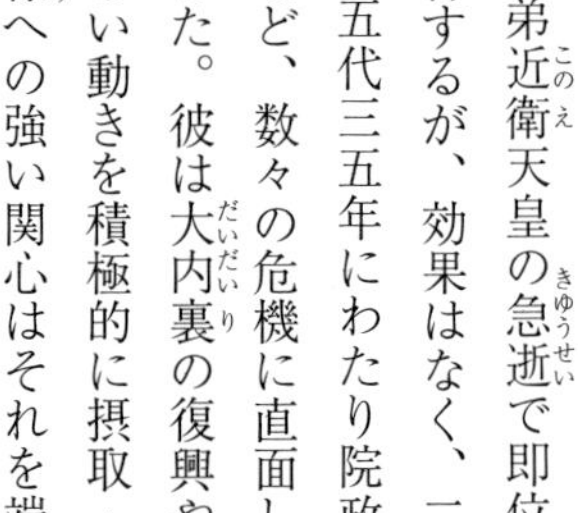

後白河法皇

そのかみ十余歳の時より今に至《いた》るまで、今様《いまよう》を好《この》みて怠《おこた》る事無《な》し。……昼は終日《ひねもす》に謡《うた》ひ暮らし、夜は終夜《よもすがら》謡《うた》ひ明《あ》かさぬ夜は無かりき。……我《わ》が身《み》五十余年を過し、夢の如《ごと》し幻《まぼろし》の如《ごと》し。既《すで》に半《なか》ばは過《すぎ》にたり。今は万《よろず》を抛《な》げ棄《す》てて、往生極楽《おうじょうごくらく》を望《のぞ》まむと思《おも》ふ。仮令《たとい》又今様を謡《うた》ふとも、などか蓮台《れんだい》の迎《むか》へに与《あず》からざらむ。其《そ》の故《ゆえ》は、遊女《あそび》の類《たぐい》、……それだに一念の心発《おこ》しつれば往生しにけり。まして我等《われら》はとこそ覚《おぼ》ゆれ。

そのかみ十余歳の時より今に至《いた》るまで、今様《いまよう》を好《この》みて怠《おこた》る事無《な》し。遅々《ちち》たる春の日は、枝に開《ひら》け庭に散る花を見、鶯《うぐいす》の啼《な》き郭公《ほととぎす》の語《かた》らふ声にもその心を得《え》、蕭々《しょうしょう》たる秋夜、月を翫《もてあそ》び、虫の声々にあはれを添《そ》へ、夏は暑《あつ》く冬は寒《さむ》きを顧《かえり》みず、四季につけて折《おり》を嫌《きら》はず、**昼は終日《ひねもす》に謡《うた》ひ暮らし、夜は終夜《よもすがら》謡《うた》ひ明《あ》かさぬ夜は無かりき。**

……**我《わ》が身《み》五十余年を過し、夢の如《ごと》し幻《まぼろし》の如《ごと》し。既《すで》に半《なか》ばは過《すぎ》にたり。今は万《よろず》を抛《な》げ棄《す》てて、往生極楽《おうじょうごくらく》を望《のぞ》まむと思《おも》ふ。仮令《たとい》又今様を謡《うた》ふとも、などか蓮台《れんだい》の迎《むか》へに与《あず》からざらむ。其《そ》の故《ゆえ》は、遊女《あそび》の類《たぐい》、**舟《ふね》に乗《の》りて波の上《うえ》に泛《う》かび、流れに棹《さお》をさし、着物《きもの》を飾《かざ》り、色《いろ》を好《この》みて、人の愛《あい》念を好み、歌を謡ひても、よく聞かれんと思ふにより、外《ほか》に他念無くて、罪《つみ》に沈《しず》みて、菩提《ぼだい》の岸《きし》に到《いた》らむ事を知らず。**それだに一念の心発《おこ》しつれば往生しにけり。まして我等《われら》はとこそ覚《おぼ》ゆれ。**法文の歌、聖教の文に離れたる事無し。（『梁塵秘抄口伝集《りょうじんひしょうくでんしゅう》』巻十）

【解説】『梁塵秘抄』は後白河法皇が、全国各地の今様《いまよう》の名人（傀儡子《くぐつ》遊女）から伝授を受けて体得した今様のすべてを、部類分けして集大成したもの。その最後、巻十において、彼は自らが今様に没入し、今様の名人から伝授・集成する過程を詳しく記し、今様集成が社会統合上にもつ意義にまで言及している。ここに紹介した箇所は、若年時に今様に取り付かれた様子を述べた段と晩年に生涯を振り返って今様がもつ力の大きさを讃えた段である。前者では、十余歳のときから今様に狂い、朝から夜遅くまで今様を歌わなかった日はなかったと述べ、後者では、五十余歳になった今、今様が万人の極楽往生のよすがであること、したがって帝王である自分が今様を歌うことは、万人の現世《げんぜ》と来世《らいせ》を統御する意味さえあることをほのめかす。今様狂い後白河院の本音を見出すことのできる名文である。

出典　志田延義ほか校注『和漢朗詠集・梁塵秘抄』〈日本古典文学大系〉岩波書店、一九六五年

参考文献　安田元久『後白河上皇』〈人物叢書〉吉川弘文館、一九八六年

中世

30 法然《ほうねん》

一一三三—一二一二

平安時代末、鎌倉時代初期の僧。美作《みまさか》国久米《くめ》郡の押領使《おうりょうし》漆間時国《うるまときくに》の子。九歳のとき、在地の政争で父を失って、一家は離散し寺に入る。十二歳で比叡《ひえい》山《ざん》に登り、十七歳のとき黒谷《くろだに》の叡空《えいくう》の門に入り、法然の号を受け、源空《げんくう》と名乗った。四十三歳の春に、善導《ぜんどう》の『観無量寿経疏《かんむりょうじゅきょうしょ》』を読んで、専修念仏の立場に目覚め、比叡山を下りて京都で教えを説き始める。貴族から庶民まで広く信者が集まったが、比叡山と南都《なんと》の妨害を受け、七十五歳の年に土佐《とさ》に流され、七十九歳で帰洛を許されたが、翌年没した。主著『選択本願念仏集《せんちゃくほんがんねんぶつしゅう》』。

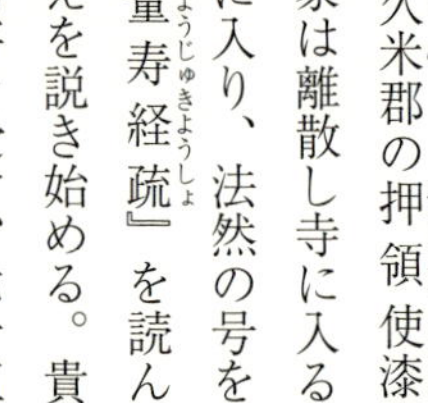
法　然

念仏ヲ信ゼン人ハ、たとひ一代ノ法ヲ能々《よくよく》学ストモ、一文不知《いちもんふち》ノ愚《ぐ》とんの身ニナシテ、尼入道《あまにゅうどう》ノ無ちノともがらニ同《おなじう》しテ、ちしやノふるまひヲせずして、只《ただ》一かうに念仏すべし。

もろこし我がてうに、もろ〳〵の智者達《ちしゃたち》のさたし申さるゝ、観念《かんねん》の念ニモ非ズ。又学文《がくもん》をして念の心を悟《さと》リテ申《もうす》念仏ニモ非ズ。たゞ往生極楽のためニハ、南無阿弥陀仏《なむあみだぶつ》と申て、疑《うたがい》なく往生スルゾト思《おもい》とりテ、申外《もうすほか》ニハ別ノ子《し》さい候ハず。……念仏ヲ信ゼン人ハ、たとひ一代ノ法を能々《よくよく》学ストモ、一文不知《いちもんふち》ノ愚《ぐ》とんの身ニナシテ、

尼入道《あまにゅうどう》ノ無ちノともがらニ同《おなじう》しテ、ちしやノふるまひヲせずして、只《ただ》一かうに念仏すべし。（一枚《いちまい》起《き》請文《しょうもん》）

【解説】「一枚起請文」は、法然がこの世を去る前々日、一二一二年（建暦二）正月二十三日に、弟子の勢観房源智《げんち》の求めに応じて、書き与えた約三〇〇字の文章。法然の信心《しんじん》の要諦《ようてい》を記したものとして、浄土宗の門弟《もんてい》の間で重んじられた。法然は、隋・唐初の浄土教家道綽《どうしゃく》が、すべての仏教を、聖道門《しょうどうもん》と浄土門《じょうどもん》の二つに分けて、自力難行《じりきなんぎょう》の聖道門を捨て、他力易行《たりきいぎょう》の浄土門を取れと説いたのを受け継ぎ、浄土門の立場とは、どういうことなのかを、簡潔な文章にまとめて門弟に伝えた。法然は、法相《ほっそう》・三論《さんろん》、天台《てんだい》・真言《しんごん》などの教えは、末世《まっせ》の凡夫《ぼんぷ》を救うことは出来ないと主張し、念仏による浄土往生の教えが、末法の時代に生きる人々を救う通《みち》であると教えた。

日本で仏教は先進的な外来文化として受容され、中国語に翻訳された経論《きょうろん》を解読することから始まったために、漢訳仏典の文章の学習が重んじられた。そのため仏道修行は、学問に専念することと考えられた。しかし、平安時代も半ばを過ぎると、仏教は学問であるよりも、宗教としての面が理解されるようになった。

中世の僧侶の間では、仏の教えを理解するには、知的理解を積み重ねて、到達する智解《ちげ》と、知的理解を超えて、信じて受け容れる信解《しんげ》があると説かれ、信解が信仰の基本であることが強調された。学問と信仰のどちらを重んずべきかという問いは、ことばを換えて繰り返されたが、無智《むち》のともがらに同じて、智者《ちしゃ》のふるまいを捨て、一向《いっこう》に念仏することによって、極楽往生が可能になるという法然は、信心というもののあり方を教えて、新しい仏教を開いた僧侶であったといえよう。

出典　大橋俊雄校注『法然・一遍』〈日本思想大系〉岩波書店、一九七一年

参考文献　中井真孝編『念仏の信者　法然』〈日本の名僧〉吉川弘文館、二〇〇四年

31 源頼朝

みなもとのよりとも

一一四七―九九

清和源氏《せいわげんじ》の嫡流 源 義朝《みなもとのよしとも》の第三子。平治《へいじ》の乱に連座して、一一六〇年（永暦元）十四歳で伊豆国《いずのくに》に配流《はいる》。二〇年の配流生活ののち、八〇年（治承四）平家打倒を命じる以仁王《もちひとおう》令旨《りょうじ》を奉じて挙兵した源頼政《よりまさ》の敗死を受けて、挙兵。その年のうちに南関東の武士を糾合《きゅうごう》して軍事政権を樹立。以後相伝《そうでん》の家《け》人《にん》や弟範頼《のりより》・義経《よしつね》を手足とし、連係する甲斐《かい》源氏らと協調しつつ、対立する木曽義仲《きそよしなか》・奥州藤原秀衡《おうしゅうふじわらのひでひら》らを圧迫しながら、勢力を東国全域に及ぼし、八三年（寿永二）には後白河院《ごしらかわ》から、いわゆる「寿永二年十月宣旨《せんじ》」によって、東海・東山両道の軍事指揮権に基づく荘園公領の秩序回復権を獲得した。この権限を基礎に、同年平家を都落ちさせ、上洛して畿内・西国《さいごく》を混乱状態に陥れた義仲を討つため、範頼・義経軍を送り、翌年敗死させた。その後範頼・義経軍を巧妙に使って、平家を追い詰め、八五年（文治元）三月壇ノ浦《だんのうら》に滅亡させた。これらの戦で功を挙げた義経を後白河院が取り立てたのを理由に、頼朝は義経を敵視し、朝敵に仕立て上げ、その追討のためと称して、その年の末には、朝廷に迫って国ごとに守護《しゅご》、荘園公領ごとに地頭《じとう》を設置することを認めさせる、いわゆる「文治勅許《ぶんちちょっきょ》」を獲得した。こうして頼朝は

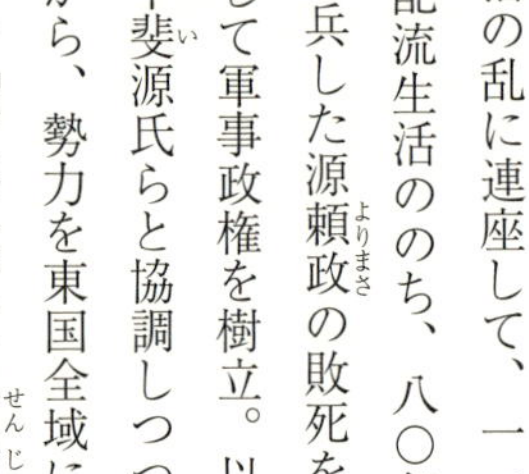

源　頼朝

義経を最大限利用して、朝廷認可の下に軍事検察権《ぐんじけんさつけん》を全国的に掌握する武的国家権力を樹立した。鎌倉幕府成立の時期については、諸説があるが、実質的権力の成立を重視すれば、ここに成立したといって過言でない。「文治勅許」以後、頼朝は義経を隠匿《いんとく》する奥州藤原氏を朝敵とみなし、全国の守護・地頭になった御家人《ごけにん》を動員して、八九年（文治五）奥州に出兵し、藤原氏を壊滅させた。翌年頼朝ははじめて上洛し、後白河法皇と会見して、守護・地頭の平時設置まで認めさせ、それは翌年に朝廷が出した「建久の新制《けんきゅうのしんせい》」に事実上盛り込まれて、鎌倉幕府は制度的にも安定したものとなった。この後頼朝は、武家の棟梁《とうりょう》として全国の御家人を国家的に統率する鎌倉殿の地位を磐《ばん》石《じゃく》なものにすべく、征夷大将軍《せいいたいしょうぐん》就任による公文所《くもんじょ》の政所《まんどころ》への切り替えをはじめ、幕府の機構と主従関係の整備に専念して九九年（正治元）に没した。

今度は天下之草創《そうそう》なり。もつとも淵源《えんげん》を究《きわ》め行はるべく候《そうろう》。殊《こと》に申《もう》し沙汰《さた》せしめ給ふべきなり。天の与《あた》へ奉《たてまつ》らしむるところなり。

但し、今に於いては、諸国庄園、平均に地頭職《じとうしき》を尋沙汰《たずねざた》すべく候《そうろう》なり。其の故は、是全く身の利潤を思ふにあらず候。土民或は梟悪《きょうあく》の意《こころ》を含み、謀反の輩に値遇《ちぐう》し候。或は脇々の武士に就き、事を左右に寄せて、動ればき怪を現わし候。其の用意を致さず候はば、向後しどけなく候か。……兼ねて又当時仰せ下されべく候事、愚意の及ぶ所、恐れながら折り紙に注し、謹んで以ってこれを言上す。一通は、院奏料、帥《そち》の中納言卿に付せしめ候。今度は天下之草創《そうそう》なり。もつとも淵源《えんげん》を究《きわ》め行はるべく候。殊《こと》に申《もう》し沙汰《さた》せしめ給ふべきなり。天の与《あた》え奉《たてまつ》らしむところなり。全く御案じに及ぶべからず候。此の旨を以って右大臣殿に洩らしめ給ふべきの状、謹んで言上すること件の如し。(『玉葉』文治元年十二月二十七日条、同年同月六日付源頼朝書状)

【解説】この一節は頼朝が一一八五年(文治元)十二月六日に、すでに朝廷に申請中の守護・地頭のうち地頭を全国的に設置することの必要性を、朝廷内でもっとも頼朝を理解していた九条兼実《くじょうかねざね》宛に、右中弁藤原光長《みつなが》を取継ぎとして認《したた》めた書状の最後の一節である。天下を草創する現在、天が与えるものとして、天下草創が根本的に必要とされる理由を究《きわ》め、それに沿った政治を行うことが必要です。頼朝は、こう言い切って自己の認識を兼実に受け入れさせようとしている。この具体的内容が、同日に彼が提案した議奏《ぎそう》等の朝政改革案とともに、この書状で訴えている朝廷公認のものとしての地頭の全国的設置であることは疑いもない。頼朝が、守護・地頭制度設置とそれによる鎌倉幕府の樹立を、天下草創という大事業として認識していたことをはっきりと伝える名言である。

出典 『玉葉』〈図書寮叢刊本〉明治書院、二〇〇二年

参考文献 龍福義友『日記の思考』平凡社選書、一九九五年/義江彰夫『鎌倉幕府地頭職成立史の研究』東京大学出版会、一九七八年

32 鴨　長明

かものちょうめい

一一五五―一二一六

平安時代末、鎌倉時代初頭の歌人。京都下鴨《しもがも》神社の禰宜《ねぎ》鴨長継《かものながつぐ》の次男に生まれた。早くから琵琶《びわ》や和歌に親しんだが、十四歳のとき父が死んで、活動の後ろ楯を失った。三十三歳のとき、『千載集《せんざいしゅう》』に自分の歌が一首入集したことを、生涯の名誉とし、昇殿《しょうでん》を許されない地位でありながら、後鳥羽《ごとば》上皇の歌所《うたどころ》の寄人《よりうど》になったが、鴨《かも》の河合社《ただすしゃ》の禰宜の職を願って得られず、五十歳のとき出家の身となった。大原《おおはら》に住み、のち日野《ひの》の方丈《ほうじょう》の庵に隠棲《いんせい》した。『方丈記』の作者として知られ、『発心集《ほっしんしゅう》』『無名抄《むみょうしょう》』なども広く読まれた。

鴨　長明

ソノ主《あるじ》ト栖《すみか》ト無常ヲアラソフサマ、イハバ朝顔ノ露《つゆ》ニコトナラズ。

ユク河ノナガレハ、絶エズシテ、シカモモトノ水ニアラズ。澱《よどみ》ニ浮カブウタカタハ、カツ消エカツ結ビテ、ヒサシク留《とど》マリタルタメシナシ。世中《よのなか》ニアル人ト栖《すみか》ト、又カクノゴトシ。……不知《しらず》、生マレ死《しぬ》ル人、イヅカタヨリ来《きた》リテ、イヅカタヘカ去ル。又、不知《しらず》、仮《かり》ノヤドリ、誰《た》ガ為ニカ心ヲナヤマシ、何《なに》ニヨリテカ目ヲ悦《よろこ》バシムル。**ソノ主《あるじ》ト栖ト無常ヲアラソフサマ、イハバ朝顔ノ露《つゆ》ニコトナラズ。**或ハ露落チテ花残レリ。残ルトイヘドモ朝日《あさひ》ニ枯《か》レヌ。或ハ花シボミテ露ナヲ消エズ、消エズトイヘドモ夕《ゆうべ》ヲ待ツ事ナシ。（『方丈記』）

【解説】中世に入ると、浄土教《じょうどきょう》の信仰が広まり、浄土に憧れて、穢《けが》れや苦しみに満ちた現世を厭《いと》い捨てようとする文人・知識人の存在が目立つようになった。遁世者《とんせいしゃ》とよばれる人々の間では、厳しい仏道修行を重ねるよりも、花や月に憧れて旅に生涯を送り、和歌に心情を託した西行《さいぎょう》（一一一八—九〇）の生き方が、理想の生き方と考えられた。中世文学の古典には、人里離れた草庵に住み、花鳥風月を友として、孤独な生活を送った遁世者・隠者によって書かれたものが多い。

貴族社会に生きる場を求めて挫折した鴨長明は、世間の束縛を離れて、大原に移ったが、そこも暮らすのに煩わしさがあり、都の南東郊外の日野に、一丈（約三メートル）四方の庵を建てて、そこを晩年の住処《すみか》とした。日野の草庵に住むようになるまでの、生涯を回顧し、草庵の暮らしは、貧しく寂しい、哀れなもののように考えられるが、住んでみれば、これほど誰に気兼ねすることもない、長閑《のどか》な暮らしはないと自賛する。

『方丈記』は短い作品であるが、日本人の人生観・処世観を代表するものとして、広く読まれた。ここに引用した、「ユク河ノナガレハ、絶エズシテ、シカモモトノ水ニアラズ」という全体の序にあたる文章は、流麗な和漢混淆文《わかんこんこうぶん》で、広く愛唱されてきた。

序に続いて、前半では大火、地震、竜巻と人間の予想を超える災害などについて記し、後半は、住んだ家の大きさが、はじめ広大だったものから、拙い運命をたどるにつれて、移転する度に小さく貧しい家に変わっていったことを記し、最後に一丈四方の庵にたどりついたことを述べて、方丈の住処こそ、人の無常を理解した者にとって、もっとも望ましい住処であることを論述して、『方丈記』が終わっている。

出　典　佐竹昭広ほか校注『方丈記・徒然草』〈新日本古典文学大系〉岩波書店、一九八九年

参考文献　大隅和雄『方丈記に人と栖の無常を読む』吉川弘文館、二〇〇四年

33 慈円《じえん》

一一五五―一二二五

平安時代末、鎌倉時代前期の僧。関白藤原忠通《ふじわらただみち》の子。幼いときに父母を失い、十一歳で天台座主《てんだいざす》覚快《かくかい》のもとで出家した。天台宗の学問と修行に精進して、仏道を究める道を進もうとしたが、源平内乱の中、延暦寺《えんりやくじ》の寺務に関わるようになり、三十八歳の年、権僧正《ごんのそうじょう》、天台座主となった。他方、西行《さいぎょう》の歌を慕い、新古今時代の代表的な歌人となり、歌集『拾玉集《しゅうぎょくしゅう》』がある。天台座主、宮廷歌人として重んじられ、九条家の後見人として政治的な活動も続け、承久《じょうきゅう》の乱の直前に『愚管抄《ぐかんしょう》』を著して、世の中のあるべき姿を論じた。

慈　円

保元《ほげん》元年七月二日、鳥羽院《とばいん》ウセサセ給《たまい》テ後、日本国ノ乱逆ト云《いう》コトハヲコリテ後ムサノ世ニナリニケルナリ。

サテ大治ノ、チ久寿マデハ、又鳥羽院、白河院ノ御アトニ世ヲシロシメシテ、**保元《ほげん》元年七月二日、鳥羽院ウセサセ給《たまい》テ後、日本国ノ乱逆ト云《いう》コトハヲコリテ後ムサノ世ニナリニケルナリ。**コノ次第ノコトハリヲ、コレハセンニ思テカキオキ侍《はべる》ナリ。城外ノ乱逆合戦ハヲホカリ。日本国ハ大友王子、安康天王ナンドノ世ノコトハ、日記モナニモ人サタセズ。大宝以後トイ、テソノ、チノコト、又コノ平《たいら》ノ京ニナリテノ、チヲコソサタスルコトニテアルニ、天慶ニ朱雀院《すざくいん》ノ将門《まさかど》ガ合戦モ、頼義《よりよし》ガ貞任《さだとう》ヲセムル十二年ノタヽカイナドイフモ、又隆家《たかいえ》ノ帥《そつ》ノトウイコクウチシタガフルモ、関東・鎮西《ちんぜい》ニコソキコユレ。マサシク王・臣ミヤコノ内ニテカヽル乱ハ鳥羽院ノ御トキマデハナシ。（『愚管抄《ぐかんしょう》』）

【解説】 慈円は、鎌倉時代初頭の世の中と、公家のあり方を考え続け、国の初めから同時代までの歴史の流れを、一人で書ききった。日本国の歴史の流れを通観した慈円は、第一代神武《じんむ》から第十三代成務《せいむ》までは、男子直系で天皇の位が継承され、世の中の動きが道理《どうり》に従っていた時代であると考え、それを上古《じょうこ》と呼んだ。中古《ちゅうこ》に入ると、皇位の男子直系相続が変化し、歴史の動きは錯綜して、中国の歴史の道理や、仏教の道理が複雑に絡まって、日本の歴史を支え、藤原氏によって国の秩序が保たれることになる。

その貴族社会の安定が失われ、藤原氏の力が衰えるはじめは、保元の乱で、この内乱以降、武士が政治に介入するようになる。慈円は、保元の乱の前年に生まれたが、同時代を日本歴史の末世とみて、保元の乱の原因を考え、末世の道理を明らかにしようとして、そのために『愚管抄』を著したという。

国初以来の歴史をたどった歴史叙述のなかで、保元の乱以降の歴史は、六割の紙数を費やして書かれているが、記録を参照し、当事者から聞き取りもして、書かれた現代史の叙述は、中古の歴史のように対象化された像を結ぶことができず、武家政権成立以後の歴史を追認することで、精一杯の文章になった。

『愚管抄』は、摂関家に生まれ、天台座主となって、政治に関わった人物が、自分の同時代史を記述しようとした、苦闘の記録として興味の尽きることのない古典である。

出典　岡見正雄・赤松俊秀校注『愚管抄』〈日本古典文学大系〉岩波書店、一九六七年

参考文献　大隅和雄『愚管抄を読む』講談社学術文庫、一九九九年

34

北条政子《ほうじょうまさこ》

一一五七—一二二五

鎌倉幕府初代将軍源頼朝の正室。伊豆の豪族北条時政《ときまさ》の娘。平治《へいじ》の乱《らん》後、源頼朝が伊豆に配流《はいる》されたのが縁で頼朝と結ばれ、頼朝と時政とが結ぶ機縁となった。頼朝在世時より、娘大姫《おおひめ》の入内《じゅだい》に関して後白河《ごしらかわ》法皇寵姫《ちょうき》高階栄子《たかしなのえいし》と面会するなど重要な政治的役割を果たしていた。頼朝の死後、子息頼家《よりいえ》、実朝《さねとも》が相次いで将軍になると、その後見として弟の北条義時《よしとき》とともに幕府を統括し、摂家《せっけ》将軍頼経《よりつね》の代に、後鳥羽《ごとば》上皇と幕府軍とが戦った承久《じょうきゅう》の乱《らん》では、実質的な幕府の指導者として重要な役割を果たした。

北条政子

故右大将軍朝敵《ちょうてき》を征罰し、関東を草創《そうそう》して以降《このかた》、官位と云《い》ひ俸禄《ほうろく》と云ひ、その恩既《すで》に山岳よりも高く、溟渤《めいぼつ》よりも深し。

皆心を一にして奉《うけたまわ》るべし。これ最期の詞《ことば》なり。**故右大将軍朝敵《ちょうてき》を征罰し、関東を草創《そうそう》して以降《このかた》、官位と云《い》ひ俸禄《ほうろく》と云ひ、その恩既《すで》に山岳よりも高く、溟渤《めいぼつ》よりも深し。**報謝《ほうしゃ》の志浅きか。而《しか》るに今、逆臣の讒《ざん》によりて、非義《ひぎ》の綸旨《りんじ》を下さる。名を惜《お》しむの族《やから》、早く秀康《ひでやす》・胤義《たねよし》等を討ち取り、三代将軍の遺跡《ゆいせき》を全ふすべし。但《ただ》し院《いん》中《ちゅう》に参《まい》らんと欲さば、只今申し切るべし。（『吾妻鏡《あずまかがみ》』承久三年五月十九日条）

【解説】承久《じょうきゅう》の乱に際して召集された御家人《ごけにん》たちを前にして北条政子が、源頼朝の恩を知る者は幕府に味方して戦うべきことを説いた言葉。鎌倉幕府の成立以前、関東の武士たちの地位は不安定であり、諸国の国衙《こくが》（国府《こくふ》）を管轄する目代《もくだい》や荘園領主の代官に従属させられ使役される境遇に甘んじなければならなかった。「国には目代に随《したが》ひ、庄には預所に仕へ、公事《くじ》・雑役《ぞうえき》に駈《か》りたてられて、夜も昼も安きことなし」（『延慶本平家物語』第二中）と述べて、以仁王《もちひとおう》に平氏討伐の軍を起こすよう迫った源頼政《よりまさ》の言葉が、その実情を示しているといわれる。

こうした境遇の武士たちが官位を得ることができ、俸禄《ほうろく》を得るようになったのは、すべて亡き頼朝のおかげであるし、鎌倉幕府の存在ゆえである。頼朝あってこその鎌倉であり、鎌倉あってこその御家人である、との現状を巧みに御家人たちに想起させたうえで、「逆臣」の「讒言《ざんげん》」を信じて「非義」（不正義）の綸旨《りんじ》を発し幕府を追討しようとする後鳥羽《ごとば》上皇に背き、鎌倉のために戦うほか活路はないことを訴えた政子の「最期の詞《ことば》」に居並ぶ御家人たちは心を動かされ、悉《ことごと》くその命に応じたという（『吾妻鏡』承久三年五月十九日条）。

その後行われた軍議では足柄《あしがら》、箱根で防備を固め、都の軍勢を迎え撃つべしとの意見と、日時が経てば、鎌倉方の結束は緩《ゆる》んでしまうから、ただちに京都に進撃すべしとする大江広元《おおえのひろもと》らの意見とが対立し、北条義時《よしとき》はどちらをとるべきか政子に伺いを立てたところ、政子は京都へ進撃すべしとの断を下したという（同前）。地位・器量ともに「尼将軍」の名にふさわしい政子の俤《おもかげ》を伝える逸話といえよう。

出　典　『吾妻鏡』前篇〈新訂増補国史大系〉吉川弘文館、一九三二年

参考文献　渡辺保『北条政子』〈人物叢書〉吉川弘文館、一九六一年／石井進『鎌倉幕府』〈日本の歴史七〉中央公論社、一九六五年

35 藤原定家

ふじわらのさだいえ

一一六二―一二四一

歌人・歌学者として有名な藤原俊成《としなり》の子。一一七九年（治承三）十八歳で昇《しょう》殿《でん》を許され、八条院《はちじょういん》、九条兼実《くじょうかねざね》に仕え、その庇護のもとに歌人として頭角を顕し、父俊成の命で『堀河院題百首』を詠み、父の『千載和歌集《せんざいわかしゅう》』撰定《せんてい》にも助力した。やがて後鳥羽上皇に認められ和歌所の寄人《よりうど》となり『新古今和歌《しんこきんわか》集《しゅう》』の選者となった。一二二〇年（承久二）、後鳥羽上皇の不興を買い、閉門を命ぜられたが承久の乱後に後堀河《ごほりかわ》天皇の下命で『新勅撰和歌集《しんちょくせんわかしゅう》』を編んだ。中世を代表する歌人の一人。

藤原定家

世上乱逆《せじょうらんぎゃく》・追討《ついとう》、耳に満《み》つといへども、これを注さず。紅旗征戎《こうきせいじゅう》、吾《わ》が事にあらず。

（『明月記《めいげつき》』治承四年九月条）

【解説】一一八〇年（治承四）は定家十九歳、以仁王《もちひとおう》が平氏政権に叛旗《はんき》を翻《ひるがえ》し、諸国の源氏に令旨《りょうじ》を発して、蜂起を呼びかけた年である。定家の日記『明月記』にこの文言が記された日付にあたる九月は、この年五月に以仁王と源《みなもとの》頼政《よりまさ》の挙兵が鎮圧されてからまもなく、八月に伊豆国で起こった源頼朝《よりとも》による挙兵の知らせが京都に達した時期である。世間は乱逆や追討の噂でもちきりだが自分はこれを記さない、「紅旗《こうき》」（天子の旗）を掲げての「征戎《せいじゆう》」（夷狄《いてき》の追討）は自分とは関わりないからだ、というのが大意。よく知られているようにこの文章は『白氏文集《はくしもんじゆう》』の「紅旗破賊《はぞく》、吾《わ》が事にあらず」をふまえた表現である。ただしそう述べながらも、定家はこの文章の次に、中国で秦《しん》末に起こった陳勝《ちんしよう》・呉広《ごこう》の乱に触れ、二人が蜂起するに際して始公の子息扶蘇《ふそ》と楚《そ》の名将項燕《こうえん》の名を騙《かた》ったと同じく、頼朝が以仁王の名を騙《かた》って、周辺の国を従えようとしているとの伝聞を記し、さらに頼朝が国司《こくし》を勝手に任命しているとの伝聞をも記し、すべて信じるに足る説ではない、と述べている。

「紅旗征戎」の文言が記された『明月記』の治承四年・五年の部分が定家の後年の書写であることは辻彦三郎氏などにより指摘されてきた（『藤原定家明月記の研究』吉川弘文館、一九七七年）。辻氏は問題の文言が十九歳の定家の心境とするには時期尚早であり、後年の書き直しの際に新たに加えられた可能性を指摘されている。しかし近年櫻井陽子氏が詳細な検討によって、やはり治承四年当時の感懐《かんがい》とみてさしつかえないことを指摘されており（『明月記研究』一、四、一九九六・九九年）、ここではこれに従うことにしたい。

昇殿を許されて以来仕えてきた高倉《たかくら》天皇が、この年の二月、平清盛《たいらのきよもり》の圧力に屈して安徳《あんとく》天皇に位を譲る。さらに以仁王と源頼政の挙兵により、五月には平頼盛《よりもり》が以仁王の若宮《わかみや》・女宮《おんなみや》を捕らえに定家の仕えていた八条院にやってきた。そして福原遷都《ふくはらせんと》。慈円《じえん》のいう「ムサ（武者）の世《よ》」（『愚管抄《ぐかんしよう》』）の現実を定家はいやというほど見せつけられたことだろう。平維盛《これもり》など平氏の縁類もあり、文字通り「吾が事にあらず」とはいかなかったが、あえて政治から距離を置き、父祖以来の公家文化の継承に自身の進路を見出していたように想像される。

出　典　辻彦三郎校訂『明月記』一、続群書類従完成会、一九七一年

参考文献　五味文彦『藤原定家の時代』岩波新書、一九九一年／『明月記研究』四、山川出版社、一九九九年

36 親鸞

しんらん

一一七三―一二六二

鎌倉時代の僧。浄土真宗の開祖。父は日野有範《ひのありのり》。九歳のとき慈円《じえん》のもとで出家し、比叡山《ひえいざん》で二〇年修行したが、二十九歳のとき、比叡山を離れ、法然《ほうねん》に師事した。後鳥羽《ごとば》上皇が法然門下を、密通を理由に処刑した事件のため法然が流罪《るざい》となり、親鸞も越後国《えちごのくに》に流された。赦免《しゃめん》されたのち関東に移住、常陸《ひたち》国稲田《いなだ》を中心に二十余年の間伝道《でんどう》活動を行った後、帰洛した。帰洛後も書簡により関東の門弟への伝道を続けたが、晩年に子息善鸞《ぜんらん》の異義提唱により関東の門弟の間に内紛が生じ、善鸞を義絶《ぎぜつ》する事件が起こっている。

親　鸞

総《すべ》て人の初めて計《はか》らはざるなり。この故《ゆえ》に他力《たりき》には義なきを義とす、と知るべしとなり。

自然《じねん》と云《い》ふは、自《じ》は自らと云ふ。行者《ぎょうじゃ》の計《はか》らひにあらず、然《しか》らしむと云ふ言葉なり。然《ねん》と云ふは、然らしむと云ふ言葉、行者の計らひにあらず、如来《にょらい》の誓《ちか》ひにてあるが故《ゆえ》に。法爾《ほうに》と云ふは、この如来の御誓ひなるが故に、然らしむるを法爾と云ふ。法爾は、この御誓ひなりける故に、総《すべ》て行者の計らひのなきをもて、この法の徳の故に、然らしむと云ふなり。**総て人の初めて計《はか》らはざるなり。この故に他力《たりき》には義なきを義とす、と知るべし**

となり。自然と云ふは、もとより然らしむといふ言葉なり。弥陀仏の御誓ひの、もとより行者の計らひにあらずして、南無阿弥陀仏と頼ませ給《たま》ひて迎へむと、計らはせ給ひたるによりて、行者の良からむとも、悪《あ》しからむとも思はぬを、自然とは申すぞと聞きて候《そうろう》。（『自然法爾法語《じねんほうにほうご》』）

【解説】一二五八年（正嘉二）十二月、親鸞の高弟であった高田顕智《たかだけんち》は、京都の三条富小路善法坊で親鸞の法語を筆受している。いわゆる『自然法爾法語』（正確には獲得名号《ぎゃくとくみょうごう》自然法爾法語）とされるものである。当時親鸞は八十六歳であった。『末灯抄《まっとうしょう》』にも、獲得名号の部分を除いたほぼ同文の、正嘉二年十二月十四日の消息が収められている。

この法語では「自然」も「法爾」も、ともに念仏に救済を求める「行者《ぎょうじゃ》」の、自力によっては救済の実現は叶わないこと、一方「無上仏にならしめん」との誓いを立てた阿弥陀仏《あみだぶつ》（『自然法爾法語』）の力のみにより救済が実現することを意味していると説かれている。「義なきを義とす」るは、法然の法語を継承したもので、人間の叡智を超えた阿弥陀如来《にょらい》に帰依《きえ》する、他力《たりき》の信心《しんじん》の核心を表現しているとされる。

もともと「自然法爾」「法爾自然」の語は、物事が人間の作為によらず、本来の姿で存在することを意味し、日本の中世では一般的にも用いられた。親鸞の師匠法然《ほうねん》の名（房号、法名源空《げんくう》）もこれにちなんだものであり、慈円《じえん》の『愚管抄《ぐかんしょう》』にもこの言葉がみえる。親鸞はこの言葉を他力の信仰を表現するために用いたのである。

出　典　石田充之・千葉乗隆編『親鸞と初期教団』〈真宗史料集成一〉同朋舎出版、一九七四年

参考文献　赤松俊秀『親鸞』〈人物叢書〉吉川弘文館、一九六一年

37 道　元《どうげん》

一二〇〇—五三

鎌倉時代中期の僧。九条兼実《くじょうかねざね》と権勢を争った源《みなもと》（土御門《つちみかど》）通親《みちちか》の子。母は藤原基房《もとふさ》の娘。十三歳で出家して、比叡山《ひえいざん》で天台の教えを学んだが、日本の仏教に満足できず、一二二三年（貞応二）、栄西《えいさい》の弟子明全《みょうぜん》に従って入宋《にっそう》し、曹洞禅《そうとうぜん》を伝える如浄《にょじょう》について、禅の悟りを得た。二七年（安貞元）に帰国して、禅の宣揚につとめたが、比叡山の圧迫を避けて越前の永平寺《えいへいじ》に入り、厳しい修行に専念した。主著に『正法眼蔵《しょうぼうげんぞう》』があり、日本曹洞宗の開祖とされる。

道　元

仏法には、修証《しゅしょう》これ一等《いっとう》なり。

とふていはく、この坐禅《ざぜん》の行《ぎょう》は、いまだ仏法を証会《しょうえ》せざらんものは、坐禅弁道《ざぜんべんどう》してその証《しょう》をとるべし。すでに仏正法をあきらめえん人は、坐禅なにのまつところかあらむ。／しめしていはく、癡人《ちにん》のまへにゆめをとかず。山子《さんす》の手には舟棹《しゅうそう》をあたえがたしといゑども、さらに訓《くん》をたるべし。／それ、修証《しゅしょう》はひとつにあらずとおもへる、すなはち外道《げどう》の見なり。**仏法には、修証これ一等《いっとう》なり。**いまも証上《しょうじょう》の修《しゅ》なるゆゑに、初心《しょしん》の弁道すなはち本証《ほんしょう》の全体なり。かるがゆゑに、修行の用心《ようじん》をさづくるにも、修のほかに証をまつおもひなかれとをしふ。直《じき》指《し》の本証なるがゆゑなるべし。すでに修の証なれば、証にきはなく、証の修なれは、修にはじめなし。（『弁道話《べんどうわ》』）

【解説】道元は、一二三一年（寛喜三）、建仁寺《けんにんじ》を出て、深草《ふかくさ》に閑居したが、そこで『弁道話』を著した。その後、深草に興聖寺《こうしょうじ》を開いて、坐禅を行い門弟の指導にあたったが、比叡山の衆徒《しゅうと》に活動を妨げられ、一二四三年（寛元元）、越前に移り、後の永平寺を開くことになった。

独自の思想を語った説法は、一二五四年（建長六）五十四歳で示寂《しじゃく》するまで続けられ、膨大な巻数に達し、いくつもの形に編纂されたが、『弁道話』はその巻頭に置かれた。引用の文意は、「この坐禅という行は、まだ仏法を悟っていない者は（証《しょう》は悟りをいい、会《え》は理解することをいう）、坐禅して仏の心を理解して、悟りを得るべきである。すでに悟りを得ている人は何のために坐禅するのかと、質問した人がいた。それに対して、愚かな人に夢を説いたり、山人に舟や櫂《かい》を与えることは意味がないといわれても、あえて教えを説くと、そもそも修行と悟りとは、不可分のものであるのに、別のものと思っているのは、仏法を信じない人の考えである。仏法では修行と悟りは、分けて考えることはできない。悟りの上で修行しているのであるから、初心の者が仏の道に通じようと努めることは、それ自体悟りそのものである。したがって、修行の心得を教えるときに、修行とは別の所に悟りがあるように考えてはならない。たとえによって理解するのでなく、即座に悟りに至るのである。修行と悟りが不可分で一体なのであるから、修行というものは、何時始めるというのではなく、悟りも何時終わるというようなものではない」。入宋して、天童山の長翁如浄《にょじょう》のもとで悟ったことを、道元は、日本のことばで門弟に伝えようとした。『正法眼蔵』の和漢混淆文には、道元の苦心のあとが読み取れる。

出典　寺田透・水野弥穂子校注『道元』上〈日本思想大系〉岩波書店、一九七〇年

参考文献　中尾良信編『孤高の禅師　道元』〈日本の名僧〉吉川弘文館、二〇〇三年

38 阿仏尼

あぶつに

？ —一二八三

鎌倉時代の歌人。父は平度繁《たいらののりしげ》（度繁を養父とする説もある）。安嘉門院《あんかもんいん》に女房として仕え安嘉門院越前（四条とも）と称したが、自身の作『うたたね』によれば恋の痛手より出奔《しゅっぽん》したという。その後、奈良の法華寺《ほっけじ》に住み、さらに松尾《まつのお》の慶政《けいせい》の下にも滞在した。藤原為家《ふじわらのためいえ》に逢い、その側室となり、為相《ためすけ》・為守《ためもり》を生んだ。為家の死後、為家の遺子為氏《ためうじ》と、為家と自身の子為相との遺《い》領相論《りょうそうろん》により、訴訟のため鎌倉に下ったが、このときの旅行記が『十六夜《いざよい》日記《にっき》』である。自作の和歌八百余首が知られる。

阿仏尼

かまへて〳〵一方に思《おぼ》し定め候《そうら》へ。……されば とて「……余の教は徒事《いたずらごと》ぞ」など体のことを論じて、貶《おとし》めなどすることは、返す〳〵有るまじき事にて候《そうろう》。

上辺許りの事は悪《あ》しく候《そうろう》なり。同じ事も、誠を致し、志を致さぬは、名のみ有りて真には、いらぬ事にて候なり。又、機縁《きえん》まち〳〵なることにて候《そうら》へば、人の教にも依《よ》るまじく候へども、「何《いず》れも同じ御法にてこそ候へ」などとて、彼此《あれこれ》にかゝり立ち候へば、心も散りて、一筋に染まぬものにて候ぞ。**かまへて〳〵一方に思《おぼ》し定め候へ。**揺がずたじろがず、御心を起させ給ひ候へ。**されば とて「我が宗ばかり法は有りて、余の教は徒事《いたずらごと》ぞ」**

など体のことを論じて、貶《おとし》めなどすることは、返す〳〵有るまじき事にて候。（『庭《にわ》の訓《おしえ》』）

【解説】阿仏尼の作として伝わる『庭の訓』（一名『乳母《めのと》の文』）にみられる一文。『庭の訓』は女房として宮仕えするにあたっての心得を諭《さと》したものであるが、説諭の対象が特定できないなど内容上に疑問が多く、真作であるか否かは不明とされる。したがって現在のところ、女房として宮仕えした文人貴族の女性の立場から著された教訓書と、広く考えておきたい。

ひときわ注目されるのはここにあげた、仏法への帰依《きえ》に関する説諭である。形ばかりの信仰は意味がない。また人の機縁はまちまちで、帰依する教法も人それぞれだが、だからといってどれも同じことと、あれこれ宗旨をつまみ食いするようでは、信仰は成就しない。必ず一つを選んで帰依せよ。しかし一方「自分の選んだ宗旨のみ正しく、それ以外は碌《ろく》でもない」と嘯《うそぶ》くような類の独善に陥ってはならない、というのが大意である。

鎌倉新仏教の特質として選択《せんちゃく》・専修《せんじゅ》がしばしば指摘されるが、その内実を信者の立場から語ったものとして注目すべき内容をもつ。専修とは教えを自ら取捨選択すべきものである一方、他者の信仰の選択も容認すべきものでもあり、ヨーロッパ中世のキリスト教にみられるような排他性とは無縁であったことが知られるからである。戦国期に蓮如《れんにょ》が阿弥陀《あみだ》一仏への信仰を「忠臣は二君に仕へざれ、貞女は二夫にまみへず」と表現したことの背景にも、こうした信仰のあり方があるように思われる。

出　典　簗瀬一雄校注『阿仏尼全集』増補版、風間書房、一九八一年

参考文献　五味文彦『武士と文士の中世史』東京大学出版会、一九九二年／福田秀一『中世和歌史の研究』角川書店、一九七二年

39 日蓮 にちれん

一二二二—八二

鎌倉時代の僧。自身「海人《あま》が子」と称したように、安房国《あわのくに》の有力漁民の家に生まれた。少年時に清澄寺《せいちょうじ》で主として浄土教を学んだが、飽き足らず鎌倉、畿内の諸寺を廻り、研鑽《けんさん》を重ねた後、清澄寺に戻り法華宗《ほっけしゅう》（日蓮宗）を開宗した。政治の力で念仏の排斥と法華経《ほけきょう》への帰依《きえ》とを行うよう迫った『立正安国論《りっしょうあんこくろん》』を著し、北条時頼《ほうじょうときより》に呈したことは有名である。このような、他宗を攻撃する戦闘的な伝道活動により律宗《りっしゅう》、浄土宗などとの軋轢《あつれき》を生み、佐渡《さど》への配流《はいる》など数度の迫害を受けた。

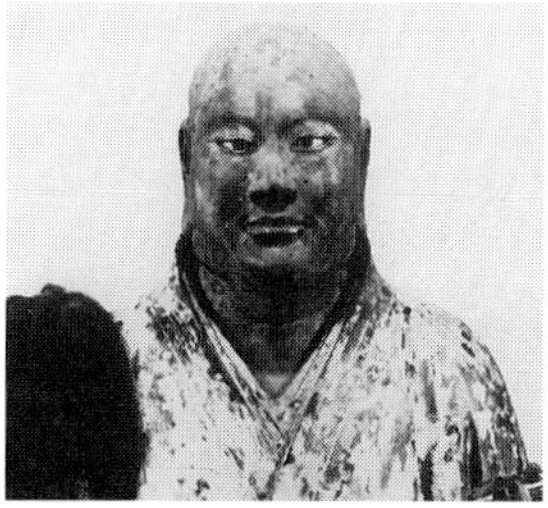

日　蓮

釈迦仏《しゃかぶつ》を御使として霊山浄土《りょうぜんじょうど》へ参り、逢《あ》はせ給《たま》へ。……南無妙法蓮華経《なむみょうほうれんげきょう》と申す女人の、思ふ子に逢はずといふ事はなしと、説《と》かれて候ぞ。

何時と待つべしとも覚えず。行逢ふべきところだにも申し置きたらば、羽なくとも天へも昇りなん、舟なくとも唐土《もろこし》へも渡りなん、大地の底にありと聞かば、いかでか地をも掘らざるべきと思し召《おぼしめ》すらむ、易々《やすやす》と逢せ給《たま》ふべき事候《ことそうろう》、**釈迦仏《しゃかぶつ》を御使として霊山浄土《りょうぜんじょうど》へ参り、逢はせ給《たま》へ**。若有聞法者無一不成仏と申して、大地は指さばはづるとも、日月は地に堕《お》ち給ふとも、潮は満ち干ぬ代はありとも、花は夏にならずとも、**南無《なむ》妙法蓮《みょうほうれん》**

華経《げきよう》と申す女人の、思ふ子に逢はずといふ事はなしと、説《と》かれて候ぞ。（弘安四年正月十三日上野尼御前宛書状）

【解説】ここに引用したのは、日蓮が信徒の「上野尼御前」すなわち南条七郎五郎の母（南条氏の所領は駿河《するが》国上野郷《うえの》）に宛てて書いた、返書の一部分である。一二八一年（弘安四）の正月十三日のものとされている。自身日蓮の信徒であった南条七郎五郎は、前年九月五日に急死した。夫を失って後、子息の成長を生きがいにしてきた上野尼の悲嘆を思いやり、上野尼から日蓮へ音信を行ったことへの返事として、悔やみを述べたものである。

最愛の子息に突如先立たれた上野尼の心を忖度《そんたく》し、再会できる場所を聞いてさえいたならば、天であれ、唐土であれ、大地の底であれ、行きたいと思っておられるであろうと述べたあと、釈迦如来《しやかにょらい》にすがって霊山浄土へ行き、そこで再会するという方法がある、なぜならば「若有聞法者、無一不成仏」（「法を聞く者で成仏できない者はいない」の意、『法華経』方便品《ほうべんほん》の言葉）といって、たとえ大地を指差しそこなうような、信じられないことが起ころうと、太陽や月が地に堕ち、潮の干満がなくなり、夏が来ないようなことがあろうと、南無妙法蓮《なむみようほうれん》華経《げきよう》と称える女性が、子供に再会できないことはない、と説かれている、と述べている。

「念仏無間《ねんぶつむけん》、禅天魔《ぜんてんま》、真言亡国《しんごんぼうこく》、律国賊《りつこくぞく》」の言葉で知られるように、日蓮は他宗派を厳しく批判した。こうした戦闘的なイメージとは全く違った日蓮の姿が印象深い。肉親を失った信徒とともに悲しみ、親身になって慰め、救済を説く、信徒思いの僧侶がここにいる。日蓮という人物の、計り知れない懐の深さを思わせる。

出典　『昭和定本日蓮聖人遺文』二巻、四〇〇号、総本山身延久遠寺刊、一九八八年

参考文献　佐々木馨編『法華の行者　日蓮』〈日本の名僧〉吉川弘文館、二〇〇四年

40 無住《むじゅう》

一二二六―一三一二

鎌倉時代末期の僧侶、遁世者《とんせいしゃ》。先祖は、源頼朝《みなもとのよりとも》に信任を得て活動した梶原《かじわら》景時《かげとき》で、頼朝の没後、有力武士たちに疎まれて、滅ぼされたと考えられるが、確証はない。幼いときに鎌倉の寺に入ったが、関東の各地を転々とし、常陸《ひたち》の親族に養われ、出家の身となった。師匠に譲られた寺を捨て、遁世して関東や南都《なんと》の諸寺を遍歴し、京都の東福寺《とうふくじ》で円爾弁円《えんにべんねん》の教えを受けたが、尾張《おわり》国の長母寺《ちょうもじ》に住みついて民間布教の後半生を送った。宗派に属さず、大寺院にも住まず、説話、随筆を集めた『沙石集《しゃせきしゅう》』『雑談集《ぞうたんしゅう》』、仏教の教義を書いた『聖財集《しょうざいしゅう》』を著した。

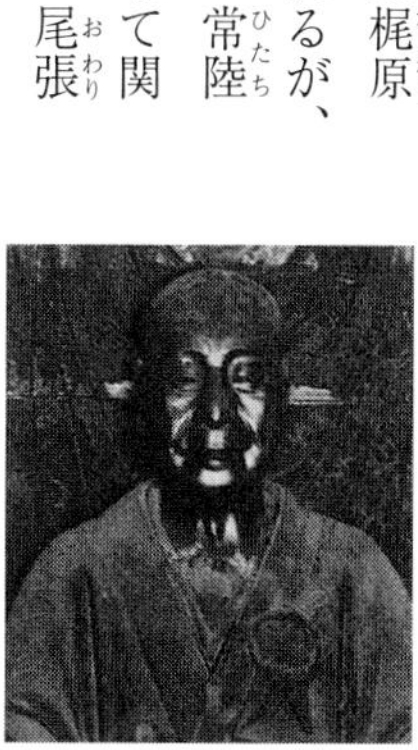

無住

これ皆、仏体《ぶったい》の源《みなもと》を知らず、差別の執心《しゅうしん》深き故なり。

中比《なかごろ》、念仏門《ねんぶつもん》の弘通《ぐつう》さかりなりける時は、「余仏余経《よぶつよきょう》、みな徒《いたず》ら物なり」とて、あるは法花経《ほけきょう》を河に流し、あるは地蔵の頭《かしら》にて蓼《たで》をすりなんどしけり。ある里には、隣の家の事を下女の中に語るとて、「隣の家の地蔵は、已《すで》に目のもとまですりつぶしたぞや」と云ひけり。浅猿《あさま》しかりけるしわざにこそ。ある浄土宗の僧も、地蔵菩薩供養しける時、阿弥陀のそばに立ち給へるを、便《びん》なしとて、取り下《おろ》してやうやうに謗《そし》りけり。ある人は、

「地蔵信ぜん者は、みな地獄に堕《お》つべし。地蔵は地獄におはする故《ゆえ》に」と云へり。**これ皆、仏体《ぶったい》の源《みなもと》を知らず、差別の執心《しゅうしん》深き故なり。**（『沙石集』巻第一）

【解説】無住は、鎌倉時代に成立した新仏教諸宗が、活発な布教運動を展開して、その教えが庶民の間に伝わりはじめた頃、つまり鎌倉時代の後期に活動を続けた僧であった。若いときに鎌倉で禅《ぜん》に触れ、関東に進出していた天台《てんだい》・真言《しんごん》、真言律宗《りつしゅう》などに出会って仏教を学んだが、どの宗派にも入ることをしなかった。

鎌倉新仏教とよばれる諸宗は、経典の漢訳が始まって以来一〇〇〇年近く、中国社会に蓄積されてきた仏教の教えのなかから、どれか一つを選択し、選びとったもののみを専修《せんしゅう》することを説いた。各宗は他宗を批判して、自宗が人々を救うのに、いかにすぐれているかを主張した。ここで取り上げられている念仏門《ねんぶつもん》は、阿弥陀を信ずれば不要になった『法華経』や地蔵の像は捨ててしまえと教えた。

蓼《たで》は、タデ科の植物で葉を香辛料とし、酢に混ぜて食した。皿状の石にのせて地蔵の丸い頭ですり潰していた。

しかし庶民が生きている場には、多数の仏菩薩や神々が祀られ、多様な祈願に応え、神仏の平和的な共存関係が成立していた。鎌倉時代の新興の宗派は、一仏、一経を選択することによって、教えを簡潔にし、理解し易くできると主張したが、それは神仏の共存関係を破壊し、信仰の世界に混乱を持ち込む以外の何ものでもなかった。無住は、目の前の庶民に対して、祭られている神仏がすべて、もとは一つであると説き、選択専修《せんちゃくせんじゅ》の立場を批判したが、批判の対象は念仏門であった。

出　典　小島孝之校注『沙石集』〈新編日本古典文学全集〉小学館、二〇〇一年

参考文献　大隅和雄『信心の世界、遁世者の心』〈日本の中世〉中央公論新社、二〇〇二年

41

吉田兼好

よしだけんこう

一二八三？—一三五二？

鎌倉末・南北朝期の歌人、随筆家。本名は卜部兼好《うらべのかねよし》、父は卜部兼顕《かねあき》。卜部氏は吉田神社の社務を世襲し、室町初期の兼熙《かねひろ》の代に吉田家を名乗ったため、後世に吉田兼好と呼ばれるようになった。久我家《こがけ》一族の堀川家の家司《けいし》であり、蔵人《くろうど》、左兵衛佐《さひょうえのすけ》として朝廷に仕え、二条為世《にじょうためよ》に和歌を学んだ。一三一三年（正和二）以前に出家、法名を兼好と称し、この数年後から歌人として知られるようになった。著名な随筆集『徒然草《つれづれぐさ》』の他、自撰の『兼好法師集』があり、二条為世門下の四天王の一人に数えられた。

吉田兼好花押

その教《おし》へ始め候《そうらい》ける第一の仏はいかなる仏に候ける

八《や》つになりし年《とし》父に問《と》ひて云《い》はく、「仏《ほとけ》はいかなる物にか候《そうろう》らん」と言《い》ふ。父が言はく、「仏には人のなりたるなり」と。又問《と》ふ、「人は何《なに》として仏にはなり候やらむ」と。父又、「仏の教《おし》へによりてなるなり」と答《こた》ふ。又問ふ、「教へ候《そうらい》ける仏をば、何が教へ候ける」と。又答ふ、「それも又、先《さき》の仏の教へによりてなり給ふなり」。又問ふ、「**その教へ始め候ける第一の仏はいかなる仏に候ける**」と言ふ時《とき》、「空よりや降《ふ》りけん。土よりや湧《わ》きけん」と言ひて笑《わら》ふ。「問《と》ひつめられて、え答《こた》へずなり侍《はべ》りつ」と諸人に語《かた》りて興《きょう》じき。（『徒然草』二四三段）

【解説】兼好が八つのとき「仏とはどのようなものですか」と父に質問した。父が「仏はもともと人間であった」と答えると「人間はなぜ仏になれたのですか」とさらに尋ねる。「仏の教えによりなれたのだ」との答えにも質問をやめず、「その教えを授けた仏は誰から教えを受けたのですか」と理詰めに追及する。「それもその前の仏からだ」と応ずる父に「最初の仏はどのような仏だったのですか」と問い詰めてとうとう甲《かぶと》を脱がせた。

著名な随筆集『徒然草』の最後の段である。『徒然草』をみると、兼好は無類の好奇心の人・博識の人との印象が強い。白拍子《しらびょうし》の起源、『平家物語』の作者とされる信濃前司行長《しなのぜんじゆきなが》の逸話、北条時頼《ほうじょうときより》の逸話から、伊勢《いせ》から鬼が連れてこられたとの噂に京都の人々が大騒ぎをした話など世間話の類にまで筆は及んでいる。経済感覚も持ち合わせた合理的思考の人で、当時の人々の多くが囚われていた吉日・凶日の観念からも自由であった。

一方では出家したことからも想像される熱烈な求道精神の持ち主でもあった。世を捨て道を求める者は他人に関わってはいられない。世間から要求される作法にかかずらっていればそれだけで一生を終わってしまう。もはや自分は時期を逸してしまっており、すべてを捨てるべきときである。信義も礼儀も意に介すまい、狂人とも薄情とも言わば言え、悪評にも誉め言葉にも動かされまい、と言い切っている箇所もある。

現実的で理詰めの合理精神と求道精神は本来両立しないものではないだろう。三つ子の魂百までというが、この双方を具えた兼好の資質が、ここに引用した幼少時の逸話にすでにみえているように思われてならない。

出典　久保田淳ほか校注『方丈記・徒然草』〈新日本古典文学大系〉岩波書店、一九八九年

参考文献　久保田淳「徒然草、その作者と時代」（同右書所収）／冨倉徳次郎『卜部兼好』〈人物叢書〉吉川弘文館、一九六四年

42

北畠親房

きたばたけちかふさ

一二九三―一三五四

南北朝時代の公家。後宇多《ごうだ》天皇に仕え、大覚寺統《だいかくじとう》の新進公家として頭角をあらわした。次いで、後醍醐《ごだいご》天皇に重用され、皇子世良親王の養育を委ねられたが、親王の夭折《ようせつ》に遭って、大納言《だいなごん》の職を辞して出家した。建武新政《けんむしんせい》に際して政治の場に復帰し、陸奥守《むつのかみ》になった嫡子顕家《あきいえ》が、義良《のりよし》親王（のち後村上《ごむらかみ》天皇）を奉じて陸奥に下向するのに同行した。新政が瓦解《がかい》して、吉野《よしの》に戻ったが、南朝軍の再編を目指して、義良親王を奉じて東国に下った。しかし途中暴風に逢い、親房の船は常陸《ひたち》国に、親王の船は伊勢《いせ》国に漂着した。親房は、常陸で南朝方の武士を糾合し、筑波山麓《つくばさんろく》の城に拠って、北朝に対抗したが、その陣中で『神皇正統記《じんのうしょうとうき》』などを著した。南朝の勢力は振るわず、吉野に帰って後村上天皇に仕え、南朝の政治的・思想的指導者として活動したが、戦いに利なく、六十三歳で、吉野の賀名生《あのう》で没した。

北畠親房花押

凡《およそ》保元・平治ヨリコノカタノミダリガハシサニ、頼朝《よりとも》ト云人モナク、泰時《やすとき》ト云者ナカラマシカバ、日本国ノ人民イカヾナリナマシ。

凡《およそ》保元・平治ヨリコノカタノミダリガハシサニ、頼朝《よりとも》ト云人モナク、泰時《やすとき》ト云者ナカラマシカバ、日本国ノ人民イカヾナリナマシ。此イハレヲヨクシラヌ人ハ、ユヘモナク、皇威ノオトロヘ、武備ノカチニケルトオモヘルハアヤマリナリ。所々ニ申ハベルコトナレド、天日嗣《あまつひつぎ》ハ御譲《ゆずり》リニマカセ、正統ニカヘラセ給ニトリテ、用意アルベキコトノ侍也。神ハ人ヲヤスクスルヲ本誓《ほんぜい》トス。天下ノ万民ハ皆神物《じんもつ》ナリ。君ハ尊クマシマセド、一《いち》人《にん》ヲタノシマシメ万民ヲクルシムル事ハ、天モユルサズ神モサイハイセヌイハレナレバ、政《まつりこと》ノ可否ニシタガイテ御運ノ通塞《とうそく》ナルベシトゾオボエ侍ル。（『神皇正統記』）

【解説】親房は、この引用の文で次のことを言おうとした。保元・平治の乱以降、あるべき秩序が失われてしまい、武士の世になったが、その時代にも源頼朝、北条泰時という人物がいなかったならば、日本国はどうなっていただろうか。頼朝と泰時は世の動きをよく見通し、武士の立場を弁《わきま》え、皇位継承が正しく行われ、天《あま》照《てらす》大神《おおみかみ》の意思に沿うよう政治を導いて日本国の行く手を誤らせることがなかった。

そもそも神の本意は、天下の万民を安らかにすることにある。万民はすべて神の子なのであるから、天皇がいかに尊いといっても、天皇一人がたのしみ、万民が苦しむということは、天も許さず神も祝福することはない。その政治の善し悪しに、天皇の運が開けるかどうかがかかっているといわねばならない。臣下というものはそのことをよく理解して、天皇を補佐しなければならない。

親房は、貴族精神の体現者として、和漢の古典を学び、儒教《じゆきよう》の思想によって歴史の基本を考えた。日本の歴史と、有職故実《ゆうそくこじつ》に通じていた親房は、伊勢に滞在していた間に、度会《わたらい》氏の神官から、当時形成期にあった伊勢の神道説を学んで、日本国のあり方を考え、皇位継承の経緯のなかに、天照皇大神の神の意思が貫かれていることを確信した。天皇の系譜は単純な直系相続ではなく、直系の相続が不可能になると、兄弟をはじめとする近親が継ぎ、遡って別の皇統に移ることもある。親房は皇統の遷り変わりを、中国の歴史に見られる王朝の交替に準《なぞら》えて、日本国の歴史の流れのなかに、儒教的な正理が貫通していると理解した。

不利な戦況のなかにあった親房は、吉野の後醍醐天皇が、一三三九年（延元四）八月十六日に亡くなったという知らせを受け取って、書き続けていた『神皇正統記』の終わり近くに、「秋霧ニオカサレサセ給テカクレマシ〳〵ヌトゾキコエシ。ヌルガ中《うち》ナル夢ノ世ハ、イマニハジメヌナラヒトハシリナガラ、カズ〳〵メノマヘナル心チシテ老泪《おいのなみだ》モカキアヘネバ、筆ノ跡サヘトヾコホリヌ」という文章を書きつけた。

吉野では、かって、親房と船を並べて東国に向かって伊勢を出発したが、暴風のために吉野に戻っていた義《のり》良《よし》親王が、皇位を継いだ。『神皇正統記』という特異な歴史書は、若い義良親王のために筆を起こしたと考えられてきたが、東国の南朝方の武士に、日本国のあり方の根本を伝えようとして書いたものとする説もある。

公家の間では、風紀が乱れて道義は失われ、神代以来の伝統と、律令制度以来の秩序が忘れられようとしていた。また、年を追って力を増大させている武家は、国家のあるべき姿について考えようとしない。『神皇正統記』は、親房の強靱な信念と、深い学識を余すところなく伝える古典である。

出典　岩佐正ほか校注『神皇正統記・増鏡』〈日本古典文学大系〉岩波書店、一九六五年

参考文献　平田俊春『神皇正統記の基礎的研究』雄山閣出版、一九七九年

43 足利尊氏

あしかがたかうじ

一三〇五—五八

室町幕府の初代将軍。源氏将軍断絶後、足利氏は清和《せいわ》源氏《げんじ》の嫡流《ちゃくりゅう》として鎌倉幕府の御家人《ごけにん》のなかで信望が篤い存在だった。後醍醐《ごだいご》天皇が隠岐《おき》を脱出して挙兵すると、幕命により鎮圧のため西上するも、途中丹波《たんば》で後醍醐側に呼応して六波羅探題《ろくはらたんだい》を攻略し、京都を掌握した。建武新政《けんむしんせい》が始まってのち、北条時行《ほうじょうときゆき》が叛乱を起こすと鎌倉に下ってこれを鎮圧し、建武政権に反逆、後醍醐天皇を追い、光明《こうみょう》天皇を立て、京都に幕府を開いた。その後、弟直義《ただよし》との対立により政局が混乱するなかで子息義詮《よしあきら》とともに幕府の政権維持に尽力した。

足利尊氏

天下を司る人は、天下を救《すく》ひ養《やしな》ふ役なり。然《しか》る則《とき》は吾身の苦は天地に溢《あふ》るゝ程こそあるべけれ。

その身を楽しめ、人を苦しむるを不仁《ふじん》と云ふ。剰《あまつさ》へ**天下を司る人は、天下を救《すく》ひ養《やしな》ふ役なり。然《しか》る則《とき》は吾身の苦は天地に溢《あふ》るゝ程こそあるべけれ。**万人の上にだにも人を楽しむるは久しくて栄え、身を楽しむるは久しからずして亡《ほろ》ぶと云ふ故人《こじん》の教《おし》へを守る。況《いわん》や四海を掌《たなごころ》に握る身として人を苦しめ身を楽しむる事、非義《ひぎ》の至《いた》りなるべき事。(『等持院《とうじいん》御遺書』)

【解説】引用文の大意は以下の通りである。天下に号令するほどの人は、天下を救い養うのが使命であるから、その苦労は測りしれないほど多く、天地に溢れるほどである。普通の人々の間でさえ、他人に尽くして喜ばれる者は栄え、自分の身の栄えしか顧みないものは遠からず滅亡する、という古人の教えを守るべきであるのに、ましてや天下に号令するほどの人が、わが身の栄華しか顧みないというのは、不正義の極みである。

書名の『等持院御遺書』の「等持院」は尊氏が夢窓疎石《むそうそせき》を開山として創建した寺院の名であり、尊氏の位牌が安置された。この書の末尾に延文二年(一三五七)二月の日付をもつ識語が記され、尊氏の没年が翌年であるところから、尊氏の遺書とされてきたが、室町初期の作と認められるものの、尊氏の作との確証はなく、仮託《かたく》になる可能性もある。しかしこの時代の武士たちの観念をうかがう史料としては有力なものといえよう。

ここには為政者が銘記すべき心得と、主君と家臣や民衆との関係などが説かれている。先の引用は前者に属するが「天下の主は、為政者ではなく道である。為政者が治めるのではなく道が治めるのであり為政者は謙虚に道に仕えなくてはならない」など為政者の恣意《しい》を戒める一方、「君と臣下と士卒とは一体で、君は心、臣下は体、士卒《しそつ》は手足である。手足が痛めば体が苦しみ、体が痛めば心が苦しむ」など君臣の一体性を説くものが目立つ。中世後期以降、大名の家中《かちゅう》・領国が一揆《いっき》の構造をもち、大名は家中と領民の支持に支えられた存在であったことが指摘されているが、ここにみられる為政者観・君臣観はその事情の反映として興味深い。

出典・参考文献　筧泰彦『武家家訓の研究』風間書房、一九六七年/榎原雅治編『一揆の時代』〈日本の時代史〉吉川弘文館、二〇〇三年

44 今川了俊

いまがわりょうしゅん

一三二六―？

南北朝期の武将。父は駿河《するが》・遠江《とおとうみ》両国の守護《しゅご》今川範国《のりくに》。諱《いみな》貞世《さだよ》。祖母の影響で幼時から和歌を学び、冷泉為秀《れいぜいためひで》に師事、また禅《ぜん》・儒教《じゅきょう》、のちには連歌《れんが》も学んでいる。観応《かんのう》の擾乱《じょうらん》頃から父とともに足利尊氏《あしかがたかうじ》・義詮《よしあきら》に属して従軍した。義詮の死により出家し法名了俊と称す。侍所《さむらいどころ》長官、引付頭人《ひきつけとうにん》を勤め、一三七〇年（応安三）より九五年（応永二）突然罷免《ひめん》されるまで九州探《きゅうしゅうたん》題《だい》として南朝勢力の鎮定など九州平定《へいてい》に尽力した。応永《おうえい》の乱で一時足利義満《よしみつ》に追討をうけたが一三七四、七五年頃許され、京都に住んだ。

今川了俊花押

心を致して先《ま》づ学びて、我拙《つたな》きを知りて退屈せよかし。かねて下根《げこん》の身なりとはいかで卑下《ひげ》するぞや。

親の教へとて、わづかに仰《おおせ》られしは「人は必ず才《さい》のあるべき也。万事知らざる間は木石よりも拙《つたな》しといへり」と云々。他人を申すに及ばず、我等の親しき輩《ともがら》の中に歌・連歌《れんが》の道をつひにうかゞはずして果てたる者の、賢く悟《さと》りえたると思ひて云《い》ひしは「我等は生得、歌・連歌の叶《かな》ひ難かるべき間《あいだ》、心を費して無益《むえき》なり」と云ひき。是《これ》こそ則《すなわ》ち木石の心にて侍《はべ》れ。たゞ先《ま》づ、よかれあしかれ、心の及ぶほど学びて後の事なるべし。其故《そのゆえ》は古人のいはく「聖人《せいじん》は生れながらに覚《さと》りて、学ばざるに知り、中根《ちゆうこん》の人は学びて悟《さと》り、下根《げこん》の人は学べども悟らず」と云ひたり。然《しか》れば心を致して先《ま》づ学びて、我拙きを知りて退屈せよかし。かねて下根の身なりとはいかで卑下《ひげ》するぞや。たゞ物ぐさきいたづら者の遣観法《やりかんぽう》なるべし。（『落書露顕《らくしよろけん》』）

【解説】『落書露顕』は今川了俊八十七歳頃に書いたとされている歌論書。冷泉為尹《れいぜいためまさ》の歌風に対する非難攻撃に対抗して擁護したもの。最初匿名《とくめい》で『落書記』としたものの、了俊作であることが露顕したため、『落書露顕』と称したことが書名の由来。引用した部分は「自分たちのような和歌の専門外」の武士が歌を学ぶには貪欲な修練が大事だとして「大草子」（メモ帳）を作って一切を聞書していたという父範国《のりくに》の教えを語った部分である。

父は「人は学問がなくてはならない。学ばない者は木石にも劣る」と言っていた。自分たちの周りにも、歌や連歌の道を最初から諦め、しかも先見の明があるといわんばかりに「自分は生まれつき歌・連歌には向いていない。努力しても無意味」と言って死んでいった者があるが、「木石にも劣る」典型である。ともかくも精一杯学ばなければ始まらないではないか。まず努力すべきで己の才能を見切り諦めるのはそれからである。はじめから学んでも悟れない下根だと卑下《ひげ》するのは、不精《ぶしよう》な怠け者の無責任な言い分である、との意。

九州探題として下向して二〇年の間、了俊は自ら和歌・連歌の研究を行うとともに九州地方の作者らへ啓蒙・指導の活動も精力的に行っていたとされる。武将にして第一級の文人でもあった了俊の面目をうかがわせる。

出　典　三村晃功ほか校注『歌論歌学集成』一一巻、三弥井書店、二〇〇一年

参考文献　川添昭二『今川了俊』〈人物叢書〉吉川弘文館、一九六四年

45

世阿弥元清

ぜあみもときよ

一三六三？—一四四三？

室町前期の能役者・能作者。生没年未詳。南北朝期の能役者・能作者として著名な観阿弥清次《かんあみきよつぐ》の長男。実名元清。世阿弥（世阿）は阿弥号世阿弥陀仏の略。法名至翁善芳。足利義満《あしかがよしみつ》の愛顧をうけ、一三八四年（至徳元）父の急死により観世太夫《かんぜだゆう》の地位を継いだ。足利義持《よしもち》からは義満時のような後援はなく、出家して長子観世元雅《もとまさ》に太夫を譲った。足利義教《よしのり》が将軍になると甥元重《もとしげ》を寵《ちょう》愛《あい》する義教から圧迫をうけ、一四三四年（永享六）に佐渡《さど》に配流《はいる》された。能作品のほか『風姿花伝《ふうしかでん》』『花鏡《かきょう》』などの能楽論書により知られる。

世阿弥元清自署

ただ、かへすがへす、初心《しょしん》を忘《わす》るべからず。

されば、初心《しょしん》よりのこのかたの芸能《げいのう》の品々《しなじな》を忘《わす》れずして、その時々《ときどき》、用々《ようよう》に従《したが》つて取《と》り出《い》だすべし。若《わか》くては年寄《としより》の風体《ふうてい》、年寄りては盛《さか》りの風体を残《のこ》す事《こと》、めづらしきにあらずや。しかれば、芸能《げいのう》の位《くらい》上《あ》がれば、過ぎし風体をし捨てし捨て忘るゝ事、ひたすら、花の種《たね》を失《うしな》ふなるべし。その時々にありし花のままにて、種なければ、手折《たお》れる枝《えだ》の花のごとし。種あらば、年々時々の頃《ころ》に、などか会《あ》はざらん。**ただ、かへすがへす、初心を忘るべからず。**（『風姿花伝《ふうしかでん》』）

【解説】ここに一部を引用した『風姿花伝』は、父観阿弥《かんあみ》の遺訓《いくん》によって著述した最古の能楽論書である。七編からなるが、七編全体がもともと『花伝』と呼ばれていたことは、第六編が「花伝第六」、第七編が「花伝第七」とされていることからうかがえる。『風姿花伝』は本来、題名にこの語を含む第一編から第五編までに対する書名と考えられるが、現在では七編全体を「風姿花伝」の名で呼んでいる。第三編が応永七年（一四〇〇）の、第四編が応永九年の、第七編が応永二十五年の奥書《おくがき》をもち、かなり複雑な過程を経て成立したことがうかがえる。

引用文は第七編からのものだが「初心を忘るべからず」の語は有名である。「初心」とは本書第一編に二十四、五歳頃の若さと珍しさによって観客にもてはやされる「花《はな》」（魅力）のある時期であり、一時的なものに過ぎないと述べている。これは「まことの花」ではないことを自覚していよいよ稽古すべきである、という。

しかし引用文では、その「初心」の頃からその時々に体得した芸を覚えていて、その時々の必要により用いよ、と説く。同じ第七編で世阿弥は「年々去来《ねんねんきょらい》の花」すなわち幼少より老後までの、その時々の芸を皆保持していることの重要さを説き、若くて年寄りの芸風をもち、年とって若い芸風を維持しているのは重要な魅力であり、この位にある役者は父観阿弥以外いまだ見聞していない、と述べる。年功を重ね芸の位が上がるにつれ、以前の芸を次々と忘れてしまえばただ花の種を失い、二度と咲くことはないから、くれぐれも初心を忘れてはならない、と結論する。「まことの花」でなくとも、初心はそれなりの大事な花であるということになろうか。

出典　奥田勲ほか校注『連歌論集・能楽論集・俳論集』〈日本古典文学全集〉小学館、一九七三年

参考文献　表章「風姿花伝」解題（同右書所収）

46 一休宗純

いっきゅうそうじゅん

一三九四―一四八一

室町時代の禅僧。京都大徳寺《だいとくじ》第四八世。諱《いみな》宗純。一休は道号《どうごう》。後小松《ごこまつ》天皇の子。謙翁宗為《けんのうそうい》に師事し宗純と名乗る。謙翁の死後近江堅田《おうみかただ》の華叟宗曇《かそうそうどん》に師事し、道号「一休」を与えられた。華叟の死後諸方を遍歴し、武士、町人・遊女ら庶民、文人、茶人、芸能者と交流。山城国《やましろ》薪村《たきぎ》妙勝寺《みょうしょうじ》を修築し、寺域内の酬恩庵《しゅうおんあん》を拠点に活動した。後土御門《ごつちみかど》天皇の勅命《ちょくめい》により大徳寺住持《じゅうじ》に任ぜられ、その復興をなし遂げた。連歌師《れんがし》の宗長《そうちょう》・宗鑑《そうかん》、侘茶《わびちゃ》の村田珠光《むらたじゅこう》らも参禅しており、東山文化《ひがしやまぶんか》の担い手にも影響を与えた。

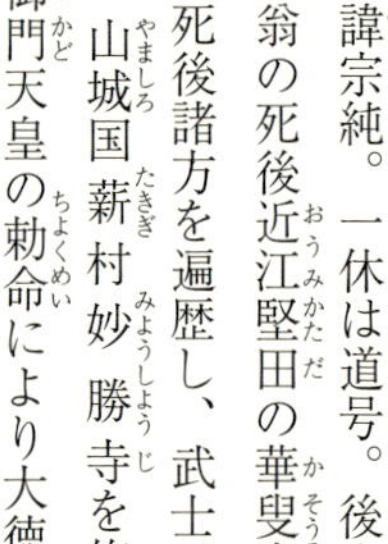

一休宗純

成仏《じょうぶつ》とて、別に尊《たっと》き光も放《はな》ち、奇特《きどく》をも見せ申候事《もうしそうろうこと》は有《ある》まじく候。御悟《さと》り候て、御心中に、これぞ御不審《ふしん》候はぬと思《おぼ》し召《め》し候事御座候《ござそうろう》を、大悟りと申事に候。

大世尊《せそん》の御説法《せっぽう》にも、女人成仏《にょにんじょうぶつ》の難《かた》き事を、かく説《と》き給《たま》ふ。かやうの事を聞《きこ》し召《め》して、御道心《どうしん》捨てさせ給ふまじく候《そうろう》。その理《ことわり》を粗々《あらあら》申上候。男子《なんし》に生を受け申候て、残らず成仏すべきに非《あら》ず。殊《こと》に竜女《りゅうにょ》は、八歳にして、三国に名を残し申候。御経《きょう》にも、賞《ほ》め給ふ。然《しか》れば、女人こそ猶《なお》も御頼もしき事にて候へば、**成仏とて、別に尊《たっと》き光も放《はな》ち、奇特《きどく》をも見せ申候事は有《ある》まじく候。御悟《さと》り候て、御心中に、これぞ御不審《ふしん》候はぬと思《おぼ》し召《め》し候**

事御座候《ござそうろう》を、大悟りと申事に候。（『一休和尚法語《いっきゅうおしょうほうご》』）

【解説】一休は権勢《けんせい》、名利《みょうり》、偽善《ぎぜん》、虚飾《きょしょく》を嫌いぬいたがゆえとされる風狂《ふうきょう》破戒《はかい》の行動で知られる。一休の著名な作品として知られる詩集『狂雲集《きょううんしゅう》』にも、次のようなものがある。「昨日は俗人、今日は僧、生涯、胡乱《うろん》、是《こ》れ吾が能《のう》。黄衣《こうえ》の下に、名利多し、我は要す、児孫《じそん》の大灯《だいとう》を滅せんことを」（昨日は俗人だったのが、今は出家面している、そんなけったいな暮し方がボクのとりえである。黄色い僧衣を身につけて、中身は名利の思いで固めている人ばかりの今、ボクは出家の弟子たちに、大灯国師の法灯をぶっつぶすことを求める――訳は柳田聖山氏による）。また「婬坊《いんぼう》にて」（女郎《じょろう》の部屋にて）は「我に抱持唼吻の興有り。竟《つい》に火聚《かじゅう》捨身《しゃしん》の如《ごと》し」（ボクの方は、ただ抱いて口づけするのが願いで、火あぶりも八つざきもいとわぬ――同前）との句を記す。

この破天荒ぶりに比べると、引用した『一休和尚法語』の方はうって変わり、尋常にすぎるほどである。釈迦《しゃか》が女人成仏《にょにんじょうぶつ》の困難を説くからといって、道心を捨ててはならない。男が必ず成仏するわけでもなく、竜女《りゅうにょ》成仏を引くまでもなく女人も成仏する。そもそも成仏といって稀有《けう》の奇跡が起こるわけではなく、疑問が雲散《うんさん》霧消《むしょう》することが悟りなのである、というのが大意。『一休和尚法語』は一休の著とする見解の一方で、後世の仮託《かたく》とする説もある。この点は今後の研究に待つほかはないが、女人成仏の確実であることを、一休のような名僧の口からぜひ聞きたいという庶民の願いにより、この法語が親しまれてきたとは言いうるだろう。

出典　平野宗浄監修・飯塚大展訳注『一休仮名法語集』〈一休和尚全集〉春秋社、二〇〇〇年
参考文献　飯塚大展「解題」（同右書所収）／柳田聖山訳『一休・良寛』〈大乗仏典　中国・日本篇二六〉中央公論社、一九八七年

47 蓮　如

れんにょ

一四一五—九九

室町時代の真宗僧、本願寺《ほんがんじ》第八世住持《じゅうじ》。父存如《ぞんにょ》の伝道を助け、その死により一四五七年（康正三）に本願寺住持を継いでからも精力的な伝道活動を行った。山門《さんもん》との衝突により六五年（寛正六）本願寺が破却《はきゃく》される憂《う》き目《め》に遭ったり、越前国吉崎《よしざき》での伝道中に七四年（文明六）加賀《かが》門徒《もんと》たちが守護《しゅご》家《け》の政争に加わり武装蜂起するなどの事件を乗り切って、仏光寺《ぶっこうじ》派《は》など他の真宗諸派から信徒が流入するほどの本願寺派の発展に寄与した。親鸞《しんらん》の教義を説いた伝道の書『御文《おふみ》』は著名である。

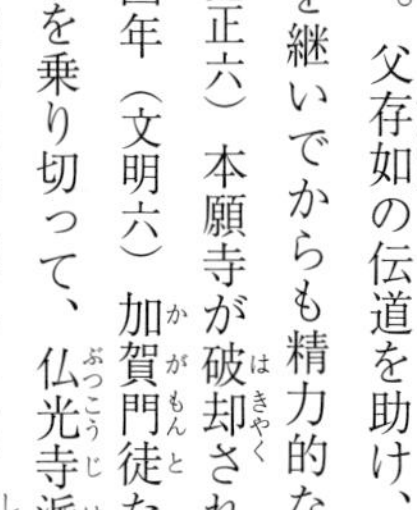

蓮　如

人の悪《わ》ろき事はよく見《み》ゆるなり。我が身の悪ろき事は覚《おぼ》えざるものなり。

人の悪《わ》ろき事はよく見《み》ゆるなり。我が身の悪ろき事は覚《おぼ》えざるものなり。我が身に知られて悪ろき事あらば、よく〳〵悪ろければこそ身に知られ候《そうろう》、と思《おも》ひて心中を改《あらた》むべし。只《ただ》人の言《い》ふことをばよく心用すべし。わが悪ろきことは覚えざるものなる由《よし》、仰候《おおせそうろう》と云々、（『蓮如上人一語記』）

【解説】他人の欠点はよく見えるものであるが、自分の欠点には気がつかないものである。自分で気づく程度の欠点は、よほどのものだからこそ自力でも気づけたのだ、と思わなくてはならない。自分の欠点に気づくことは難しいからこそ、他人の言葉には細心の注意が必要である、というのがその大意である。

蓮如がめざしたのは「在家《ざいけ》」信者の教化であった。教義の研鑽《けんさん》や信心《しんじん》の修行を専一《せんいつ》に行う僧侶を養成すること以上に、武士、農民、漁民、職人、商人などの俗的な生業のかたわら、信心の修行に励む人々への教化を重視したことになる。彼らは日常的には「坊主《ぼうず》」と呼ばれる僧侶の指導の下に信心の修行を行っていた。

信徒の研鑽の場は定期的に行われる、「同行《どうぎょう》」すなわち信者仲間の寄合《よりあい》であり、そこで信心について語り合い、議論し合いながら相互に信心を高めあっていった。「仏法の座敷」とも呼ばれた寄合における談話・議論は、だからきわめて重視され、蓮如はこの場で発言しないことは重大な誤りであり、「心中を残さず、相互に信・不信の義を談合」すべきことを説いた。発言しないのは信心がないからであり、何かうまいことを考え出して言おうとするからである、飾らず心のままに発言せよと述べている。

率直な発言は「他人に直される」ためである。だから他人の批判に対しては最大限の傾聴が要求された。面前では出なかった陰口でさえ、言いにくいことをよくぞ言ってくれたと感謝すべきものとされた。世間の流儀は他人に負けまいとすることであるが、仏法の流儀は人に負けて信心を得ることである、「理に負ける」ことが仏の慈悲である、という蓮如の言葉も伝えられている。こうした議論の流儀は、当時の民衆が重大な局面で適切な対処を求めるために行っていた衆儀《しゅうぎ》(全体会議)と全会一致の決定、すなわち一揆《いっき》の作法に通じるものがある。

出　典　稲葉昌丸編『蓮如上人行実』二九四条、法蔵館、一九八三年

参考文献　神田千里『戦国乱世を生きる力』〈日本の中世〉中央公論新社、二〇〇二年

48 宗祇《そうぎ》

一四二一—一五〇二

室町時代の連歌《れんが》作者。別号種玉庵《しゅぎょくあん》、自然斎《じねんさい》など。近江《おうみ》の出身というが、四十歳以前のことは断片的にしか分かっていない。三十歳頃に連歌に志し、四十一歳のとき独吟何人百韻を詠んだ頃から作品が知られる。応仁・文明年間に東国《とうごく》へ行き、この頃東常縁《とうのつねより》から古今伝授《こきんでんじゅ》をうけた。帰京後一四七六年（文明八）より幕府の連歌会始《れんがえはじめ》に加わり、八八年（長享二）には将軍足利義尚《あしかがよしひさ》から宗匠《そうしょう》とよばれる北野連歌会所奉行《きたのれんがかいしょぶぎょう》に任じられ、『新撰菟玖波集《しんせんつくばしゅう》』編集の中心になった。代表作に『水無瀬三吟何人百韻《みなせさんぎんなにひとひゃくいん》』がある。

宗祇

この道は志《こころざし》を天にかけ、足に実地を踏《ふ》むで、階《きざはし》を登る如《ごと》く稽古《けいこ》すべきものなり。

上手《じょうず》も、思《おも》ひ違《たが》へて僻事《ひがごと》する事はべるなり。それ以下、いふに及ばずや。さやうの時は、いかにも後悔の心を持つべきなり。「改《あらた》むるに憚《はばか》ることなかれ」といふことはべるにや。この比《ごろ》の作者の心、竹馬《ちくば》に鞭《むち》をうつほどにて、龍馬《りゅうめ》に乗らんと思ふなり。しかる間、心・詞《ことば》及ばざる故《ゆえ》に、よろづの癖《くせ》出《い》で来て、邪路《じゃろ》に入りもて行くままに、正道《せいどう》の句をば謗《ぼう》ずる類《たぐ》ひはべるなり。詮《せん》とする所、**この道は志《こころざし》を天にかけ、足に実地を踏《ふ》むで、階《きざはし》を登る如《ごと》く稽古《けいこ》すべきものなり。**（『老《おい》のすさみ』）

【解説】『老のすさみ』は一四七九年（文明十一）三月、宗祇五十九歳の年に「朝倉弾正左衛門尉《あさくらだんじょうさえもんのじょう》」（尊経閣文《そんけいかく》庫本の奥書《おくがき》による）に書き与えた連歌論であり、「弾正左衛門尉」は越前朝倉氏の初代孝景《たかかげ》とされている。連歌論として本書の大きな特徴は、宗祇が連歌を学んだ宗砌《そうぜい》、専順《せんじゅん》、心敬《しんけい》ら、いわゆる「七賢《しちけん》」とよばれる連歌の名人たちの作品を数多く実例として取り上げ、それを具体的に論じている点であるとされる。

ここに引用したのは、連歌作者の心構えなどについて、宗祇が最後に説いている部分である。上手な名人も思い違いにより間違いをすることがあるのだから、そうでない者はいわずもがなであり、誤りに際しては十分に反省しなくてはならない。「誤りを正すのに躊躇《ちゅうちょ》することはない」との諺《ことわざ》の通りである。最近の作者の心は、竹馬に鞭《むち》を打つ程度の未熟さを自覚せず、立派な馬を乗りこなそうとするようなていたらくであるから、心も言葉も熟練の域に達していないため、さまざまな悪い癖が出てきて、正当でない道に陥り、正当な句をかえって非難する者が出てくるのである。要するに、この道は、高い志を抱く一方で、地に足の着いた地道な努力を重ね、階段を一段ずつ登っていくように稽古しなくてはならない、との大意である。

即席に上達するうまい方法などない、と宗祇は言う。冒頭では連歌への思いを、来世《らいせ》のための精進《しょうじん》を顧みない現世《げんせ》への執着と罪悪視し、心中の仏教的・中世的観念を告白しながら、連歌の道への認識は現実を直視してきわめて合理的であり、ギリシアの数学者のものと伝えられる「幾何学《きかがく》に王道はない」との言葉を彷彿《ほうふつ》させる。

出　典　奥田勲ほか校注『連歌論集・能楽論集・俳論集』〈日本古典文学全集〉小学館、一九七三年

参考文献　奥田勲『宗祇』〈人物叢書〉吉川弘文館、一九九八年／奥田勲「老のすさみ」解題（同右書所収）

49 北条早雲

ほうじょうそううん

一四三二―一五一九

戦国時代初期の武将。戦乱の続く関東で頭角を顕し、伊豆《いず》・相模《さがみ》を支配下に収め、小田原《おだわら》北条氏の初代として五代に及ぶ関東支配の基礎を築いた。はじめは伊勢盛時《いせもりとき》と称したように、幕府政所執事《まんどころしつじ》を世襲した伊勢氏の一族であり、のち早雲庵宗瑞《そううんあんそうずい》と名乗る。今川義忠《いまがわよしただ》が姉妹の婿であることから今川氏の内紛に介入、氏親《うじちか》の家督《かとく》相続を実現した。伊豆の堀越公方《ほりごえくぼう》を攻め滅ぼし伊豆を制圧し、さらに小田原の大森氏を攻めて小田原城を奪った。後継の子氏綱《うじつな》から北条氏を名乗るので北条早雲とも呼ばれる。

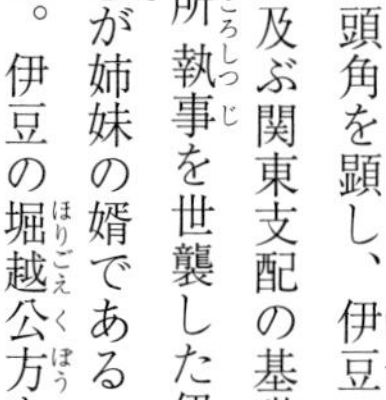

北条早雲

有《あ》りのまゝなる心持、仏意《ぶつい》・冥慮《めいりょ》にもかなふと見えたり。たとひ祈《いの》らずとも、この心持あらば、神明《しんめい》の加護《かご》これあるべし。祈るとも心曲《ま》がらば、天道《てんどう》に放《はな》され申さんと慎《つつし》むべし。

拝みをする事、身の行《おこな》ひなり。只心《ただこころ》を直《すぐ》にやはらかに持、正直・憲法にして、上たるをば敬《うやま》ひ、下たるをば憐《あわれ》み、有《あ》るをば有るとし、無《な》きをば無きとし、有りのまゝなる心持、仏意《ぶつい》・冥慮《めいりょ》にもかなふと見えたり。たとひ祈《いの》らずとも、この心持あらば、神明《しんめい》の加護《かご》これあるべし。祈るとも心曲《ま》がらば、天道《てんどう》に放《はな》され申さんと慎《つつし》むべし。（『早雲寺殿《そううんじでん》廿一箇条《にじゅういっかじょう》』）

【解説】『早雲寺殿廿一箇条』は北条早雲の作とされてきた家訓《かくん》である。万治二年（一六五九）版『北条五代記』（小田原北条氏の記録）に「早雲寺殿押しの状」なる小冊子の存在がみえ、江戸初期にはこれが早雲作と見なされていたことが分かるが、果たして北条早雲の手になるものかどうかは不明である。

通常の置文《おきぶみ》のように子孫に宛てたものというより、家中《かちゅう》の武士に対する教訓というべき内容であり、平明で簡潔、実際的である点がひときわ注目される。たとえば第六条には「刀や衣装を人並みに立派にしようと思ってはならない。力以上の身支度で貧乏になれば、他人に嘲《あざけ》られるものだ」と質実な知恵が説かれる。友人・同輩の大切さを説き「手習・学問に志すにはよい友が必要であり、囲碁《いご》・将棋《しょうぎ》・笛《ふえ》・尺八《しゃくはち》など芸能には、悪い友を避ける必要がある、芸能は所詮《しょせん》時間潰《つぶ》しのためで必須ではない」（第一七条）と世間知を説くものもある。戦国時代、主君に仕えた武士たちに現実を直視した知恵を説いていることは明らかなように思われる。

ここに取り上げたものもその一つである。正直と正義を重んじ、ありのままに考えることが神仏の思召しにも叶う。祈らなくともこの精神があれば、神仏の加護がある。反対に祈っても心が曲がっていれば天道に見離されると説くなど、形式主義を排した信仰が説かれている。

出　典　石井進ほか校注『中世政治社会思想』上〈日本思想大系〉岩波書店、一九七二年

参考文献　石井進「解題」（同右書所収）

50 朝倉宗滴

あさくらそうてき

一四七四—一五五五

戦国時代の武将。越前国《えちぜんのくに》守護《しゅご》斯波氏《しばし》の家臣から身を起こし、応仁《おうにん》の乱《らん》以後織田信長《おだのぶなが》に滅ぼされるまで越前国に戦国大名として君臨した朝倉氏の初代朝倉孝景《たかかげ》の子。兄教景《のりかげ》がもう一人の兄景総《かげふさ》に殺害されたためその跡を継ぎ、教景を称する。景豊《かげとよ》・景総の謀叛《むほん》を、当主貞景《さだかげ》に知らせ、味方した功績で敦賀《つるが》城主として同郡を支配し、代々の当主に武者奉行として仕え、その政治顧問としても活躍した。加賀一向一揆《かがいっこういっき》との抗争など出陣はしばしばに及び、死去直前まで加賀に出陣するなど重要な軍事的役割を果たした。

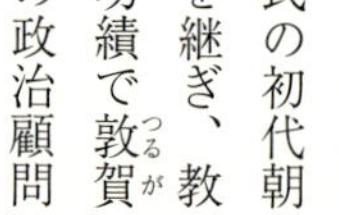

朝倉宗滴花押

功者《こうしゃ》（巧者）の大将と申すは、一度大事の後《おく》れに合ひたるを申すべく候《そうろう》。

功者《こうしゃ》（巧者）の大将と申すは、一度大事の後《おく》れに合ひたるを申すべく候《そうろう》。我々は一世の間《あいだ》勝合戦ばかりにて、終《つい》に後《おく》れに合はず候間、年寄《としよ》り候へども、功者（巧者）にてはあるまじく候事。（『朝倉宗滴話記《そうてきわき》』）

耳は臆病《おくびょう》にて、目の健気《けなげ》なるが本にて候《そうろう》

武者に聞き逃げは苦しからず候《そうろう》。見逃げは大に悪《あ》しく候。悉《ことごと》く討たれ候《そうら》はでは、叶《かな》はざるものに候。聞き逃げは行《てだて》にて候間、更に逃げたるにてはあるまじく候。惣別《そうべつ》大事の退き口には、込み掛り候はでは退かれざるものに候由《よし》古今申し伝へ候。然《しか》る間、**耳は臆病《おくびょう》にて、目の健気《けなげ》なるが本にて候由申し習はし候事。**（『朝倉宗滴話記』）

【解説】『朝倉宗滴話記』は朝倉宗滴（諱《いみな》教景）の教訓を側近と思われる萩原某《なにがし》が書き留めたという形式で書かれ、「十八歳の時から七十九歳まで戦さに奔走してきた」ともあり、宗滴七十九歳の一五五二年（天文二十一）頃までに折にふれて語った話と考えられる。もっとも末尾に「あと三年は存命したい。命が惜しいからではなく、織田信長の行末が見たいからだ」と記すなど、今川義元《いまがわよしもと》を倒す八年以上も前にすでに信長に注目している発言が記されるなど後世の潤色もみられ、成立はさらに降るとみられる。

内容は戦さに関する教訓であり、実体験からの教訓、北条早雲《そううん》、今川義元、武田信玄《しんげん》らの力量への評価や、「武者は犬とも言へ、畜生《ちくしょう》とも言へ、勝つ事が本にて候事」のような直接的な教訓など形式はさまざまである。ここにあげた二つの第一は、重大な敗戦を経験している大将こそが真に戦さ巧者の大将であり、自分のように勝ち戦さしか知らない者は、実は戦さ巧者ではないとの意、第二は大敵であるとの情報を得て逃げるのは作戦の一つであるが、大敵に遭遇した以上逃げるのはよくない。不可避の退却の場合でさえ、敵方への攻撃なしには退却はできない、「耳は臆病に、目は勇敢にせよ」との意。戦争を知悉《ちしつ》した武将ならではの教訓。

出典　『続々群書類従』第十、教育部、続群書類従完成会、一九六九年

参考文献　石井進『中世武士団』〈日本の歴史〉小学館、一九七四年／水藤真『朝倉義景』〈人物叢書〉吉川弘文館、一九八一年

51 多胡辰敬

たごときたか

？—一五六二

戦国時代の武将。父は出雲国《いずものくに》守護代《しゅごだい》尼子《あまこ》経久《つねひさ》の奉行として活躍した忠重（法名悉休）。『多胡辰敬家訓《かくん》』の記すところでは、幼少の頃将棋指《しょうぎさ》しの評判をとり、六歳の頃には守護京極《きょうごく》政経の御前で将棋を指したことがあり、十二歳から在京して奉公、二十五、六歳から諸国を放浪し、三十八歳のとき出雲国に帰り、それ以後忠勤に励み、石見《いわみ》国刺賀《さつか》の岩山《いわやま》城（現、島根県大田《おおだ》市）の城主となり「西の木戸柱《きどばしら》」として出雲国防衛の任にあたったという。一五六二年（永禄五）毛利元就《もうりもとなり》の石見国進出の際に討死したとされる。

多胡辰敬

一人良きは頼みなし。親類近付数多《あまた》ある人の思ひ合ひたるは、何も辺《あた》りより嫉《そね》みかきほれども苦しくもなし。

例へば、如何《いか》やうの大竹なりとも、一本二本あらば雪に折《お》れべし。竹繁《しげ》りたる藪《やぶ》に雪折れなし。**一人良きは頼みなし。親類近付数多《あまた》ある人の思ひ合ひたるは、何も辺《あた》りより嫉《そね》みかきほれども苦しくもなし。**また敵取掛《とりかく》れども、惣の力にて理運《りうん》にするなり。その心得諸事にわたるなり。一人して十日の普請とは、十人して一日の普請は過分に仕出すものなり。力石を一人して上《あ》げかぬるを、八人寄りて上ぐるなり。これ衆力功をなす近道の徴《しるし》なり。されば思案なども、智者一人より愚者三人といへり。数多の心を一つになして申す事には面白《おもしろ》き事あるものなり。（『多胡《たご》辰敬《ときたか》家訓《かくん》』二二条）

【解説】『多胡辰敬家訓』は、筧泰彦氏の推定によれば一五四三年（天文十二）、辰敬が刺賀《さつか》の岩山《いわやま》城主となってまもない頃に成立した。教訓の相手は幼少時に父と死別した身分の高い若年の武士であることが、本書の末尾からうかがえ、筧氏は京極《きょうごく》政経の児孫《じそん》と推定されている。

本書は、手習・学文、弓、算用、馬乗、兵法などの文武両道の研鑽《けんさん》、庖丁《ほうちょう》（料理）、家中《かちゅう》の躾《しつけ》などの家政《かせい》への配慮、蹴鞠《けまり》、連歌《れんが》、乱舞《らんぶ》、囲碁《いご》、将棋《しょうぎ》など芸能の嗜《たしな》み、博打《ばくち》への戒《いまし》めなど実際的な教訓にはじまり、当時の下《げ》剋上《こくじょう》の風潮への批判などに及び、武士として心得るべき教訓の内容は多岐にわたる。

引用部分は自分が大きな勢力を保つ方法を説いたものである。他人のために尽くし、声望と支持を得ることが重要との趣旨である。それも勢力者少数の助力ではなく、親族や周辺の多数の助力が重要だと説く。大竹でも一、二本では雪折れするが、茂る藪に雪折れはないように、勢力者一人では心もとないが、親類・知人が心を合わせている場合は周囲の妬《ねた》みも敵の攻撃も恐れることはない。この教訓は他のことにも有効で、一人で一〇日行う普請《ふしん》よりも一〇人が一日行う普請のほうがはかが行くし、思案するにも智者一人より愚者三人といわれる通りである。多数の団結こそ力、との大意である。戦乱の時代を生きた武士の認識として注目される。

出典　小沢富夫編・校訂『増補改訂武家家訓・遺訓集成』ぺりかん社、二〇〇三年

参考文献　筧泰彦『中世武家家訓の研究』風間書房、一九六七年

52 毛利元就

もうりもとなり

一四九七—一五七一

安芸国《あきのくに》出身の戦国時代の武将。毛利弘元《ひろもと》の次男。隣国出雲《いずも》国尼子《あまこ》氏や、周防《すおう》国大内氏《おおうちし》の影響下にあった一国人《こくじん》から身を起こし、戦国大名へと成長していく。一五一六年（永正十三）兄興元《おきもと》の死去、二三年（大永三）興元子幸松丸の死去により一族老臣らに擁立され、当主となり、五〇（天文十九年）に有力家臣井上氏を滅ぼし、家中《かちゅう》を統一した。さらに大内家中を掌握していた陶《すえ》氏《し》を滅ぼし、五七年（弘治三）に大内氏を滅ぼし、安芸・備後《びんご》・周防・長《なが》門《と》・石見《いわみ》五ヵ国を領する戦国大名となった。

毛利元就

三人の半、少しにてもかけこへだても候《そうら》はゞ、たゞ〳〵三人御滅亡と思召《おぼしめ》さるべく候《そうろう》

申すも事《こと》旧《ふ》り候《そうろう》といへども弥《いよいよ》以《もっ》て申し候、三人の半、少しにてもかけこへだても候《そうら》はゞ、たゞ〳〵三人御滅亡と思召《おぼしめ》さるべく候〳〵。余の者には取分替るべく候。我等子孫と申《もうし》候はん事は、別して諸人の憎まれを蒙《こうむ》るべく候間、後先《あとさき》にてこそ候へ、一人も人はもらし候まじく候〳〵。たとひ又かゝはり候ても、名を失《うしな》い候て、一人二人かゝはり候ては、何の用にすべく候や。（『毛利元就書状』弘治三年十一月二十五日）

【解説】一五五七年（弘治三）十一月二十五日、大内氏を滅亡させ、名実ともに大大名となった時点で、毛利

家を継いだ嫡子隆元《たかもと》と、小早川《こばやかわ》家《け》の養子となった隆景《たかかげ》、吉川《きっかわ》家《け》の養子となった元春《もとはる》という三人の子息に宛てた教訓状の一部である。大内氏を滅ぼしてその領国を手に入れたものの、出雲《いずも》の尼子《あまこ》氏《し》、伊予《いよ》の海賊衆を率いる河野《こうの》氏《し》、九州の大友《おおとも》氏《し》と対峙することになり、国内統制も十分ではなく、領国経営はいまだ不安定であった。そうしたなかで小早川隆景、吉川元春をも毛利家の運営に参加させ、三人が一致協力して毛利家をもりたてるべく、認《したた》められたのがこの書状である。

大内氏を滅ぼした時点で、元就は引退しようとしたが、隆元の強硬な反対にあってやむなく諦めたという経緯をふまえたものである。事改めていまさら云々するまでもないが、三人の間に少しでもわけへだてなどによる不和があれば、三人ともに滅びてしまうことになると心得よ、なぜなら、毛利一族は他の者と異なり、ひときわ他人の恨みや憎しみを受けなければならない立場にいるのであるから、結局全員滅亡に至らないではすまない、名を失って一人二人生き延びても無意味である、というのがおおよその意味である。

楽観的な野心など微塵《みじん》もない、人間不信ともみえる厳しい自己認識と、頼れる者は親族しかいないという、戦国の実情に対する冷徹な理解とが読む者の心をうつ。一本では簡単に折れてしまう矢も三本の束は折れないことを示した、というよく知られる物語を生むことになった背景の事実である。

出典　石井進ほか校注『中世政治社会思想』上〈日本思想大系〉岩波書店、一九七二年

参考文献　石井進「解題」（同右書所収）

53

武田信玄

たけだしんげん

一五二一―七三

戦国時代の武将。甲斐《かい》国の守護《しゅご》大名武田信虎《のぶとら》の嫡子であり、家臣たちの支持を得て父を駿河《するが》国今川氏《いまがわし》のもとに追放して当主となる。信濃《しなの》国に侵攻してほぼ一〇年で制圧するが、信濃国を追われた村上義清《むらかみよしきよ》が上杉謙信《けんしん》に救援を求めたため、信濃国川中島《かわなかじま》で謙信と数度戦い、信濃国をほぼ掌握した。そのうえ西上野《にしこうずけ》、飛騨《ひだ》、伊豆、今川氏の亡んだ駿河の諸国へも勢力を伸ばした。さらに足利義昭《あしかがよしあき》と結んで織田信長と対立、浅井《あさい》・朝倉《あさくら》・本願寺《ほんがんじ》などと連繫し、織田方の徳川氏《とくがわし》を攻めて遠江《とおとうみ》・三河《みかわ》に侵攻するが、陣中で病没した。

武田信玄

人は城、人は石垣、人は堀、情は味方、讎《あだ》は敵なり。（『甲陽軍鑑《こうようぐんかん》』一二）

【解説】ここにあげた言葉は、江戸初期に成立した『甲陽軍鑑』に「或《あ》る人の曰《いわ》く」として、「信玄公御歌」であると記されているものである。『甲陽軍鑑』は武田氏の老臣高坂弾正昌信《こうさかだんじょうまさのぶ》の遺記をもとに書き継がれたものを、武田氏家臣の出身で、幕府の旗本となった兵学者小幡景憲《おばたかげのり》が集大成したものであるから、実は信玄がこの「御歌」を果たして口にしたかどうか確かめる術《すべ》はない。

信玄の父信虎、信玄、その子勝頼《かつより》が拠点とした甲府の躑躅ヶ崎《つつじがさき》の館跡（武田神社の地）は、近世城郭ほど大規模なものではないが、戦国期の守護大名の城として決して小さいものではないことが指摘されている。信玄時代に築造された西曲輪《くるわ》の入口には枡形虎口《ますがたこぐち》がみられ、防禦《ぼうぎょ》施設のあったことが知られるし、近年甲府市教育委員会により行われた発掘調査によって、当主の館は高い土塁《どるい》に囲まれていたことが解明されている。信玄は「人は城、人は石垣、人は堀」などとは決して考えていなかったとみる方が事実に近いのかもしれない。

『甲陽軍鑑』は、信玄が、自分は他国の大将を頼ったこともなく、人質を出したこともなく、甲州で城砦《じょうさい》の防備をしたこともない、と語ったと記し、その後に「御歌」を記す。城の防備は、籠城《ろうじょう》して外部の援軍を当てにするという事態に備えることであり、それくらいなら討って出るべきだというわけで、明治初期に著された館林《たてばやし》藩《はん》士《し》岡谷繁実《おかのやしげざね》の『名将言行録』になると信玄は、家臣の組織に心を砕くことが日常的な「朝夕の作事《さくじ》（建設工事）」で、この方が城普請《ふしん》よりはるかに重要だと述べたと記している。

ところが『名将言行録』には伊達政宗《だてまさむね》について同工異曲の逸話がある。小身の侍が加勢を頼んで戦をするには城普請は必要かも知れないが、自分は国境で雌雄を決するか、敵を領内に引き入れ、家中の者どもと心を合わせて攻略するかしか考えていない。ただ家中に不和がないように心を砕くばかりである。禍《わざわい》は内より生じるもので外からは来ない。「古歌」にも「人は堀、人は石垣、人は城、情けは味方、怨は大敵」とあるではないか、と述べたというのがそのあらましである。

信玄のものとされるこの言葉は、江戸時代にはかなり有名なものだったように想像される。名将とは物理的な防備よりは家臣や領民をはじめ、人心の収攬《しゅうらん》に心を砕くもの、との観念が流布していたのだろう。

出典　『大日本史料』十編之十五、天正元年四月十二日条、東京大学出版会、一九七五年

参考文献　笹本正治『武田信玄』中公新書、一九九七年／岡谷繁実『定本名将言行録』上、新人物往来社、一九六七年

54 千利休

せんのりきゅう

一五二二—九一

豊臣政権期の茶人。法諱《ほうき》宗易《そうえき》。堺《さかい》の納屋衆《なやしゅう》（倉庫業・廻船業・金融業などを営む問屋）千与兵衛の子。祖先は足利義政《あしかがよしまさ》の同朋衆《どうぼうしゅう》千阿弥との伝説もある。武野《たけの》紹鷗《じょうおう》の弟子となり茶人として頭角を顕し、豊臣秀吉の時代にその茶頭を務めるのみならず、島津義久《しまづよしひさ》が秀吉への執りなしを依頼し、秀吉に近づく大名らが茶湯《ちゃのゆ》指南《しなん》を受けるほど秀吉側近として勢力を誇ったが、一五九一年（天正十九）秀吉から切腹を命じられた。大徳寺《だいとくじ》の山門に自らの木像をあげたことが原因とも、茶器の売買で不正を行った罪科によるともいわれる。

千　利休

上《かみ》を麁相《そそう》に、下《しも》を律儀《りちぎ》に、物の筈の違《ちが》はぬ様《よう》にすべし。（『山上宗二記《やまのうえそうじき》』）

【解説】『山上宗二記』は利休の弟子であった茶人山上宗二《やまのうえそうじ》（一五四四—九〇）が、死の直前一五八八年（天正十六）から九〇年にかけて、子の伊勢屋道七《どうしち》や、弟子の桑山修理大夫重晴、板部岡融成、皆川山城守広照《みながわやましろのかみひろてる》らのために利休から伝授されていた秘伝を編述したもの。山上宗二は権勢をもつ者に対しても、歯に衣着せぬ論難を行う気性の激しい人で、敵も多かったと伝えられる。一五九〇年四月、北条攻めの小田原陣《おだわらのじん》の折、早雲寺《そううんじ》で行われた茶会の席上、秀吉の機嫌を損ねたため、耳・鼻を削《そ》ぐという刑罰をうけ、殺されたと伝えられる。

本書は利休の茶湯の秘伝を記した書として『南方録《なんぽうろく》』とともに著名であり、いくつかの写本があるが、ここでは「初期の伝授本の様相を反映している」（『五島美術館開館三十五周年記念特別展　山上宗二記　天正十四年の眼図録』）写本とされている、近年発見された「斎田《さいた》記念館本」を用いた。

引用した部分は、地位の高い人には疎略に、逆に地位の低い人には丁寧に、約束事に違わぬような、ルールに従った扱いをせよ、との意であり、ちなみに『茶道古典全集』（淡交新社、一九五七年）本では「上《かみ》を麁相《そそう》、下《しも》を律義《りちぎ》に、信あるべし」とある。身分や地位にこだわらない平等を原則とせよ、というのがその趣旨。

飲茶の習慣が記録の上に現れるのは平安初期、嵯峨《さが》天皇期における唐風文化の流行のなかで、公家や僧侶の間で茶が飲まれた。現在知られるような抹茶《まっちゃ》を飲む習慣は、鎌倉初期に広まる。栄西《えいさい》は『喫茶養生記《きっさようじょうき》』を著して茶の効能を説き、また本来禅院の習慣であったため、禅院の清規《しんぎ》とともに道元など禅僧の手で日本にもたらされ、鎌倉末・南北朝期に茶寄合《ちゃよりあい》が公家、大名をはじめとする武家など諸階層にも流行するようになった。

こうして始まった茶の湯の特質は、何と言っても寄合の芸術であることだろう。戦国時代に村田珠光《むらたじゅこう》により侘《わ》び茶《ちゃ》が始められ、十六世紀に大成されるようになる以前、すでに、会衆《かいしゅう》が順番をきめ、交替に頭《とう》役（世話役）にあたる「順茶」など定期的な茶寄合が行われ、茶を飲み比べて種類を言い当て、勝負を競う闘茶《とうちゃ》も行われ、後醍醐《ごだいご》天皇の側近により行われた無礼講《ぶれいこう》のように、茶寄合の名目で政治的密議も行われた。寄合の芸術としての特徴の一つは日常的に重視されていた身分差・階層差が茶寄合の場では否定され、全員が平等・対等な関係を実現することである。現実の社会との鋭い緊張をはらむ茶湯の精神を述べた言葉といえよう。

参考文献　林屋辰三郎ほか編注『日本の茶書』一〈東洋文庫〉平凡社、一九七一年

55 上杉謙信

うえすぎけんしん

一五三〇—七八

越後国《えちごのくに》の戦国大名。越後守護代《しゅごだい》長尾為景《ながおためかげ》の子で、はじめ長尾景虎《かげとら》と称した。兄晴景《はるかげ》の後継として越後守護代となり、国内統制に力を注ぎ、信濃国《しなの》に進出した武田信玄《しんげん》と数度に及び抗争した「川中島《かわなかじま》合戦」は有名である。北条氏《ほうじょうし》に追われた関東管領《かんとうかんれい》上杉憲政《のりまさ》を助けて関東に侵攻し、鎌倉の鶴岡八幡宮《つるがおかはちまんぐう》で憲政の後継として関東管領に就任するなど勢力を伸ばした。一五七六年（天正四）毛利氏《もうりし》に擁された足利義昭《あしかがよしあき》の要請に応え、毛利氏、北条氏や宿敵武田氏と同盟し、織田信長と抗争中に死去した。

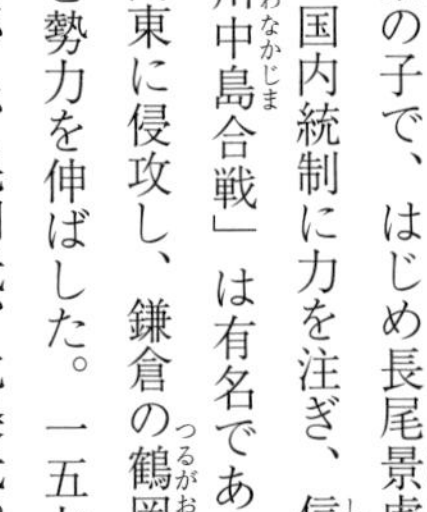

上杉謙信

地下人《じげにん》も身だめに候間《そうろうあいだ》、槍・小旗用意申すべきよし、申しつけべく候。……吾分身だめ、又は身のかたへ奉公《ほうこう》に候

敵一人も見え候《そうら》へば、散り〳〵に逃げ候間《そうろうあいだ》、よき事と心得、村々へはたらき、焼廻り候。堅《かた》く向後《きょうこう》は**地下人《じげにん》も身だめに候間、槍・小旗用意申すべきよし、申しつけべく候。……吾分身だめ、又は身のかたへ奉公《ほうこう》に候間、**如何共鉄砲十五挺用意申すべく候。こゝもとより、そのほかをば越すべく候。向後は必ず〳〵市振《いちぶり》・玉ノ木《たまのき》・境《さかい》・宮崎《みやざき》の者一つになり、走り廻らせべく候。（「岡田紅葉氏所蔵文書」元亀四年五月十四日書状）

【解説】 一五七二年（元亀三）八月、上杉謙信は越中に出兵した。越中国松倉《まつくら》城主椎名《しいな》康胤ら武田信玄と結んだ越中勢が蜂起し、さらに加賀一向一揆《いっこういっき》が本願寺《ほんがんじ》と信玄との連繫によって越中に進出したため、越中の上杉方勢力から出兵を求められていたからである。越中に在陣中の十月、朝倉《あさくら》・浅井《あさい》・本願寺らと結んだ武田信玄は西へ向かい遠江《とおとうみ》へ侵攻する。織田信長は使者を派遣し、謙信との同盟が成立した。翌年二月に足利義昭は信長に反旗を翻《ひるがえ》し、側近らを近江国で蜂起させた。加賀一向一揆に対する配備をしたうえで四月、謙信は越後に帰国したが、謙信のいなくなった越中では椎名氏の牢人衆が越中・越後の国境付近の海岸で海賊行為を始めた。

こうした状況のもとで、家臣の河隅忠清・庄田隼人佑《しょうだはやとのすけ》宛に認《したた》めた書状にみえるのが、冒頭にあげた文言である。市振《いちぶり》・玉木《たまのき》・境《さかい》・宮崎《みやざき》は現在の富山県・新潟県の海岸線にある村である。

これらの村民たちに敵と戦うべく指導を行うように命じたのが引用文の趣旨である。村民たちが敵の姿をみるやいなや戦わずして逃げてしまうから、敵はいい気になって村を荒らしまわるのである。今後は鑓《やり》や小旗を用意させて、敵と戦うよう指示せよ。村民たちの自衛のための武装は自分たちのためでもあり、さらには大名謙信への奉公でもある、というのがその大意である。戦国の乱世には民衆も武器を取った。そのような民衆の実力を抑えて強力な支配を実現したのが戦国大名である、とはよく指摘されるところであるが、ここには村民の武力と自力を公認する、通説とはかなり異なった戦国大名の姿をみることができる。

出　典　『越佐史料』巻五、「横沢文書」名著出版、一九七一年／『上越市史』別編一、一一五八号文書、二〇〇三年

参考文献　山田邦明「上杉謙信の地下人動員令」『戦国史研究』四〇、二〇〇〇年

56 織田信長

おだのぶなが

一五三四—八二

戦国期に統一政権の原型を確立した武将。尾張《おわり》の大名から身を起こし、一五六〇年（永禄三）桶狭間《おけはざま》で今川義元《いまがわよしもと》を討取り、六七年に美濃《みの》の斎藤氏を滅ぼした。翌年には足利義昭《あしかがよしあき》を擁して京都・畿内を制圧、将軍に就任した義昭のもとで中央の政治を動かし、やがて不和になった義昭を一五七三年（天正元）京都から追放、織田政権を樹立した。追放された義昭にしたがう毛利・武田・上杉氏らと抗争し、八二年（天正十）三月には武田氏を滅ぼしたが、凱旋《がいせん》直後の六月二日、家臣の明智光秀《あけちみつひで》の謀叛《むほん》により戦死した。

織田信長

人間《にんげん》五《ご》十年《じゅうねん》、下天《げてん》（化天）の内を比《くら》ぶれば、夢幻《ゆめまぼろし》の如《ごと》くなり。一度生《しょう》を得《え》て滅《めつ》せぬ者のあるべきか、

此時《このとき》、信長、敦盛《あつもり》の舞《まい》を遊《あそ》ばし候《そうろう》。**人間《にんげん》五《ご》十年《じゅうねん》、下天《げてん》（化天）の内を比《くら》ぶれば、夢幻《ゆめまぼろし》の如《ごと》くなり。一度生《しょう》を得《え》て滅《めつ》せぬ者のあるべきか**、と候て、螺欠《かいふ》け、具足《ぐそく》よこせよと仰せられ、御物具《おんもののぐ》めされ、立ちながら御食をまいり、御甲《おんかぶと》をめし候て御出陣なさる。（『信長公記《しんちょうこうき》』首巻）

【解説】永禄三年（一五六〇）五月、桶狭間《おけはざま》に陣取《じんど》る今川義元《いまがわよしもと》を攻めに出陣した折、信長が舞いながら唄ったと伝えられる幸若舞《こうわかまい》「敦盛《あつもり》」の一節。今川方の拠点となった鳴海《なるみ》、大高《おおたか》、沓懸《くつかけ》の諸城を確保するため義元は四万五〇〇〇の軍勢を率いて尾張に侵入し、桶狭間に陣取る。信長は二〇〇〇ばかりの軍勢でこれに立ち向かって戦い、義元を討取り、今川勢を撃退した。有名な桶狭間の合戦の逸話である。

著名ではあるが軍記に記された逸話であり、事実かどうかを確かめる術はない。だが『信長公記』は信長に親衛隊として仕えた太田牛一《おおたぎゅういち》の著書で信憑性は高いといえる。その『信長公記』は、尾張の天台僧天沢《てんたく》が武田信玄《しんげん》に、信長は「敦盛」が好きで、舞うときはつねにこの一節を唄うと述べたとの逸話を記す。

幸若舞の「敦盛」は『平家物語』を題材に平敦盛《たいらのあつもり》の戦死と敦盛を討取った熊谷直実《くまがいなおざね》の出家《しゅっけ》を描いたもの。信長が口にすることが多かったと伝えられるこの一節は、直実が出家を決意したときの言葉である。「化天《げてん》」すなわち楽変化天《らくへんげてん》は仏語で、人間の八百歳を一日として、八千歳の齢《よわい》を保つとされる神。「化天」に比べれば一瞬の命に過ぎない、儚《はかな》いわが身である、の意。だからここで菩提心《ぼだいしん》を起こさねば、二度と機会はない、というのが直実の決意である。信長も出陣に際し、ここで死を覚悟しなければ活路はない、と思ったのだろうか。

日本人に珍しい合理的思考をもつと言われることの多い信長だが、多くの日本人とともに無常観は共有していたように思われる。イエズス会宣教師のルイス・フロイスの「若干の点、禅宗の見解に従い、霊魂の不滅、来世の賞罰などはないとした」との証言が想起される。

出　典　奥野高広・岩沢愿彦校注『信長公記』角川文庫、一九六九年

参考文献　荒木繁ほか校注『幸若舞』三〈東洋文庫〉平凡社、一九八三年／藤本正行『信長の戦争』講談社学術文庫、二〇〇三年

近世

57 豊臣秀吉

とよとみひでよし

一五三六―九八

織田信秀《おだのぶひで》に仕えた足軽《あしがる》の子として生まれる。遠江《とおとうみ》の松下之綱《まつしたゆきつな》に仕えた後、織田信長に仕え、その才能と戦功で近江長浜《おうみながはま》城主となる。一五八二年（天正十）六月二日、山崎《やまさき》の戦いで、主君信長を殺害した光秀《みつひで》を破り、翌年、柴田《しばた》勝家《かついえ》を越前北庄《えちぜんきたのしょう》に攻めて自害させ、信長の後継者の地位を固めた。一五八五年七月、関白《かんぱく》となり、九〇年には小田原北条氏《ほうじょうし》を滅ぼして天下統一を完成させた。

豊臣秀吉

日本の治り此時《このとき》候《そうろう》之条《のじょう》、兵共を討死《うちじに》させ候ても、筑前《ちくぜん》不覚にて有る間敷《まじく》と、ふっつと思い切り、

一、柴田越州《えつしゅう》北庄《きたのしょう》居城《きょじょう》事《のこと》、数年相拵《あいこしら》え、三千計《ばかり》留守者《るすのもの》居《お》り申《もう》し候処《そうろうところ》へ、修理亮《しゅりのすけ》馬百騎計にて逃げ入り候事。

一、廿三日、息を継がず追い懸《か》け、惣構《そうがまえ》乗り破り、則《すなわち》城中の廻拾間拾五間に陣捕《じんとり》申し候事。

一、柴田息をつかせては、手間《てま》も入り申すべく候かと秀吉存じ、**日本の治り此時《このとき》候《そうろう》之条《のじょう》、兵共を討死《うちじに》させ候ても、筑前《ちくぜん》不覚にて有る間敷《まじく》と、ふっつと思い切り、**廿四日の寅刻《とらのこく》に本城へ取り懸け、午刻《うまのこく》に本城へ乗り入り、悉《ことごと》く首を刎《は》ね候事。

一、城中に石蔵《いしぐら》を高く築き、天主を九重に上候之処へ、柴田弐百計にて相拘《あいかかえ》候。城中狭く候之条、惣人数入りこみ候へば、互共、道具に手負い・死人これ在《あ》るにより、惣人数の中にて兵を選び出し、天主ゆへ、うち者（打物）計にて切入せ候へば、修理も日比武篇《ひごろぶへん》を仕付きたる武士にて条、七度まで切り而《て》出候といへども、相〔支脱カ〕御事叶《かな》わず、天主の九重目の上へ罷《まか》り上り、惣人数に詞《ことば》を懸け、修理が腹の切様《きりよう》見《み》申《もう》して後学に仕《つかまつ》り候へと申し付け而、心もある侍は涙をこぼし、鎧《よろい》の袖《そで》をひたし候に依《より》て、東西ひつうと静まり候へば、修理妻子子共其外一類頸を刺し、八十余身替わらざる者切腹、申《さる》下《の》刻《げこく》に相果《あいは》て候事。（天正十一年五月十五日付小早川《こばやかわ》隆景《たかかげ》宛書状）

【解説】一五八三年（天正十一）五月十五日付小早川隆景宛書状の一節で、越前北庄城《きたのしょうじょう》（現、福井県福井市）を攻めて柴田勝家《しばたかついえ》を自害させたときのものである。当時秀吉は、まだ羽柴筑前守《はしばちくぜんのかみ》を名乗っていた。

一五八二年六月二日、本能寺で織田信長が明智光秀に殺害されると、秀吉は毛利氏と和睦《わぼく》して兵を返し、山崎の戦いで光秀を破った。その後、信長の後継者争いが熾烈になり、織田家宿老《しゅくろう》の筆頭格である柴田勝家と秀吉が雌雄を決することになる。八三年四月、北近江で両者は激突した。勝家方の佐久間盛政《さくまもりまさ》は秀吉方の中川《なかがわ》清秀《きよひで》勢を全滅させるが、賤ケ岳《しずがたけ》の戦いで秀吉側が勝利したことから形成は逆転し、秀吉は柳ケ瀬《やながせ》に勝家を追った。勝家は、身代わりを立てて居城北庄に逃げ帰った。四月二十三日、秀吉は北庄城を攻め、翌二十四日、勝家を滅ぼした。

この小早川隆景宛書状はその大勝利を伝え、実質的に天下人の後継者となったことを宣言したものである。

事実を伝えるにしては緊迫感のある名文で、秀吉の側にあって伝記を執筆していた大村由己《おおむらゆうこ》によるものと思われる。

秀吉は、この戦いを天下分け目のものであると正しく認識していた。そのため、北庄城に逃げ帰った勝家に息をつかせては戦いが長引き、どのような不測の事態になるかわからない。ここは「日本の治り」の時だ、もし兵を大勢討ち死にさせたとしても自分の不覚ではない、と「ふっつと思い切り」、選抜した精兵をもって天主に斬り込ませた。すると、さすがに日頃武辺をもって聞こえている勝家だけのことはあり、七度まで切って出たけれども、秀吉の精兵を支えることはできず、天主の九重目に登り、その場にいるすべての者に、「修理が腹の切り様を見て、後学にせよ」と言葉をかけ、妻子そのほか一類の頸を刺し、家来たちとともに切腹して果てたのだという。

戦いの勝利の直後に書かせ、小早川隆景など各地の有力な大名に送らせたこの書状は、天下統一を眼前にした秀吉の興奮が伝わってきて、切って出た回数が七回だったり、天主が九重もあったりという、おそらく事実とは異なる記述も気にならない。戦いにおいても、人生においても、ここが正念場だと感じられるときがある。そういうときには、それを的確に感じ取り、犠牲を厭《いと》わず全力を尽くす必要があり、それができた者だけが成功するのである。

出典　『大日本古文書』毛利家文書三、東京大学出版会、一九七〇年

参考文献　小和田哲男『豊臣秀吉』中公新書、一九八五年

58 徳川家康

とくがわいえやす

一五四二—一六一六

三河《みかわ》国岡崎《おかざき》城主松平広忠《まつだいらひろただ》の子。豊臣秀吉政権下で最大の大名となり、五大《ごたい》老《ろう》の筆頭として勢力を伸ばす。一六〇〇年（慶長五）に関ケ原《せきがはら》の戦いで勝利を収め、〇三年に征夷大将軍《せいいたいしょうぐん》となり江戸幕府を開く。〇五年には三男の秀《ひで》忠《ただ》に将軍職を譲るが、その後も駿府《すんぷ》で大御所《おおごしょ》として権力を振るった。死の翌年の一七年（元和三）に、久能山《くのうざん》より日光山《にっこうざん》に改葬され、朝廷より「東照《とうしょう》大権現《だいごんげん》」の神号が贈られた。

徳川家康

一手の将たるものが、味方諸人のぼんのくぼばかりを見て居て合戦抔《など》に勝つものにてハなし、

権現様《ごんげんさま》或時《あるとき》上意《じょうい》被遊《あそばされ》候《そうろう》ハ、今時之人の頭《かしら》をもする者共《ものども》、軍法だてをして床机《しょうぎ》に腰を懸《かけ》、采拝《さいはい》を以人数を差《さし》仕《つか》ひ、手もよごさず口の先の下知《げち》計《ばかり》にて軍《いくさ》に勝つものと心得たる、大キなる違ひ也。**一手の将たるものが、味方諸人のぼんのくぼばかりを見て居て合戦抔《など》に勝つものにてハなし、**と被仰《おおせられ》候《そうろう》と也。（『駿河土産《するがみやげ》』権現様《ごんげんさま》或時《あるとき》御《ご》軍法《ぐんぽう》御《お》噺《はなし》之《の》事《こと》）

【解説】家康の名言として有名なものに、「人の一生は、重き荷物を背負ひて行くが如し」(「東照宮御遺訓」)があるが、これは後世、家康の言葉に仮託《かたく》されたものと考えられている。天下泰平の時代ならば、このような人生訓もありえたかもしれないが、家康の若い時代はいまだ戦乱の時代であった。日々、戦争に明け暮れるなかでつかんだ人生訓は、そういうものではありえなかったであろう。ここで挙げた言葉は、そういう家康の面目躍如たるものがある。

天下泰平の時代となり、一軍の将たるものは、床几《しょうぎ》に腰掛け、采配をふるって軍勢を動かすものだと考えるようになっていった。この言葉は、家康がそのような態度を、手も汚さず口先だけの命令で戦いに勝つと考えるのは大きな間違いであると批判したものである。「ぼんのくぼ」はうなじの中央のくぼんだ所で、一軍の将たるものが、味方の者たちの後ろ頭ばかりを見ていては合戦に勝つことはできない、と述べている。大将たる者、味方の先頭に立って戦わなければならないのである。

織田信長に特徴的であるが、ただ一騎で馬を馳せ、味方の軍勢を指揮することもあるのが、戦国時代の武将のあり方だった。家康にしても、武田信玄《しんげん》との三方ケ原《みかたがはら》の戦いでは浜松城を出て戦い、敗軍となるや馬を馳せて城に逃げ帰った経験がある。そういう考えで奮闘した結果、天下を取った武将の言葉だけに重みがある。

出　典　『続史籍集覧　駿河土産　十二』近藤活版所、一八九四年

参考文献　山本博文『徳川将軍と天皇』中公文庫、二〇〇〇年

59 大久保忠教

おおくぼただたか

一五六〇—一六三九

江戸時代前期の旗本《はたもと》。通称彦左衛門《ひこざえもん》。一五七五年（天正三）から徳川家康に仕える。初陣は、その翌年の遠江乾の戦い。大坂の陣では鑓奉行《やりぶぎょう》を務める。一六二六年（寛永三）、後水尾《ごみずのお》天皇二条城行幸《ぎょうこう》の際の大御所《おおごしょ》秀忠《ひでただ》・三代将軍家光《いえみつ》の上洛にしたがう。三二年旗奉行となる。徳川家三代に仕え、実戦経験のある武士としての気骨を最後まで失わなかったことから、後世、講談《こうだん》や歌舞伎《かぶき》にも登場し「天下のご意見番」という人物像が作られた。

大久保忠教

御奉公《ほうこう》申し上げても、不承面《ふしょうづら》をして御奉公を申し上げたらば、御奉公にならずして、帰《かえっ》（却）て七逆歳《ぎゃくざい》（罪）の御咎《とが》となるべし。何事をもかごとをも、御意次第、火水の中へも入りて打ち笑《わら》い申して、御機嫌《きげん》のよきやうに御奉公申し上げ奉《たてまつ》れ。

此世は仮《かり》の宿《やどり》なり。後世を大事と思ひて、返々《かえすがえす》も御無沙汰《ごぶさた》なく、御馬取になされ候共《そうろうとも》、御鑓《やり》かづきになされ候共、御意にもれ有るまじく、御家を出る事なかれ。御普代《ふだい》久しく、度々《たびたび》の御忠節《ちゅうせつ》・走《はし》り廻《めぐり》を申し、御九代召《め》し使《つか》わされたる者の筋を悪《あ》しく召し使わされ給《たま》はば、御主の御不足《ふそく》にてこそあれ。万騎が千騎、千騎が百騎、百騎が十騎、十騎が一騎になる共、御草履《ぞうり》をなおしても、よく御奉公《ほうこう》申し奉《たてまつ》れ。但《ただ》し、**御奉公申し上げても、不承面《ふしょうづら》をして御奉公を申し上げたらば、御奉公にならずして、帰《かえつ》（却）て七逆歳《ぎゃくざい》（罪）の御咎《とが》となるべし。何事をもかごとをも、御意次第、火水の中へも入りて、打ち笑《わら》い申して、御機嫌《きげん》のよきやうに御奉公申し上げ奉れ。**親・兄弟・女子・眷属《けんぞく》一類《るい》を取り集《あつ》めても、必《かなら》ず〳〵、返々、くりかえし〳〵、御主様御一人にはかへ申すな。御主様の御奉公ならば、右の者共をば火水の中、又は敵《てき》かたきの中へも打ち捨《す》てて、二度その沙汰《さた》もすな。（『三河物語《みかわものがたり》』）

【解説】大久保彦左衛門が、子孫のために書き残した『三河物語』の一節。大久保家に秘蔵されていたが、明治時代に、大久保家が経済的に困り勝海舟《かつかいしゅう》に頼んで徳川家に買ってもらい、世に出たという。

三河譜代《ふだい》の大久保家は、彦左衛門の長兄忠世《ただよ》の跡を継いだ忠隣《ただちか》が、一六一四年（慶長十九）、謀叛《むほん》の嫌疑を受けて改易《かいえき》（領地没収）されてから衰運に向かう。忠隣から領地をあてがわれていた彦左衛門は、一〇〇〇石の直参旗本《じきさんはたもと》となる。「武辺者」として数々の軍功を上げた彦左衛門だったが、大坂の陣の後は活躍の場もなくなった。一方、彦左衛門が軽んじていた同僚の旗本のなかには、顕職に抜擢される者が続出した。彦左衛門の胸には、不満が積もっていった。

この文章のなかにある「御九代召し使わされたる者の筋を悪しく召し使わされ給はば、御主人の御不足にてこそあれ」という言葉には、そういう彦右衛門の鬱憤《うっぷん》が現れている。自分が正しく評価されないのは、主人が悪いというのである。しかし、徳川家譜代を自負する彦左衛門の真骨頂は、「但し」以下にある。正しく評価されようがされまいが、奉公をするとしたら、不承面をして奉公するのではかえって七逆罪（父を殺害するなどの重罪）の咎《とが》となる。どのようなことであっても、主人の命令次第に、火の中にでも水の中にでも入り、笑いながら、主人が御機嫌になるように奉公すべきだ、というのである。ちなみに彦左衛門の兄弟を見ると、三兄大八郎が一五六〇年（永禄三）藤波縄手で討死（二十二歳）、四兄新蔵は一五七二年（元亀三）三方が原の戦いで討死（二十六歳）、五兄勘七郎は一五七四年（天正二）遠江国乾の戦いで討死（二十四歳）と、多くの犠牲を払っている。

どのような処遇を受けようと、ただひたすらに主君の御機嫌のよきように忠義に励むべきだという彦左衛門の教えは、主君絶対の近世武士道の成立を示している。

出典　斎木一馬ほか校注『三河物語・葉隠』〈日本思想大系〉岩波書店、一九七四年
参考文献　江藤淳・松浦玲編『海舟語録』講談社学術文庫、二〇〇四年／三田村鳶魚著、朝倉治彦編『江戸の豪侠人さまざま』〈鳶魚江戸文庫〉中央公論新社、一九九八年

60 細川ガラシャ

ほそかわがらしゃ

一五六三—一六〇〇

明智光秀《あけちみつひで》の次女で本名は玉《たま》。ガラシャ（Gracia）は洗礼名。諡号《しごう》は秀林院《しゅうりんいん》。織田信長の命により、一五七八年（天正六）に細川忠興《ほそかわただおき》と結婚する。八二年に父光秀が本能寺《ほんのうじ》の変《へん》で信長を殺害したため、丹後国味土野《たんごのくにみとの》に幽閉されるが、八四年に豊臣秀吉により許され、復縁する。八七年に受洗。一六〇〇年（慶長五）関ヶ原《せきがはら》の戦いを前に、石田三成《いしだみつなり》ら西軍の人質となることを拒み、大坂玉造《たまつくり》の細川邸に火をかけ、三十八歳で死去した。

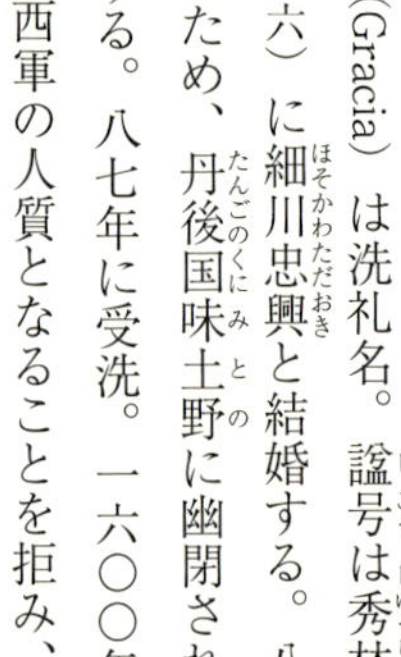
細川ガラシャ

ちりぬへき時しりてこそ世の中の花も花なれ人も人なれ（『綿考輯録《めんこうしゅうろく》』巻一三）

【解説】細川家の家譜の一つである『綿考輯録』に載せられた細川ガラシャの辞世《じせい》の和歌。最後までガラシャの側にあった侍女しもが、自ら見聞したことを、一六四八年（慶安元）二月十九日に藩に報告した「霜女覚書」によると、ガラシャの自害は、東軍に所属した夫忠興《ただおき》の足手まといにならないように、あくまでも西軍の人質になることを拒否した美談として伝えられている。

これに対して、十七世紀中頃の史料である「関原軍記大成」（『綿考輯録』所収）では、大坂城から呼び出しを受けたときのガラシャの感慨が次のように記されている。

ガラシャは、本能寺《ほんのうじ》の変後の幽閉中に「主人を弑《ころ》したる人の娘」と身分の低い土地の者たちに譏《そし》られ、余りの悔しさに自害しようと思った。しかし、幼少の長男与一郎（忠隆《ただたか》）と離れ難く、もう少し成長してから夫忠興に返そうと思っているうちに、復縁することとなった。しかし、ガラシャにとって、父明智光秀の謀叛《むほん》は終生忘れられない事件であり、豊臣政権下においても、他の大名の奥方とさえ付き合いを遠慮していたというのである。それなのにここで大坂城に参上して人前に顔を晒《さら》しては、恥を重ねることとなり、とうてい受け入れられないとのこと。「唯《ただ》心よく自害せん」と言われ、留守居《るすい》も説得することができず、ガラシャの心に任せたという。

この史料によると、ガラシャの自害は、夫忠興のためというより、我が身の恥を重ねたくないという「世間体」のためであったと解釈することができる。『綿考輯録』の編者は、真偽のほどは分からないが本当らしいとしており、十七世紀中頃の武士にとっては、美談としてよりも世間体による行動の方に真実味を感じていることは、注目に値する。これを見るとはたしてガラシャの死を「美談」としてよいかどうか、疑問が生じてくる。なお、「霜女覚書」によると、ガラシャは長男忠隆の妻（前田利家女）とともに自害しようとしたが、彼女がすでに屋敷から逃れていたため、「力なく御果てなされ」たという。このことから、忠隆は忠興から廃嫡させられることになる。

出典　石田晴男ほか編『綿考輯録』二巻、忠興公（上）〈出水叢書〉出水神社、一九八八年
参考文献　山本博文『武士と世間』中公新書、二〇〇三年

61 柳生宗矩

やぎゅうむねのり

一五七一—一六四六

江戸時代前期の兵法家《ひょうほうか》。大和国添上《そえかみ》郡柳生に生まれ、柳生新陰《しんかげ》流の祖である父石舟斎宗厳《せきしゅうさいむねよし》から兵法を学ぶ。はじめ初代将軍徳川家康に仕え、関ケ原《せきがはら》の合戦で戦功を挙げる。また、二代秀忠《ひでただ》、三代家光《いえみつ》の兵法指南《しなん》となり、特に家光には政治についても助言をした。一六二九年（寛永六）三月に従五位下《じゅごいのげ》但《たじ》馬守《まのかみ》に叙任《じょにん》され、三二年に総目付《そうめつけ》（大目付《おおめつけ》）に任命される。三六年に一万石の大名となり、最終的には一万二五〇〇石の領地を得た。

柳生宗矩

兵法《ひょうほう》は、人をきるとばかりおもふは、ひがごと也。人をきるにはあらず、悪を殺す也。一人の悪をころして、万人をいかすはかりごと也。

友に交《まじわ》りて、はじめ終りたがわざるも、機を見てなす所なれば、兵法《ひょうほう》の心ならざるにあらず。一座《いちざ》の人の交りも、機を見る心、皆《みな》兵法也。機を見ざれば、あるまじき座に永く居て、故《ゆえ》なきとがをかふゝり、人の機を見ずして物を云《い》ひ、口論をしいだして、身をはたす事、皆機を見ると見ざるとにかゝれり。……兵法は、人をきるとばかりおもふは、ひがごと也。人をきるにはあらず、悪を殺す也。一人の悪をころして、万人をいかすはかりごと也。（『兵法家伝書』）

【解説】 柳生宗矩が著した兵法書『兵法家伝書』の一節。一六三二年（寛永九）、宗矩が六十二歳のときに完成した。

この書物は「進履橋《しんりきょう》」「殺人刀《せつにんとう》」「活人剣《かつにんけん》」の三部から構成され、引用部分は「殺人刀」からである。「進履橋」は上泉伊勢守信綱《かみいずみいせのかみのぶつな》が宗矩の父宗厳《むねよし》に直伝した新陰流の極意が記された入門編とも言うべきものである。「殺人刀」と「活人剣」はいずれも兵法の極意を伝えている。

「兵法」とは剣を中心とした武術のことで、「兵法書」は武士が身につけるべき技能を解説した書物として江戸初期にあらわれるようになった。

『兵法家伝書』成立の背景には、宗矩が大坂夏の陣で豊臣秀頼の家臣木村重成《きむらしげなり》の兵七人を斬って武名をとどろかせ、多くの武士が入門するようになったことがある。そのなかで、体系化したものが必要となり、父宗厳や師匠の上泉信綱の技法だけではなく、禅や、武士の教養として必須だった能の要素も取り入れた思索の書として成立した。

「殺人刀」では、刀の使い方や軍勢の動かし方の心構えが述べられる。そのなかで、宗矩は、天道は万物を生かすものであるのに対し、「兵《ひょう》」つまり弓矢・太刀・長刀などは、人を殺す物なので、よくないものととらえている。よって、悪を殺して万物を生かすためだけに「兵」を用いる。ここに挙げた一節にあるように、人を斬るのではなく悪を斬るのである。そのときに兵法を知らなければ逆に殺されてしまうので、兵法が必要だという考えが前提となっている。

出典　渡辺一郎校注『兵法家伝書』岩波文庫、一九八五年

62 沢庵宗彭

たくあんそうほう

一五七三―一六四五

江戸時代前期の臨済宗《りんざいしゅう》大徳寺《だいとくじ》派の僧侶。一六〇九年（慶長十四）に大徳寺の住持《じゅうじ》に就任するが、三日で退院した。二七年（寛永四）幕府が朝廷から高僧に賜った紫衣《しえ》を剝奪したことから、沢庵はこれに抗議し、二九年出羽国《でわのくに》上山《かみのやま》に配流《はいる》された（紫衣事件）。三二年に大赦《たいしゃ》により許され、その後は三代将軍徳川家光《いえみつ》の帰依《きえ》を受けるようになる。家光は沢庵を開山として品川東海寺《しながわとうかいじ》を創建した。また、おなじみの沢庵漬けは百本漬《ひゃっぽんづ》けの別称で、沢庵が作り始めたと伝えられている。

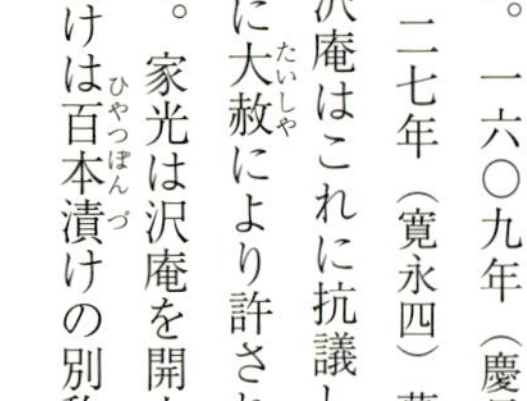

沢庵宗彭

用心《ようじん》とハ、心を用《もちい》ると書申候《かきもうしそうら》へハ、ことばにも色にも出し候《そうろう》てハ、用心に成不申候《なりもうさず》。

御身類（親類）間へも、先此《まずこの》みぎりハ御ふるまひにも御出候事《おいでそうろうこと》、何とそ御法度《ごはっと》になされ候て然《しか》るべく候。物を大事に不存候《ぞんぜずそうら》へハ、大事が出来《しゅったい》する物にて候。時により、すさげもたゝり候て、大事の病さし出申事候。殊《こと》ニ人の心おそろしき時代にて候。人ニたくされ候てハ、如何様之たくミをも、人ハ仕物《つかまつるもの》にて候。そばあたりの者にも、御油断ハ被成間敷《なされまじく》候。さやうニ候とて、色を人ニミせて仕《つかまつり》たる用心ハ、かへってあだに成物《なるもの》にて御座《ござ》候。用之内ニ御分別可被成《なさるべく》候。**用心《ようじん》とハ、心を用《もちい》ると書申候《かきもうしそうら》へハ、ことばにも色にも出し候てハ、用心**

に成不申候《なりもうさず》。（寛永十八年六月十二日付細川光尚《ほそかわみつなお》宛書状）

【解説】一六四一年（寛永十八）三月十七日、光尚の父細川忠利《ただとし》は、熊本城で没した。享年五十六であった。光尚は、五月十一日御暇を賜い、十九日に江戸を出立し、六月十四日に熊本に着いた。

この書状は、大国肥後《ひご》の国主の地位を継いだ二十三歳と若い光尚に、国主となるにあたっての心構えを述べたものである。まず、この大切な時期には、たとえ親類であっても振る舞いを受けることはやめた方がよい、と言い、物事を慎重に考えないと、たいへんなことが起こるものだと戒《いまし》めている。沢庵の認識では、当時は「人の心おそろしき時代」だった。そのため、人に任せ切りにすると、その人がどのようなたくらみをするかわからないという。側に仕えている者にも油断してはならない。ただ、警戒していることを外に表してはかえって仇《あだ》になるものである。「用心」とは、心を用いると書くのだから、ただ心の中で警戒することが必要で、言葉や顔色に出したのでは、用心にならないというのが、沢庵の助言である。

一六二九年（寛永六）、紫衣事件で出羽国上山に流され、家光によって許されて江戸に戻ってきた沢庵は、その過程で人の心のおそろしさというものを思い知らされたのであろうか。僧侶とは思えないほど他人への警戒心を表明しているが、それだけに重みのある言葉となっている。

出典　辻善之助編注『沢庵和尚書簡集』岩波文庫、一九四二年

参考文献　船岡誠『沢庵』中公新書、一九八八年

63 宮本武蔵

みやもとむさし

一五八四—一六四五

江戸時代前期の剣豪。二天一流《にてんいちりゅう》兵法の祖。幼少期から兵法に励み、十三歳から二十八、九歳まで諸国で諸流の兵法者と六十余度にわたり勝負を行ったが、一度も負けたことがなかったと伝えられる。吉岡清十郎《よしおかせいじゅうろう》との洛外蓮台《れんだい》野《の》の勝負や佐々木小次郎《ささきこじろう》との巌流島《がんりゅうじま》の決闘などはこの間に行われたという。三十歳以降は、兵法の深い境地を開くため朝夕に鍛錬《たんれん》を重ね、五十歳頃に道を極めたとされる。一六四〇年（寛永十七）に熊本藩細川家の客分となる。書画や彫刻、造園などにも才能を発揮した。

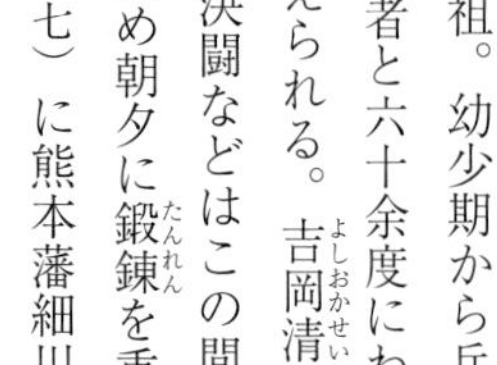

宮本武蔵

武士の兵法をおこなふ道は、何事におゐても人にすぐるゝ所を本《もと》とし、或《あるい》は一身の切《きり》合《あい》にかち、或は数人の戦に勝ち、主君の為《ため》、我身の為、名をあげ身をたてんと思ふ。

大形《おおかた》武士の思ふ心をはかるに、武士は只《ただ》死ぬるといふ道を嗜《たしな》む事と覚《おぼ》ゆるほどの儀《ぎ》也。死する道におゐては、武士計《ばかり》にかぎらず、出家にても、女にても、百姓已下《いか》に至《いた》る迄《まで》、義理をしり、恥《はじ》をおもひ、死する所を思ひきる事は、其差別《そのさべつ》なきもの也。**武士の兵法をおこなふ道は、何事におゐても人にすぐるゝ所を本《もと》とし、或《あるい》は一身の切合《きりあい》にかち、或は数人の戦に勝ち、主君の為《ため》、我身の為、名をあげ身をたてんと思ふ。**是《これ》、兵法の徳をもっ

てなり。（『五輪書《ごりんしょ》』地之巻）

【解説】晩年、宮本武蔵が書いたとされる『五輪書』は、地之巻、水之巻、火之巻、風之巻、空之巻の五章から成るのでこの名がある。

死ぬ覚悟をすることは、武士に限らず、出家した者や女性、百姓や町人であっても義理と恥を知る者ならば誰でも可能である。武士の本分とは何事においても人より優れるよう努力することであり、一対一でも複数の相手でも勝つことである。つまり勝つことが兵法の目的であり、それは主君のためにもなり、自分の立身のためにもなるというのである。この考え方は、中級以下の武士の身を立てる手段としての兵法とみることができる。

『五輪書』は、一六四三年（寛永二十）十月上旬に武蔵が岩戸山《いわとやま》に登って著したとされているが、現在、自筆のものは残っていない。現存する熊本藩主細川家に伝わる写本の奥書《おくがき》には、四五年（正保二）五月十二日に武蔵が高弟寺尾孫之丞《てらおまごのじょう》に与えたものを、六七年（寛文七）二月五日に寺尾が山本源介《やまもとげんすけ》に与えたとある。しかし、内容が薄く解釈しづらいため、武蔵の作ではなく、寺尾が藩主細川忠利《ただとし》の命で万治から寛文初年頃（一六五八―七〇）までに書いたとの分析もある（西山松之助氏）。武蔵の死後は、養子の宮本伊織《いおり》などにより偶像化が進められ、武蔵の伝記も伊織が小倉《こくら》城下手向山《たむけやま》に建てた碑がもとになっていることを考え合わせると、この碑や武蔵の書き残したものを参考にして、流派を継承する誰かが書いたものとの推測が可能である。

出典　高柳光寿校訂『五輪書』岩波文庫、一九四二年

参考文献　西山松之助「近世芸道思想の特質とその展開」『近世芸道論』〈日本思想大系〉岩波書店、一九七二年

64

池田光政

いけだみつまさ

一六〇九—八二

江戸時代前期の備前国《びぜんのくに》岡山藩主。通称は新太郎。室は本多忠刻《ほんだただとき》と千姫《せんひめ》の娘勝子《かつこ》。熊沢蕃山《くまざわばんざん》や市浦毅斎《いちうらきさい》から儒学を学び、仁政《じんせい》理念を藩政の根本とした。また、質素倹約を旨とする「備前風《びぜんふう》」の普及に努めた。地方知行《じかたちぎょう》制度の変革や、仁政に基づく農政、新田開発をはじめとする土木事業などを行った。教育にも熱意を注ぎ、藩士のための花畠《はなばたけ》道場や庶民のための閑谷《しずたに》学校を設立した。その好学の姿勢は高く評価され、名君とうたわれた。

池田光政

わる口ノ事、たれも申物《もうすもの》ニて候《そうら》へ共《ども》、其方一入《ひとしお》すきにて候《そうろう》。わらべらしき事ニて候。人の悪ヲ悦《よろこぶ》心より皆出言《いづるげん》ニて候。以来たしなみ可申《もうすべく》候。……先年も老中和シ申様《もうすよう》ニと申聞《もうしきけ》候時も、情欲ノ和ハやくにたゝず却而《かえって》あだと成申《なりもうし》候。以礼儀《れいぎをもって》和シ申様ニと申聞候。其座ニ養元《ようげん》も罷在《まかりあり》候。覚え可申候。然《しか》ルニ只今いんらんノまじハり仕、和と心得候と存《ぞんじ》候。（『池田光政日記』承応三年八月二十三日）

【解説】『池田光政日記』は、光政の自筆で、一六三七年（寛永十四）十月八日から六九年（寛文九）二月二日までの約三一年間の記事がある。現在は二一冊が現存しているが、五八年（万治元）正月から八月の部分が欠けており、もともとは二二冊であったと考えられている。引用部分は、光政が、側近の養元に呈した苦言である。前半は、「悪口は誰でもするものだが、その方は特に好きだ。こどものようである。人の欠点を喜ぶ気持ちから言っているのだろう。今後注意せよ」と戒めている。後半では、先年、老中《ろうじゅう》（家老《かろう》）の仲は良くなければならないが、なれ合ってはかえって仇《あだ》になるので、礼儀をもって和すように、と戒めたにもかかわらず、その戒めに背き、節操のない付き合いを「和」と心得て居るではないか、と苦言を呈している。

藩政にあたる家老たちが、互いに対立していたのでは、政治は動かず、人民のためにもよくない。そのため光政は、家老たちに、忠を思い、家のためを考えるのであれば、和を大切にするようにと戒めた。しかし、和を大切にするからといって、仲良しグループではだめだ。家老の任務は、主君のため、藩のため、自分が正しいと思ったことはあくまでも主張しなければならない。和のため、自分の思うことを主張することなく、他の家老の主張に雷同《らいどう》していたのでは、家老としての存在意義がない。光政は、礼儀をもってする和と情欲の和との違いをよく識別するようにと要求したのである。

光政は折に触れて側近だけでなく家老をはじめとする家臣全体に教育的指導を行っている。その内容は、政治向きのことばかりでなく、その行跡・作法や士道のあり方にまでおよび、日記に逐一記されている。遺言でも家老の振る舞い方について説諭しており、その姿勢は終生変わらなかった。教育と政治とを一貫したものと考えていた光政ならではといえるだろう。

出　典　藤井駿ほか編『池田光政日記』国書刊行会、一九八三年

参考文献　谷口澄夫『池田光政』〈人物叢書〉吉川弘文館、一九六一年

65 三井高利

みついたかとし

一六二二―九四

江戸時代前期の豪商。伊勢松坂に生まれる。一六三五年（寛永十二）江戸の長兄の店に修業に出るが、四九年（慶安二）、商才を兄に疎《うと》まれ老母の世話の名目で松坂に帰される。松坂では金融業で成功し、多数の子供にも恵まれる。七三年（延宝元）に江戸と京都に呉服店越後屋《えちごや》を創業。現金掛け値なし、既製品販売などの新商法で大成功を収めた。両替店も営み、八七年（貞享四）には幕府呉服御用達となった。その後、大坂にも進出し富を築いた。

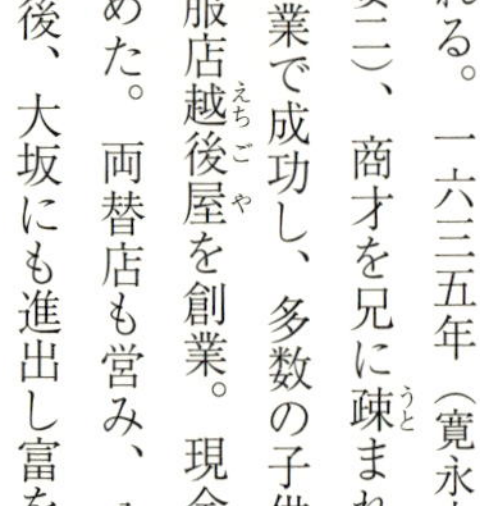

三井高利

武士の上にハ文武両道、商人之上にハ商《あきない》始末《しまつ》両道欠候てハ、鳥の翼一方無之《これなきと》同前、始終《しじゅう》立身《りっしん》不成《ならざる》由《よし》被仰《おおせられ》候事。（『商売記』）

【解説】三井家の家憲《かけん》の一つである『商売記』の一節。高利の商売の方法についての言行を、高利の三男高治《たかはる》がまとめたものである。引用箇所は、高利の「始末《しまつ》」、つまり倹約についての考え方が記されている部分で、武士が学問と武芸の両方に優れていなければならないのと同様、商人にとっては、商いと倹約は両方心掛けなければいけないもので、一方が欠けてしまうと鳥の羽が片方無いのと同じく成功は難しいと述べている。

勤《つとめ》苦労なと〻心得候ものは夥敷《おびただしき》了簡違にて候。仍之外遊芸に気を入申事《いれもうすこと》無之、一生商の道楽に思召候《おぼしめしそうろう》事。

人一生商売之外の儀たのしミ致申《いたしもうす》儀無分別成事、碁《ご》・将棋《しょうぎ》は博打《ばくち》なと勝負を楽しミ中もの人々在之、昼夜商《あきない》の道無油断工夫《ゆだんなくくふう》致候へハ、其《その》規模一日〳〵に商売の工面能成候《くめんよくなりそうろう》。是楽《これたのしみ》の第一、惣《そう》して我家職の儀を昼夜はまり候へハ、色々の妙出来、楽に成申事《なりもうすこと》に候。更に**勤《つとめ》苦労なと〻心得候ものは夥敷《おびただしき》了簡違にて候。仍之外遊芸に気を入申事《いれもうすこと》無之、一生商の道楽に思召《おぼしめし》候事。**（『商売記』）

【解説】世の中には碁や将棋、博打などの勝負事を楽しむ人もいるが、高利にとっては、一日中商売の工夫をしていると毎日毎日進歩していき、そのことが一番の楽しみであるという。一生懸命商いに努めていれば、いろいろと好いこともあり楽しくなってくる。そのため、仕事が苦しいなどと考えることは、とんでもない了簡《りょうけん》違いで、遊芸に心を奪われることなく一生商売の道を楽しむべきだと戒めている。商売に成功しながら身分不相応に豪遊して没落した紀伊国屋文左衛門《きのくにやぶんざえもん》らの豪商の末路を見ていたためか、倹約に励み、遊芸を戒めている。このような戒めが、現在まで続く三井家の成功を支えたのであろう。

出典　『三井事業史』資料編一、三井文庫、一九七三年

参考文献　中田易直『三井高利』〈人物叢書〉吉川弘文館、一九五九年

66

伊藤仁斎

いとうじんさい

一六二七—一七〇五

江戸時代前期の儒学者。朱子学《しゅしがく》を批判し、古学堀川学派《こがくほりかわがくは》の創始者となる。京都の上層の商家に生まれ、最初の妻は尾形光琳《おがたこうりん》・乾山《けんざん》兄弟の従姉。母は連歌《れんが》師《し》里村紹巴《さとむらじょうは》の孫。母方の祖母は角倉了以《すみのくらりょうい》の姪。一六六二年（寛文二）、京都堀川の生家で漢学塾古義堂《こぎどう》を始め、仕官することなく教学に努めた。門人の中には赤穂浪士《あこうろうし》の小野寺十内《おのでらじゅうない》や大石良雄《おおいしよしたか》もいたという。塾は長男東涯《とうがい》以下子孫が代々継承し、明治時代後期まで存続した。著作に『三書古義』『語《ご》孟字義《もうじぎ》』『童子問《どうじもん》』などがある。

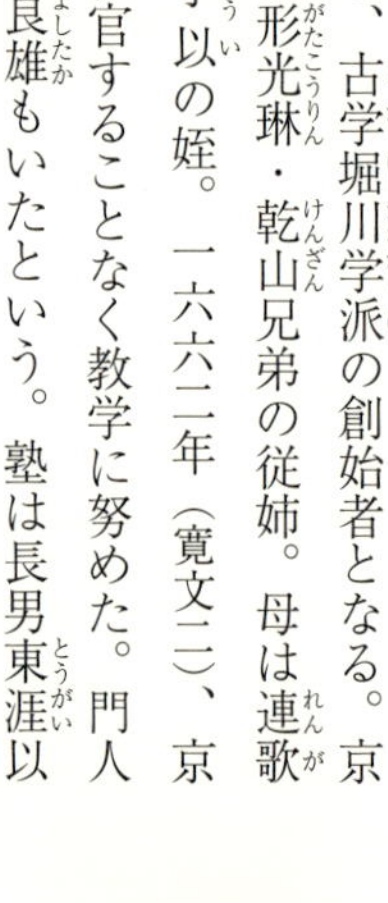
伊藤仁斎

これを罰して人をして悪を懲《こ》りしむるは、これを賞《しょう》して人をして能《よ》く善に勧《すす》めしむるに若《し》かず。

これを罰して人をして悪を懲《こ》りしむるは、これを賞《しょう》して人をして能《よ》く善に勧《すす》めしむるに若《し》かず。これを威《い》して人をして刑《けい》を畏《おそ》れしむるは、これを恩《おん》して人をして能く徳に懐《なつ》かしむるに若かず。これを悪《にく》んで人をして悪《あく》に遠《とお》ざからしむるは、これを愛《あい》して人をして能く心に感ぜしむるに若かず。孟子《もうし》曰く、「中《ちゅう》（忠）や不中《ふちゅう》（不忠）を養い、才《さい》や不才《ふさい》を養う。故《ゆえ》に人、賢父兄《けんふけい》有るを楽しむなり。もし中や不中を棄《す》て、才や不才を棄てば、すなわち賢《けん》不《ふ》肖《しょう》の相去《あいさ》ること、その間《かん》、寸《すん》をもってすることあたわず」。世　兄賢《あにけん》にして弟《おとうと》不《ふ》肖《しょう》、これを悪《にく》むこと過ぎて甚《はなは》だしく、かえってその悪を激《げき》し成す者有り。あに孟子のいわゆる「賢不肖の相去ること、寸をもってすることあたわざる」者にあらずや。故に不肖の子弟《してい》を養う者は、善《よ》く処《しょ》するをもって要《よう》とし、善く処するは能く愛《あい》するをもって本《もと》とす。これ、これを得たりとす。（『古学先生文集《こがくせんせいぶんしゅう》』巻之五）

【解説】『古学先生文集』巻之五「同志会筆記《どうしかいひっき》」に見える言葉である。罰することによって人に悪をなさせないようにするよりは、賞することによって善をなすようにした方がよい、ということである。仁斎は、『古学先生文集』巻二に、「それ性とは、天のわれに命ずるところ、善にして悪無き者なり」というように性善説《せいぜんせつ》をとっており、ここでも同様のことを述べている。

文中の孟子の言葉は、少し難解な部分もあるが、「忠義のある者とない者、才能のある者とない者、これらすべての者を養うから、賢父兄があるのを楽しむことができるので、それらを選んで棄てたとすれば、忠不忠、才不才の区別がなくなる」といった意味であろう。不肖の者を憎んで厳しくすれば、その悪がかえってひどくなることもある。だから、不肖の子弟であっても、やさしく処遇することが大切であり、やさしく処遇するというのはよく愛することが根本となるということである。たしかに、短所ばかりを叱るよりも、愛情をもって接し、長所を褒めるようにした方が、子弟の教育には益があるであろう。ただ、叱るべきところは叱らないと、駄目になる者もいるので、注意が必要である。

出典　清水茂ほか校注『伊藤仁斎・伊藤東涯』〈日本思想大系〉岩波書店、一九七一年

参考文献　石田一良『伊藤仁斎』〈人物叢書〉吉川弘文館、一九六〇年

67 貝原益軒

かいばらえきけん

一六三〇—一七一四

江戸時代前期の儒学者。本草家《ほんぞうか》。名は篤信《あつのぶ》。益軒は晩年の号。福岡藩士。一六四八年（慶安元）より二代藩主黒田忠之《くろだただゆき》の御納戸御召料方《おなんどおめしりょうかた》として仕えるが、二年後怒りに触れ、その後七年間浪人生活を送る。五六年（明暦二）に三代光之《みつゆき》に召し出され、七年間藩費で京都留学する。その後、藩命により『黒田家譜《くろだかふ》』『筑前国続風土記《ちくぜんのくにぞくふどき》』を編纂する。著作は多分野に渡り、代表的なものとして、本草学の分野では『大和本草《やまとほんぞう》』、教訓書では『養生訓《ようじょうくん》』『和《わ》俗童子訓《ぞくどうじくん》』がある。また、多くの紀行文も著した。

貝原益軒

養生《ようじょう》の害二あり。元気をへらす一なり。元気を滞《とどこお》らしむる二なり。飲食色欲労働を過《すご》せば元気やぶれてへる。飲食安逸《あんいつ》睡眠を過せば滞りてふさがる。耗《へ》ると滞ると皆元気をそこなふ。（『養生訓』）

【解説】「養生」とは健康のことで、健康に害になることが二つあるという。第一は元気を減らすこと、第二は元気を滞《とどこお》らせることである。飲食、色欲、仕事などに過ぎると、元気が減り、健康に害がある。逆に、飲食、安逸《あんいつ》、睡眠も、過ぎると元気が滞って健康に害がある。何にしても、過ぎるのはよくないという教えである。

およそ人の楽むべき事三あり。一には、身に道《みち》を行ひ、ひが事なくして善を楽《たのし》むにあり。二には、身に病なくして快《こころよ》く楽むにあり。三には、命ながくして久しく楽むにあり。富貴《ふうき》にしても、此《こ》の三の楽なければ真《まこと》の楽なし。故《ゆえ》に富貴は此の三楽の内にあらず。もし心に善を楽まず、又養生《ようじょう》の道を知らずして身に病多く、其《その》はては短命なる人は、此の三楽を得ず。人となりて此の三楽を得る計《はかりごと》なくんばあるべからず。此の三楽なくんば、いかなる大富貴をきはむとも益なかるべし。（『養生訓』）

【解説】人が楽しむべきことは、善行を積むこと、健康であること、長命であることの三つであるという教えである。益軒によれば、「富貴」はこの三楽のうちには入らないという。善を行うことを楽しまず、健康になるべき道を知らないで病気がちで短命な人は、この三楽を身につけるべきだとしている。

現代人には、わかりやすい教えであり、近代になっても益軒の『養生訓』は重宝された。富貴が三楽の一つではないというのは卓見《たつけん》と言うべきだが、戦いに明け暮れ、つねに死を覚悟していた武士階層の者のなかから「養生」を説く者が出たことこそに時代の変化を感じ取るべきであろう。

出典　『貝原益軒集・平賀源内集』〈大日本思想全集〉大日本思想全集刊行会、一九三一年

参考文献　井上忠『貝原益軒』〈人物叢書〉吉川弘文館、一九六三年

68 大道寺友山

だいどうじゆうざん

一六三九—一七三〇

江戸時代中期の軍学者。祖父は徳川秀忠《ひでただ》の小姓《こしょう》。父は松平忠輝《まつだいらただてる》に仕えた。京都伏見《ふしみ》に生まれ、江戸に出て小幡景憲《おばたかげのり》・北条氏長《ほうじょううじなが》・遠山信景《とおやまのぶかげ》に軍学を学ぶ。一六九一年（元禄四）から会津藩松平正容《まさかた》に仕えたが、一七〇〇年に落ち度があったことを理由に追放される。一七一四年（正徳四）からは、福井藩松平吉邦《よしくに》に仕えたが、その後も諸侯の求めに応じて軍学の講義に出掛けていたという。

我女房《われにょうぼう》と定《さだ》め、奥様かみさまと人にも言わせて差置《さしおく》ものへ対し、高声をあげ種々の悪口雑言《あくこうぞうごん》に及ぶと有るは、市町の裏屋せどやなどに住居仕る日用山ごしの風情のもの、義は格別、既《すで》に一騎役を勤めべきと有《ある》武士の所行《しょぎょう》には決して有《ある》まじき儀なり。況《いわん》や腰刀などを以《もっ》てひねくり廻《まわ》し、或《あるい》はにぎりこぶしの一つもあて候《そうろう》ごとくの義は、言語道断《ごんごどうだん》の不届《ふとどき》にて、是皆臆病《これみなおくびょう》武士の仕業《しわざ》也。（『武道初心集』）

【解説】大道寺友山が著した武士道書『武道初心集』の一節。引用箇所では、武士の妻に対する正しい態度を説いている。

友山は、「自らが妻とし、『奥様』『上様』と人にも言わせている者に対して、大声をあげたりさまざまな悪口雑言に及ぶのは、市や町場の裏屋や粗末な家に住んでいる日雇いの者や田舎から出てきたような身分の低い者ならともかく、騎馬役を勤めるような身分の武士としては、決してあってはならないことだ」と述べている。なぜ、妻に手をあげることが「言語道断の不届」かと言えば、武士の妻は武士の子女であり、人の妻となるような年齢の者がもし男ならば、人に打たれるような屈辱を耐えることはできない。しかし、かよわい女の身だから、堪え忍ぶのである。手向かいできない相手と見て理不尽な仕打ちをするのは卑怯《ひきょう》であり、猛《たけ》き武士のすることではない、というのである。したがって武士は、妻に落ち度があったとしても、わかりやすく道理を説明して納得させ、少々のことなら許すべきであった。

「武士たらんものは、正月元日の朝雑煮《ぞうに》の餅《もち》を祝《いわ》ふとて箸《はし》を取初むるより、其年の大晦日《おおみそか》の夕に至る迄《まで》、日々夜々死を心にあつるを以て本意の第一とは仕《つかまつ》るにて候《そうろう》」と日々の心掛けを説くこの書を、信州松代《まつしろ》藩家老の恩田杢《おんだもく》は高く評価し、松代で出版して武士子弟の家庭教育の教材とした。命がけで藩政改革にあたった恩田にも、この書物の精神が流れていたことであろう。

出典　古川哲史校訂『武道初心集』岩波文庫、一九四三年

69 井原西鶴

いはらさいかく

一六四二—九三

江戸時代前期の談林《だんりん》派《は》俳諧師《はいかいし》。浮世草子《うきよぞうし》作者。一六六二年（寛文二）俳諧の点者《てんじゃ》として独立する。その後矢数《やかず》俳諧で名を馳せる。八二年（天和二）に『好色一代男』を執筆したのを皮切りに、浮世草子を次々に発表する。代表的な著作に、好色物に『好色五人女』『好色一代女』、武家物に『武道伝来記』『武家義理物語』、町人物では『世間胸算用《せけんむねざんよう》』『西鶴織留《さいかくおりどめ》』、雑話物に『西鶴諸国はなし』などがある。

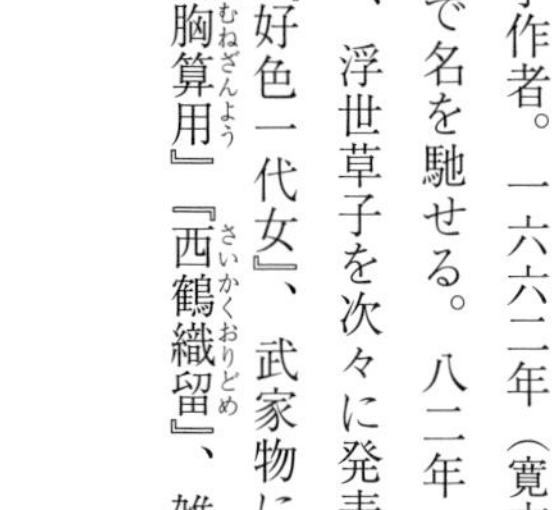

井原西鶴

世《よ》の風義《ふうぎ》をみるに、手前《てまえ》よき人、表《おもて》むきかるう見せるは稀《まれ》なり。分際《ぶんざい》より万事《ばんじ》を花麗《かれい》にするを近年《きんねん》の人心、よろしからず。

世《よ》の風義《ふうぎ》をみるに、手前《てまえ》よき人、表《おもて》むきかるう見せるは稀《まれ》なり。分際《ぶんざい》より万事《ばんじ》を花麗《かれい》にするを近年《きんねん》の人心、よろしからず。娌取《よめとり》時分《じぶん》のむす子ある人は、まだしき屋普請《やぶしん》・部屋づくりして諸道具《しょどうぐ》の拵《こしらえ》、下人・下女《げじょ》を置添《おきそへ》て富貴《ふうき》に見せかけ、娌《よめ》の敷銀《しきぎん》を望み、商の手だてにする事、心根《ね》の耻《はずか》しき。世の外聞《がいぶん》ばかりに、をくりむかひの駕籠《のりもの》・一門縁者《もんえんじゃ》の奢《おごり》くらべ、無用の物入《ものいり》かさなりて、程《ほど》なく穴《あな》のあく屋ねをも葺《ふか》ず、家《いえ》の破滅《はめつ》とはなれり。

（『日本永代蔵』巻一）

【解説】西鶴の生きた元禄《げんろく》時代には、世の中が次第に派手になる。町人の結婚には、相手を紹介する仲人が実質的な働きをなしたが、持参金の十分の一は仲人の取り分となったため、結婚する者たちのことを考えず、利欲のために嘘でもつくようになった。この文章は、そういう世の中の風潮を述べた文章に続くもので、当時の風潮は、財産のある人が、表向きを軽く見せるのは稀だった。以下、文意は、「自分の家産に応じた格式ではなく、それよりも万事華麗にするのを面子《めんつ》のように考えている人の心はよくない。嫁取りをする年齢の息子がある人は、まだする必要のない屋敷の建て替えをし、若夫婦のための部屋を作り、家具などを揃え、下男・下女を置いて富貴に見せかけた。これは、ただ見せかけで、本心は嫁の持参金をあてにし商売に利用しようという卑しい心根の者が多い。また、世間への外聞のため、送り迎えに引き戸のある上製の駕籠《かご》を使ったり、一門縁者が祝儀や振る舞いに奢《おご》り比べをするなど、無用の出費が重なって、ほどなく屋根に穴があいても葺き直すことができず、家の破滅となることがある」ということである。

商売をする者は、倹約を第一にし、無駄な出費を省き、分限に応じた暮らしをすることこそが成功への道だという西鶴の考えがよくわかる。逆に言えば、この時代は成功者が続出した時代であり、妻や娘に引き戸つきの駕籠を用意したりして、武士以上に奢った生活をしていたのである。そうした外聞も、ある程度まではその者の信用を増し、意味があったのかもしれない。しかし、見栄は際限のないものであるから、商売が下り坂になってもなお贅沢《ぜいたく》な生活から離れられず、没落していったのであろう。

出典　野間光辰校注『西鶴集』下〈日本古典文学大系〉岩波書店、一九六〇年

参考文献　森銑三『井原西鶴』〈人物叢書〉吉川弘文館、一九六〇年

70 近松門左衛門

ちかまつもんざえもん

一六五三—一七二四

江戸時代の浄瑠璃《じょうるり》・歌舞伎狂言《かぶききょうげん》作者。越前国吉江藩士杉森信義《すぎもりのぶよし》の次男で本名は信盛《のぶもり》。父が浪人したため、京都に出て一時期後水尾《ごみずのお》天皇の弟一条昭良《いちじょうあきよし》に仕えた。一六八三年（天和三）に宇治加賀掾《うじかがのじょう》に書いた『世継曽我《よつぎそが》』で作者として名を知られるようになる。また、歌舞伎役者坂田藤十郎《さかたとうじゅうろう》のために九九年（元禄十二）に『傾城仏《けいせいほとけ》の原《はら》』、一七〇二年に『傾城壬生大念仏《けいせいみぶだいねんぶつ》』を書いた。〇三年、竹本義太夫《たけもとぎだゆう》に書いた最初の世話浄瑠璃『曽根崎心中《そねざきしんじゅう》』が大成功を収め、竹本座の座付き作家となる。そこから多くの作品が誕生した。

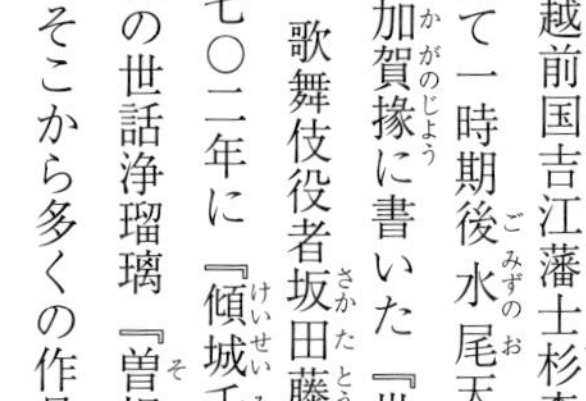

近松門左衛門

されば地文句《じもんく》せりふ事はいふに及《およ》ばず、道行《みちゆき》なんどの風景《ふうけい》をのぶる文句も、情《じょう》をこむるを肝要《かんよう》とせざれば、かならず感心のうすきもの也。

某《それがし》わかき時、大内《おおうち》（内裏《だいり》）の草紙《そうし》を見侍《みはんべ》る中《なか》に、節会《せちえ》の折《おり》ふし雪いたうふりつもりけるに、衛士《えじ》にあふせて橘《たちばな》の雪はらはせられければ、傍《かたえ》なる松の枝もたはゝなるが、うらめしげにはね返りて、とかけり。是心《これこころ》なき草木《そうもく》を開眼《かいげん》したる筆勢《ひっせい》也。その故《ゆえ》は、橘の雪をはらはせらるゝを、松がうらやみて、おのれと枝をはねかへして、たはゝなる雪を刎《はね》おとして恨たるけしき、さながら活《いき》て働《はたら》く心地《ここち》ならずや。是を手本《てほん》として我浄《わがじょう》るりの精《しょ》神《うね》をいるゝ事を悟《さと》れり。**されば地文句《じもんく》せりふ事はいふに及《およ》ばず、道行《みちゆき》なんどの風景《ふうけい》をのぶる文句も、情《じょう》をこむるを肝要《かんよう》とせざれば、かならず感心のうすきもの也。**詩人《しじん》の興象《きょうしょう》といへるも同事《どうじ》にて、たとへば松島宮島《まつしまみやしま》の絶《ぜつ》景《けい》を詩《し》に賦《ふ》しても、打詠《うちながめ》て賞《しょう》するの情《じょう》をもたずしては、いたづらに画《えが》ける美女《びじょ》を見る如《ごと》くならん。この故に、文句は情をもとゝすと心得《こころう》べし。（穂積以貫『難波土産《なにわみやげ》』発端抄）

【解説】 近松門左衛門は、若い頃、内裏の草紙（『源氏物語』をさす）を読んだとき、節会《せちえ》の際、雪がたいへん降り積もり、衛士《えじ》に命じて橘《たちばな》の木の雪を払わせたところ、隣にあった松の木にも雪が降り積もっていたが、その松が恨めしげに跳ね返っ（て雪を落とし）たと書いていた。心のない草木を擬人化した書き方であった。松の木が、橘の木の雪を払われていることをうらやみ、自分で枝を跳ね返して、降り積もった雪を跳ね落として恨みの心をあらわしたという様子が、目に浮かぶように書かれている、と感心した。

近松は、この文章を手本として、自分の浄瑠璃《じょうるり》の脚本に応用した。つまり、地《じ》の文やせりふは言うに及ばず、道行《みちゆき》きなどの風景を述べる文章にも、情を込めて書かなければ、感動を呼ぶことはできない、と考えて、精魂込めて書いたのである。なるほど、近松の『曽根崎心中《そねざきしんじゅう》』死出の道行きの、「此の世の名残《なごり》、夜も名残、死に、行く身を譬《たと》ふれば、あだしが原《はら》の道の霜《しも》。一足づゝに消えて行く、夢の夢こそあはれなり」という儒学者荻生徂徠《おぎゅうそらい》までが感動したという文章の迫力に納得がいく。近松は「文章は情をもとゝす」と結んでいるが、絵画でも文章でも、自分の感情が込もらなくては、人の感動を呼ぶことはできない。

出　典　守随憲治ほか校注『近松浄瑠璃集』下〈日本古典文学大系〉岩波書店、一九五九年

参考文献　河竹繁俊『近松門左衛門』〈人物叢書〉吉川弘文館、一九五八年

71 新井白石

あらいはくせき

一六五七—一七二五

江戸時代中期の儒学者。はじめ父とともに上総国《かずさのくに》久留里《くるり》の土屋《つちや》家に仕えたが、御家騒動に巻き込まれ、一六七七年（延宝五）に土屋家を追われ他家への奉公も禁じられる。その後、土屋家が断絶したため、八二年（天和二）に大老《たいろう》堀田正俊《ほったまさとし》に仕える。八六年（貞享三）木下順庵《きのしたじゅんあん》に入門。九一年（元禄四）に再び浪人となるが、九三年に順庵の推薦で甲府綱豊《こうふつなとよ》（徳川家宣《いえのぶ》）の侍講《じこう》となる。一七〇九年（宝永六）に家宣が六代将軍となると幕政に携わり、続いて七代家継《いえつぐ》にも仕え、その政治は「正徳《しょうとく》の治《ち》」と呼ばれた。

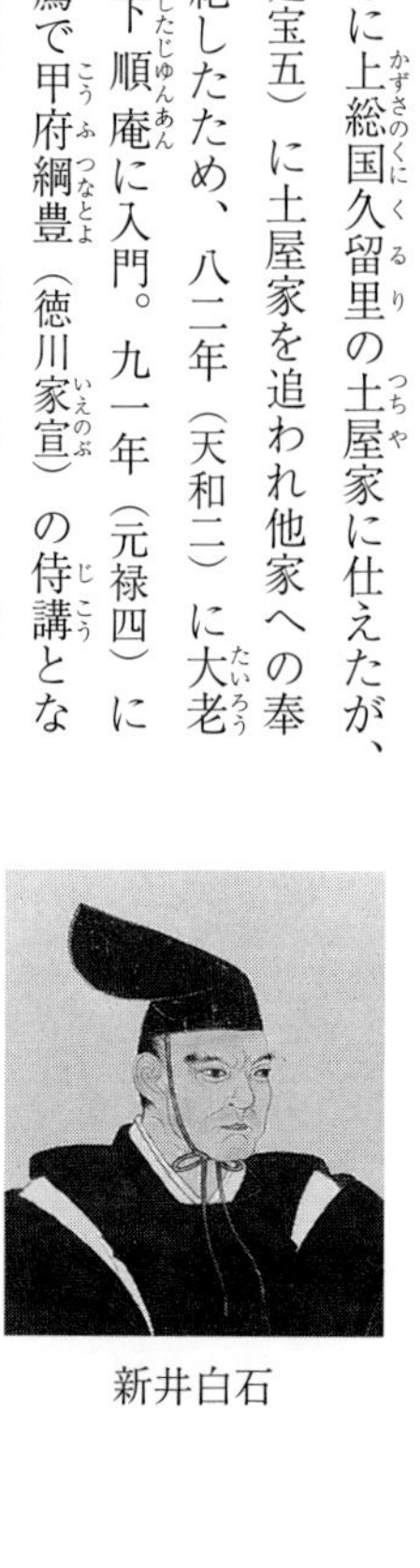

新井白石

我今、身まづしく窮《きわま》りたれば、人しれるものにもあらず。此《この》身のまゝにて、そこの亡兄のあとをうけつぎなむには、その疵《きず》なほ小《すこ》しきなるべし。もしのたまふ所のごとく、世にしらるべきほどの儒生《じゅせい》ともなりなんには、その疵は殊《こと》に大《おおき》にこそなりぬべけれ。三千両の黄金をすてて、大疵あらむ儒生なしたてられん事は、謀《はかりごと》を得《え》給《たま》ひたりともいふべからず。たとひさしきる所の小しき也とも、我もまた疵かうぶらむ事をねがはず。（『折《おり》たく柴《しば》の記《き》』）

【解説】新井白石が、土屋家を追われ浪人していた時期、豪商河村瑞賢《かわむらずいけん》の孫娘との縁談を断った有名な逸話の一節である。瑞賢は、ゆくゆくは「天下の大儒《たいじゅ》」となるであろう白石の才能を見抜き、学友である息子を通して孫娘（学友であった息子の亡兄の娘）との縁組を申し込んだ。条件は、「黄金三千両にもとめ得し宅地をもて学問の料」として学問を続けられるようにするということであった。しかし、白石は感謝しながらも、昔知人から聞いたという傷ついた蛇の話になぞらえて、この申し出を断った。

小さな蛇に短刀で傷を付けると、そのときは小さな疵だが、大蛇に成長するとその傷はともに大きくなる。つまり、白石が無名で貧しい今、豪商と縁を結んで学問を修めるのに良い環境に入ることは、小さな疵に過ぎないが、白石が名を挙げたとき、妻の財産があったからこその出世だと譏《そし》られることになり、大きな疵となる。瑞賢にとっても大きな疵のある儒学者を仕立ててしまうことは好くないことであるし、自分にとっても汚名は何としても避けたいというのである。

白石に、儒学へ潔癖なまでの純粋な思いがあったのは確かであるが、一面で商人を卑しいと見る考え方もあったことがうかがえる。

出　典　松村明校注『折たく柴の記』岩波文庫、一九九九年

参考文献　宮崎道生『新井白石』〈人物叢書〉吉川弘文館、一九八九年

72 室　鳩巣

むろきゅうそう

一六五八—一七三四

江戸時代中期の儒学者。諱《いみな》は直清《なおきよ》。鳩巣は号《ごう》。江戸谷中《やなか》村の医者の子として生まれる。一六七二年（寛文十二）に十五歳で加賀藩《かがはん》に出仕し、同年から藩命により京都の木下順庵《きのしたじゅんあん》に入門する。一七一一年（正徳元）から、同門の新井白石の推薦により幕府に仕える。その後、八代将軍徳川吉宗《よしむね》の侍講《じこう》もつとめた。主な著作に『赤穂義人録《あこうぎじんろく》』『鳩巣文章』『献可録《けんかろく》』『鳩巣小説』『兼山《けんざん》麗澤秘策《れいたくひさく》』などがある。

室　鳩巣

人を治《おさ》むるは、よろしく寛なるべし。己《おのれ》を治むるに至つては、厳なるを貴《とうと》ぶ。

僕聞く、学者の己《おのれ》を治《おさ》むるは、良将の兵を治むるが如《ごと》しと。それ兵を治むると、国を治むるとは、同じからず。国を治むるは、よろしく寛にすべし。兵を治むるに至つては、厳なるを貴《とうと》ぶ。己を治むると、人を治むるとは、同じからず。**人を治むるは、よろしく寛なるべし。己を治むるに至つては、厳なるを貴ぶ。**誠におもふに、国と兵とは、治乱体《てい》を殊《こと》にし、人と己とは、緩急よろしきを異にす。以《もつ》てこれを易《か》ふるあれば、則《すなわ》ち乱る。故《ゆえ》に兵を治むること厳ならざれば、則ち将卒惰《おこた》つて敵これに乗《じょう》ず。己を治むること厳ならざれば、則ち志気《しき》怠《おこた》つて邪これに入る。（「奥村伯亮に答ふる書」）

【解説】室鳩巣が奥村伯亮に送った手紙の一節。学者が、自己の研鑽《けんさん》を積む態度を述べたものである。学者が自己を治めるのは、良将が兵を統率するようなものだという。つまり、兵は厳しく統率しないと備えを怠り、敵に付け入る隙を与え、学者も自己を厳しく律することがないと志気が劣り、邪心が芽生えてくる、ということである。鳩巣の場合、それを国や人を治めることと対比して述べている。国を治めるときは、兵を治めるのとは違い、寛にするのがよく、それを間違えると国が乱れる。同様に人に対するとき寛大にし、自分を律するときは厳格にすべきことを述べている。

出　典　荒木見悟ほか校注『貝原益軒・室鳩巣』〈日本思想大系〉岩波書店、一九七〇年

学問の世に益ありと申すは、士の風義《ふうぎ》も改まり、末々の者もこれを見ならひ、風俗をかへ申す程になり、世上《せじょう》をのづからおさまりて、行跡《ぎょうせき》悪き者も少なくなるをもて、御政治の補益《ほえき》とはなり侍《はべ》る。（「有徳院殿御実紀」附録巻十一）

【解説】室鳩巣の学問奨励建議書の一節である。江戸時代初期、武士は必ずしも学問が必要とは考えられていなかった。そのため鳩巣は、儒学が「御政治の補益《ほえき》」になるという論理で、旗本層《はたもと》への学問奨励を行うよう八代将軍吉宗に建議したのである。こうした鳩巣の主張は、次第に幕府や藩の教学関係者の共通の認識になり、政治の実際を担う武士が修めるべき教養となる。武士の学問観の変化を促す議論として興味深い。

出　典　『徳川実紀』第九篇〈新訂増補国史大系〉吉川弘文館、一九三三年

参考文献　橋本昭彦『江戸幕府試験制度史の研究』風間書房、一九九三年

73 荻生徂徠
おぎゅうそらい

一六六六―一七二八

江戸時代中期の儒学者。館林《たてばやし》藩主徳川綱吉《つなよし》（のちの五代将軍）の侍医《じい》荻生方庵《ほうあん》の子。一六七九年（延宝七）父が江戸払いに処され、九〇年（元禄三）に許されるまで、不遇の日々を送る。九六年より柳沢保明《やなぎさわやすあきら》（のち吉保《よしやす》）に仕え、将軍綱吉にも儒学の講義をするようになる。綱吉が没した一七〇九年（宝永六）より日本橋茅場町《かやばちょう》で塾を開く。その後、八代将軍徳川吉宗《よしむね》より幕府の儒学者に登用する内命があったが辞退した。代表的著作に『弁道《べんどう》』『弁名《べんめい》』『論語徴《ろんごちょう》』『太平策《たいへいさく》』などがある。

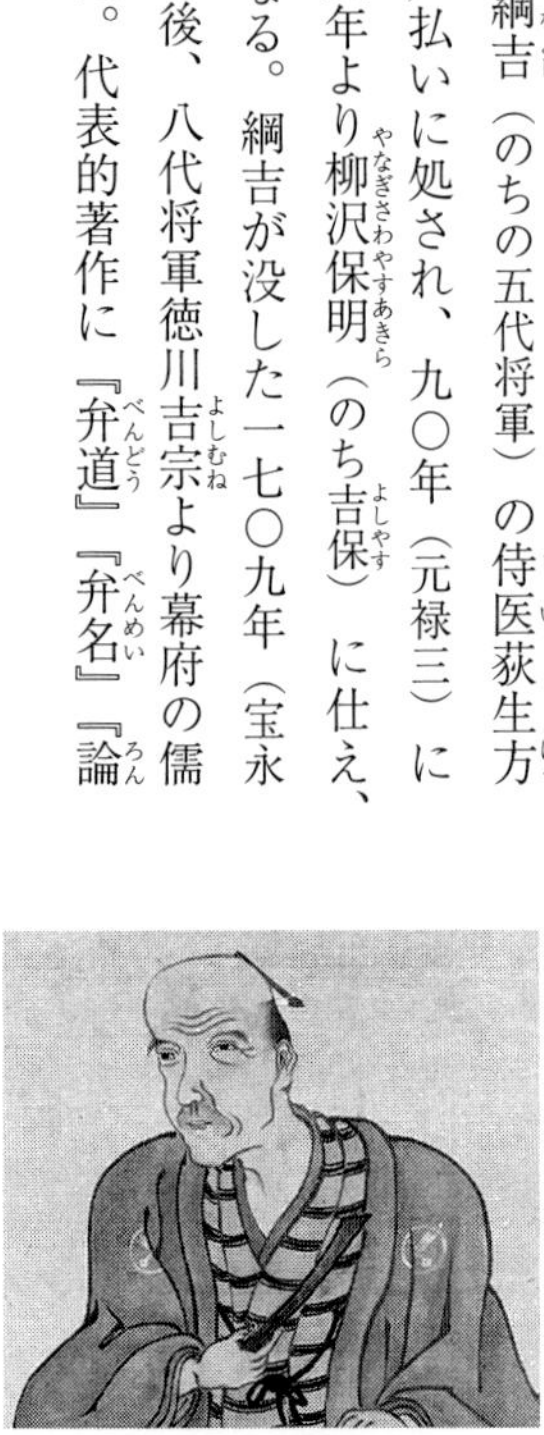
荻生徂徠

御老中《ごろうじゅう》・番頭《ばんがしら》以上の人は、ただ人を取り出すを我が第一の職と心得て、さようの人を取り出す事を昼夜に心がくべき事也。

御老中《ごろうじゅう》・番頭《ばんがしら》以上の人は、ただ人を取り出すを我が第一の職と心得て、さようの人を取り出す事を昼夜に心がくべき事也。……人を取り出したしという心なき事は、学問もなく、下の情、事のすべにうとく、生れながらの上人なる故《ゆえ》、覚えず手前の才智をじまんの下心ありて、ただわが心の如《ごと》き人をほしきとばかり思いて、手前の才智にて事足ると思うより、人のほしき真実の意はおこらぬ也。（『政談《せいだん》』巻之三）

【解説】『政談』は、徂徠が徳川吉宗の諮問《しもん》に答え、幕府政治の改革案を記したもので、全四巻から成る。巻之四の末尾には、幕府政治について意見を具申するものであるため、弟子に代筆させることなく徂徠が自ら「老眼・悪筆」で認《したた》めたので、将軍の上覧の後は焼却して欲しい、とある。徂徠は、一七二七年（享保十二）に、吉宗に拝謁《はいえつ》していることから、この前後の時期に献呈されたと考えられている。

引用部分は、巻之三の一節。老中以下番頭《ばんがしら》以上の幕閣上層部の職分として、人材を見出すことが第一であると述べている。その理由は、人材を発掘しようという考えがないのは、まず、学問が無く、下々の事情をはじめすべてのことがらに疎いからだと厳しく批判する。そして、生まれながらにして人の上に立っている者は、どうしても自分の才知に誇るところがあり、自分と同等の者が欲しいとばかり考え、自分の才知だけで事足りると思っているから、本当に人材が欲しいという気持ちが湧いてこないのだ、という。いくら才能のある者でもすべてを自分で行うには限界があり、また幼い頃から家臣にかしずかれ褒められて育ってきた身分の高い武士には、自分の才知の程度を正しく認識していない者もある。そのため徂徠は、有能な人材を登用することこそ上の者の役目だと強調したのである。

出典　辻達也校注『政談』岩波文庫、一九八七年

参考文献　野口武彦『荻生徂徠』中公新書、一九九三年／辻達也ほか校注『荻生徂徠』〈日本思想大系〉岩波書店、一九七三年／尾藤正英編『日本の名著　荻生徂徠』中央公論社、一九七四年

74 近衛家熙

このえいえひろ

一六六七―一七三六

江戸時代中期の公家。一六七三年（延宝元）元服し、一六七六年従三位となり公卿《くぎょう》に列す。以後累進し、一七〇七年（宝永四）に関白《かんぱく》、一七一〇年には太政大臣《だじょうだいじん》に昇る。一七二五年（享保十）落飾《らくしょく》し、予楽院真覚虚舟《よらくいんしんかくきょしゅう》と号す。常修院《じょうしゅういん》慈胤《じいん》法親王（後水尾《ごみずのお》天皇皇子）に学び一大家となった茶の湯をはじめ、少年期より入木道《じゅぼくどう》（書道）に秀でるなど多才であり、致仕《ちし》の後も『唐六《とうりく》典《てん》』を研究・校訂して礼典を明らめんとするなど、真摯《しんし》な学問人であった。

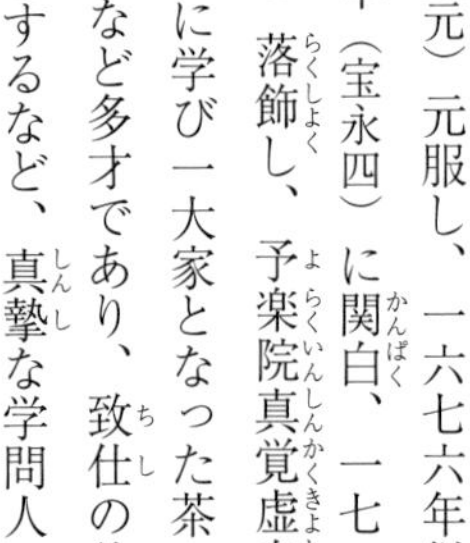

近衛家熙

凡《およ》ソ一芸ニ長スルモノ、其極ヲ極《きわ》ムレハ、他ニモ自《おのずか》ラ通用セスト云コトナシ。

凡《およ》ソ一芸ニ長スルモノ、其極ヲ極《きわ》ムレハ、他ニモ自《おのずか》ラ通用セスト云コトナシ。難波《なんば》故中納言ナド、蹴鞠《けまり》ニ其極ヲキハメタルモノト可謂《いうべし》。……或時《あるとき》　法皇、御庭ノ池水《ちすい》ニ、舟ヲ浮ベラレシニ、御前ニモ御側ニ伺候《しこう》アリシニ、舟ノトモニ、愛宕《おたぎ》故宰相ト、難波中納言ト、奉行《ぶぎょう》シテ座セシニ、若キ殿上人《てんじょうびと》ノ無功ニ、漫《みだり》ニ棹《さお》サシタルカ、島ノ嵒角《いわかど》ニ当《あたり》テ、御舟動揺ス。主上《しゅじょう》ニモ、御前ニモ、反覆《はんぷく》ナサレシカハ、マシテ後ニ伺候ノ宰相ト中納言ハ、念ナク池中ニ落タリト見エシカ、難波ハ本《もと》ノ如《ごと》ク端座《たんざ》ス、愛宕ハ全ク堕落シテ、狩衣《かりぎぬ》モ下着モ、水ヒタシ、泥ダラケニナリシカハ、笑止《しょうし》ノ中、大笑イニナリテ、興セラレシ中ニ、難波ハ仕合《しあわせ》ナリト詔アリテ、人々怪我《けが》ハナキカト、打ヨリテ見シニ、難波狩衣ノクヒスヂヨリ、腰帯ノ辺迄《まで》、水ニ濡レタルヲ見テ、扠《さて》ハ落ラレタルニハ究タレトモ、ハネ返シテ座セラレタルコソ奇特《きどく》ナレト、御褒美《ほうび》アリシカハ、難波申サレケルハ、凡《およ》ソ何ク何方ニテモアレ、ワツカニ足ノ拇指ノカ、ランホトハ、怪我ハ致サシト申サレタリ。芸モアレホトニ熟シテハ、一筋ニヌケテ百筋ニモ、ソノ筋ニハ通用スルナリト仰セラル。（『槐記《かいき》』享保九年六月二十四日条）

【解説】『槐記』は、京の医師山科道安《やましなどうあん》が、家熙のもとに参候した折に聞き及んださまざまな随想や口伝《くでん》を筆録した、日記形式の記録。茶の湯や香などの芸能論や有職故実《ゆうそくこじつ》など、博学多識な家熙による蘊蓄《うんちく》が、種々のエピソードを交えて書き留められている。

引用は、蹴鞠《けまり》の名人であった難波宗量《なんばむねかず》が、霊元《れいげん》法皇の御所で催された舟遊びの際、鞠の修練で鍛えられた親指の力と体のバネにより、衣を濡らしながらも、大きく動揺した舟から落下せずにすんだというエピソード。ある物事の真髄・真理を極めれば、それはさまざまな場面で応用・活用することができるのだ、という家熙の主張は、芸道論にとどまらず、人生論・人間論にも敷衍《ふえん》できる含蓄《がんちく》あるものである。

出　典　黒川真頼ほか校閲『槐記』〈史料大観〉哲学書院、一九〇〇年

参考文献　佐伯大太郎「予楽院家熙公小伝」『槐記注釈』上、立命館出版部、一九三七年／芳賀幸四郎「仁清の芸術と『槐記』の世界」『日本歴史』一五六号、一九六一年

75 雨森芳洲

あめのもりほうしゅう

一六六八—一七五五

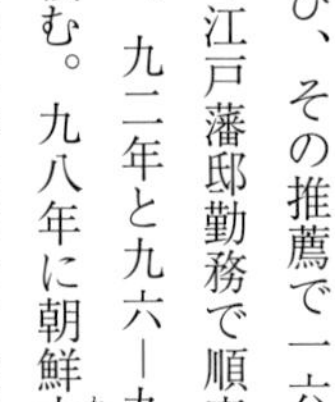

雨森芳洲

江戸時代中期の儒学者。木下順庵《きのしたじゅんあん》に学び、その推薦で一六八九年（元禄二）より対馬《つしま》藩に仕える。はじめは対馬藩の江戸藩邸勤務で順庵門下で学問を続けていたが、九三年に対馬に赴任した。九二年と九六—九八年の二度にわたって、長崎に留学し中国語の研鑽《けんさん》を積む。九八年に朝鮮方佐役《かたすけやく》に就任、二二年間勤めることになる。その間、一七〇二年に初めて使者として釜山《プサン》にわたり、朝鮮語の必要性を痛感。翌年より足かけ三年釜山倭館《わかん》に滞在し朝鮮語を習得、二ヵ国語を駆使して対朝鮮外交に活躍した。

日本と朝鮮とハ諸事風義《ふうぎ》違ひ嗜好《しこう》も夫《それ》ニ応じ違ひ候故《そうろうゆえ》、左様之所《さようのところ》ニ勘弁無之《かんべんこれなく》、日本之風義を以朝鮮人へ交候而《まじわりそうろうて》ハ事ニより喰違《くいちがい》候事多ク有之候。（『交隣提醒《こうりんていせい》』）

【解説】雨森芳洲が六十一歳のとき著した、朝鮮外交への心得の書『交隣提醒』の一節。日本と朝鮮とでは諸事にわたって風俗習慣が異なり、それにしたがって嗜好《しこう》も異なる。そこを理解せずに日本の感覚で朝鮮人と付き合えば食い違う点も出てくると述べられている。

この文章に続けて、芳洲はいくつかの具体例を挙げているので、そのなかから二つほど紹介しよう。日本では高位の者の駕籠《かご》かきは寒中でも尻をまくり、鑓持《やりもち》・挟箱持《はさみばこもち》は髭《ひげ》を書き、足拍子《あしびょうし》をとることについて、朝鮮人にも立派に見えていると考えられている。しかし、実際は尻をまくるのは無礼《ぶれい》であるし、髭を書くのは異《い》形《ぎょう》なこと、足拍子は疲れるだけのつまらないことだと、内心笑われている。一方朝鮮人は身内の葬式で大声で泣くことを日本人は感心するだろうと思っているが、日本人はあざけっている。つまり芳洲は、文化は相対的なものであり、それを理解しないことから食い違いも生ずると冷徹に述べているのである。

此外《このほか》、銘々《めいめい》の国風よろしきと存候《ぞんじそうろう》ハ華夷《かい》目前之事ニ候《そうら》へとも、朝鮮人ハ日本人と言葉之上ニても相争《あいあらそい》不申様《もうさざるよう》ニいたし候を主意と立居申候故、毎度其国之事を謙遜《けんそん》いたし候所ニ、日本人ハ却而《かえって》我国の事を常に自慢のミいたし、酒之一事ニても、日本の酒は三国一ニ候故皆達も左様《さよう》ニ可被存候《ぞんじらるべく》とほこり候而、朝鮮人の返答ニ成程《なるほど》左様ニ存候と申候得者《もうしそうらえば》、弥其通之事《いよいよそのとおりのこと》と相心得へ、了簡も無之《これなき》人ニ候と内心にはあざけり候所ニ心付キ無之候《これなくそうろう》。（『交隣提醒』）

【解説】朝鮮人は、言葉のうえでも日本人と争わないようにしようと自国のことを謙遜《けんそん》しているのに、日本人は逆につねに自慢している、という。

お酒に関しても、「日本のお酒は三国一だから、皆様も左様に思われるでしょう」と日本側が言えば、朝鮮側は「その通りです」と述べる。それを聞いて日本人はさもありなんと調子に乗るが、朝鮮の言うのはあくまでも外交辞令である。日本人にとっては日本のお酒が一番であるのと同じように、彼らにとっては朝鮮のお酒が一番なのだ。しかし、自己の嗜好《しこう》が普遍的だと考える日本人は、朝鮮側が了簡《りょうけん》がない人たちだと内心あざけっていることに気づかない。

朝鮮は、日本との摩擦を恐れ、できるだけ争わないようにしていた。それを認識せず、自国がすぐれていることを自慢し、相手にも同意を強制する。このような外交感覚のない日本人の悪しき「華夷《かい》」意識は、両国の摩擦の種であった。日朝外交の最前線に立っていた芳洲には、そうした日本人の外交感覚の欠如が目にあまったに違いない。こうした日本人の意識は、特にアジア諸国に対しては根強く残っており、近代史の汚点ともなっている。現代人も、芳洲の言葉に素直に耳を傾けてみるべきであろう。

出典　『芳洲外交関係資料・書翰集』〈雨森芳洲全集三〉関西大学出版部、一九八二年
参考文献　上垣外憲一『雨森芳洲』中公新書、一九八九年／山本博文『対馬藩江戸家老』講談社学術文庫、二〇〇二年

76

工藤平助

くどうへいすけ

一七三四―一八〇〇

江戸時代中期の経世論者《けいせいろんじゃ》。紀州藩医長井常安《ながいつねやす》の三男。仙台藩医工藤丈庵《じょうあん》の養子となり、父の後を継ぎ藩医となる。経史を服部南郭《はっとりなんかく》に学ぶ。また、前野《まえの》良沢《りょうたく》・大槻玄沢《おおつきげんたく》・桂川甫周《かつらがわほしゅう》ら蘭学者《らんがくしゃ》と親交を深め、海外事情に通じた。一七八三年（天明三）には、ロシア問題に言及した『赤蝦夷風説考《あかえぞふうせつこう》』（上下二巻）を老中田沼意次《たぬまおきつぐ》に献上した。この政策は幕府に採用され蝦夷地の開発が計画されたが、田沼が失脚したため中止となる。

世の中というものは詰《つ》まりたりとても、もの極《きわ》まればまたどうか工夫《くふう》がつくものなり。世の滅するということあるべからず。世の末になるということもあるべからず。ここにつきればかしこにあらわれ、かしこにたゆればここにあらわれ、天地の間にわく人なれば、智者《ちしゃ》のたえてもまたわくなり。世の中を歎《なげ》くはたわけなり。（『むかしばなし』）

【解説】工藤平助の長女只野真葛《ただのまくず》（真葛はペンネーム。本名あや子。一七六三年〈宝暦十三〉生まれ）の手による『むかしばなし』にある平助の言葉。真葛は、「気のつまるふさいだ話」ばかりする母方の叔父（桑原隆朝《くわはらたかとも》）と父を比較している。

叔父は、「この世の中のはてはどうなるものだか」と嘆く。自分の出入りしている大名の若殿はいずれも将来馬鹿になると思われるような子供ばかりだ。大納言様《だいなごん》（のちの十一代将軍家斉《いえなり》）はどんな人物か旗本《はたもと》に聞いてみると、小さい頃は豆蟹《まめがに》をつぶすのが大好き、九、十歳の頃からは鶏を棒で追いかけてぶちころすのが好きだったという。そんな人物が将軍になったらどんな世の中になってしまうのだろう、と。

それに比べて平助は次のように述べる。世の中はせっぱ詰まったことに陥っても、限界まで行けばどうにかなるので、世の中が滅亡することも末になることもない。優秀な人材がいなくなってもまた出て来る。だから世の中を嘆くのは愚か者のすることだ、と。

その前の部分では、蝦夷地を開拓すれば自然に仙台《せんだい》が日本の中心になるので、将来すばらしい国になると予言。日本の都は暑い地から寒い地に移動することがならいで、筑紫《つくし》からはじまり大和《やまと》・山城《やましろ》・鎌倉・江戸と栄えてきたので、この次は間違いなく仙台だ、と述べる。

世の中の悪いことにいちいち嘆いているだけでは何も始まらない。楽天的にとらえることを原動力として、新しいことを考えていこう、という平助の意気が感じられる。『赤蝦夷風説考』を書いた平助の持論とも言うべきものだろう。真葛は、そんな父について、何を聞いても、行きづまらず、のびのびした答えで、その心は空のかなたにはればれと突き抜けていくようだと評している。

出　典　只野真葛著、中山栄子校注『むかしばなし』〈東洋文庫〉平凡社、一九八四年

参考文献　辻善之助『田沼時代』岩波文庫、一九八〇年

77 森山孝盛

もりやまたかもり

一七三八―一八一五

江戸時代後期の幕臣。大番士《おおばんし》から小普請組頭《こぶしんくみがしら》、徒頭《かちがしら》に昇進し、一七九一年（寛政三）に松平定信《まつだいらさだのぶ》により目付《めつけ》に抜擢される。その後同僚の奸計《かんけい》により九五年、先手頭《さきてがしら》に左遷されたが、同年五月長谷川平蔵《はせがわへいぞう》の後任として火付盗賊改《ひつけとうぞくあらため》に任命される。在任期間は一年と短かったが、庶民の支持を得たという。人事面では不遇だったが学識や人柄は評価され、九六年に将軍家若君（のちの十二代将軍家慶《いえよし》）の教育係となる。その後持弓頭《もちゆみがしら》、西丸鑓奉行《やりぶぎょう》となり、一八一二年（文化九）に辞職する。

畢竟《ひっきょう》、むかしよりあしき事をすれば、あしきといふはしれたる事にて、いく度も其《その》ためし有《あり》て、人の上に見聞事《みきくこと》なるを、幾《いく》百年のむかし有たる事を、今もかはらず、同じ事、悪き事をするといふは、詰《つま》る所《ところ》、教へず、習はずして、昔をしらざるよりなす事なり。（『賤《しず》のをだ巻《まき》』）

【解説】孝盛は随筆『賤のをだ巻』を「くりためし賤のをだまきかきつめて昔を今にのこすことの葉」の一句

で締めくくっており、表題はここから来ている。一八〇二年（享和二）春（孝盛六十五歳）の序がある。

昔から、悪いことをすればその報いがあるということは明白で、そういう例はいくらでもあげることができるのに、あいも変わらず人間は悪いことをしている、という。現在でも、露見するのは目に見えているのに、何故そのようなことをするのだろうというような不祥事が多い。その場ではそういうことに考えが及ばないのか、自分だけは大丈夫だと思うのか、そういうことは「いく度も其《その》ためし」がある。孝盛は、そうしたことは、歴史を教えず、また歴史を知らないことによって起こるのだと月並みな答えをしているが、それは月並みなだけに重要な子孫への教訓であった。『賤のをだ巻』執筆の理由は、まさに子供たちに自分の経験を書き、同じような境遇に陥ったときに失敗しないようにという親心であった。

孝盛は、序にも同様に執筆理由を記しているが、そのなかには、次のような一節がある。「親に生れ勝る子は昔より少きものにて、子らは翁よりも又一際《ひときわ》学問もせまかるべし、又孫に至りては、汝等よりも劣りて行べし、後には末々の世に至りては、闇の夜に牛引出たらん如《ごと》くにこそ成《なり》ゆかめ」。

幼い頃は母からいつも物語を聞き、その後、さまざまな書物を読んで勉強した孝盛は、子供世代の学力の低下を痛感したのであろう。昨今も、親世代は、子供世代の学力の低下を憂《うれ》えている。これは単なる取り越し苦労なのか、やはり「むかし有たる事」を「今もかはらず」嘆いているのだろうか。『賤のをだ巻』に書かれている旗本《はたもと》の行動を見ると、ブランド好みなど現代と似たような流行が当時も起こっていることがわかる。

出　典　岩本活東子編『燕石十種』一、中央公論社、一九七九年

参考文献　山本博文『鬼平と出世』講談社現代新書、二〇〇二年

78 松平定信

まつだいらさだのぶ

一七五八―一八二九

八代将軍徳川吉宗《よしむね》の孫で父は田安宗武《たやすむねたけ》。一七七四年（安永三）白河《しらかわ》藩松平定《さだ》邦《くに》の養子となる。白河藩主時代、天明《てんめい》の飢饉《ききん》に直面したが、鮮《あざ》やかな政治手腕を発揮し、藩政を立て直した。八七年（天明七）に老中首座《ろうじゅうしゅざ》に迎えられ、翌年将軍補佐を兼ねる。六年にわたり寛政《かんせい》の改革を推進したが、厳しい緊縮政治は人々の不満を招いた。九三年（寛政五）に辞職し、その後は再び白河藩政に専心した。政治家としてばかりでなく、学問や美術の分野でも才能を発揮し、著述も多い。

松平定信

いかなる大事有之《これある》とも、わが才力の及ぶほどは尽して、尤《もっとも》一々同列へも申談《もうしだんじ》、可然《しかるべし》との上旨《じょうし》を伺《うかがい》、決《けっ》するなり。あしければ死すべし。生てあらんかぎりは如此《かくのごとく》なるべければ、外《ほか》にいたづらに労することもなきなり。

予つねにはかまきて拝す。只《ただ》天下泰平之事《たいへいのこと》をいのり、予此《この》重職を持して建議不御為《おんためならず》ば予をころし給《たま》ふべし。予がなせし事　神慮《しんりょ》に応ぜずとて災《わざわい》を下《くだ》し給ふ事勿《なか》れ。予を殺し給ふとも予が妻子をころし給ふともして、天下之災《わざわい》を止め給へと之事、一日に大概七度八度あるは十度ほどづゝ　東照宮《とうしょうぐう》を念じ奉《たてまつ》る也。されば外《ほか》に心労する事もなし。いかなる大事有之《これある》とも、わが才力の及ぶほどは尽して、尤《もっとも》一々同列へも申談《もうしだんじ》、可然《しかるべし》との上旨《じょうし》を伺《うかがい》、決《けっ》するなり。あしければ死すべし。生てあらんかぎりは如此《かくのごとく》なるべければ、外《ほか》にいたづらに労すること もなきなり。（『宇下人言《うげのひとごと》』）

【解説】『宇下人言』は、生まれてから一七九三年（寛政五）に老中を退任するまでのことを記した自叙伝で、書名は「定信」の二字を分解したものである。引用箇所は、定信の政治家としての心構えを記した部分。「天下泰平でありますように。老中という重職にあり不適切な政策を行っているとしたら、私を殺して下さい。神慮に応じないからといって、災いを下さないで下さい。私を殺しても、私の妻子の命を奪われたとしても、天災はやめて下さいますように」。定信は、このように一日に七、八回、あるいは一〇回も東照宮《とうしょうぐう》（徳川家康）に祈っていた。定信の信念は、どんな大事に直面しようとも、自分の力の及ぶ限り尽くす、一つ一つの政策は同僚と合議し決定するが、その結果が悪ければ責任を取って死ぬ覚悟であるというものだった。

定信は白河藩松平家に養子に出た翌年、兄の治察《はるあき》が死去したため、田安《たやす》家へ戻ろうとしたが、田沼意次《たぬまおきつぐ》に阻止されたため実現しなかったと言われている。その後、十代将軍徳川家治《いえはる》に嫡子がいなかったため、一橋《ひとつばし》家から家斉《いえなり》が養子となり将軍職を継いだ。もし定信が田安家に復帰していたならば、将軍職に就いていたかもしれない。

出　典　松平定光校訂『宇下人言・修行録』岩波文庫、一九四二年

参考文献　藤田覚『松平定信』中公新書、一九九三年

79 曲亭馬琴

きょくていばきん

一七六七—一八四八

江戸時代後期の戯作者《げさくしゃ》。千石の旗本《はたもと》松平信成《まつだいらのぶなり》の用人滝沢興義《たきざわおきよし》の五男。本名は興邦《おきくに》。十歳で松平家嫡孫の小姓《こしょう》となり、その後も何度か武家に仕えるが続かず、放浪生活をする。一七九〇年（寛政二）山東京伝《さんとうきょうでん》に入門。九三年、二十七歳で履物商《はきものしょう》の入り婿となるが、九五年廃業し、薬を販売しながら著述に専念する。一八四〇（天保十一）年にはほとんど失明し、嫁の路《みち》に代筆させた。妻との不和、息子宗伯《そうはく》に先立たれるなど家庭的には恵まれなかった。代表作に『椿説弓張月《ちんせつゆみはりづき》』『南総里見八犬伝《なんそうさとみはっけんでん》』などがある。

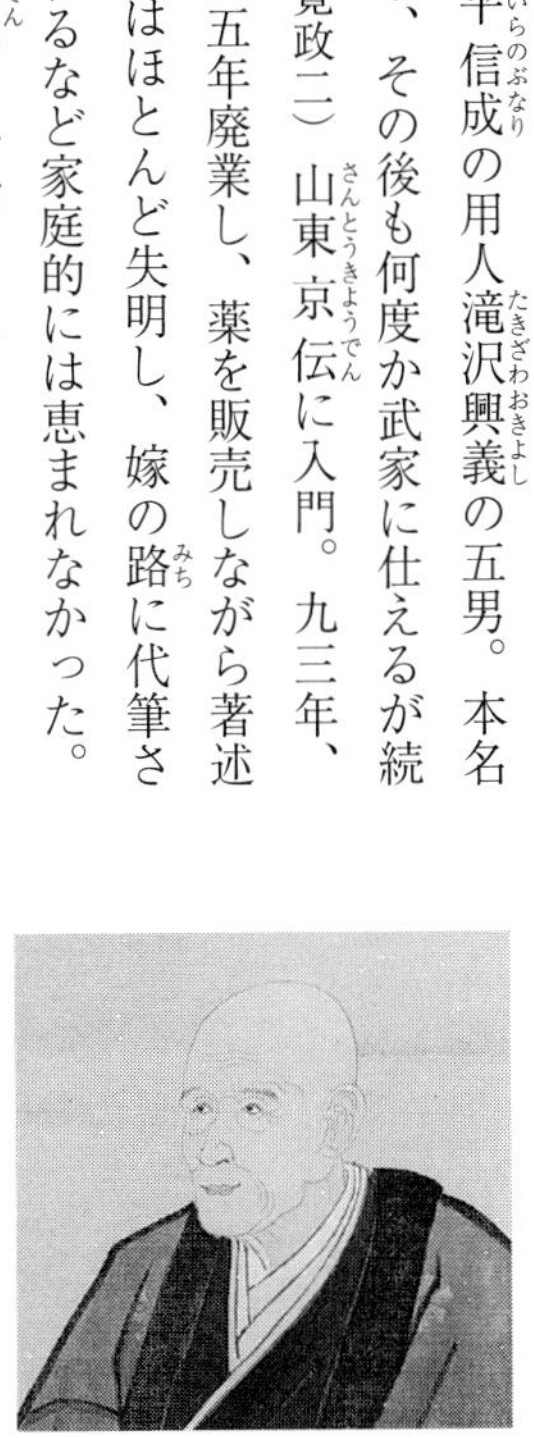

曲亭馬琴

多務にしてよく学び得ぬる者は好みて且楽《かつたのし》む者にて、尋常《じんじょう》の習学と同じからず。其好むと好まざるとは雲壌《うんじょう》の差あり。教《おしえ》て学ばざる者はみづから是《これ》を棄る也。亦《また》いかにともすべからず。吾嘆《わがなげき》常に茲《ここ》に在《あ》り。吾嘆常に茲に在り。（『吾仏乃記《あがほとけのき》』）

【解説】馬琴が口述した家譜『吾仏乃記』の一節。孫の太郎に対する馬琴の嘆きというべき部分である。

馬琴の息子宗伯が一八三五年（天保六）に死去したため、太郎は四〇年十一月二十一日、御持筒組《おもちづつぐみ》（先手鉄砲組）同心《どうしん》に召し出される。このときまだ十三歳であったが、年齢を偽って出仕したという。太郎は、勤務が忙しく、それまで習っていた習字にあまり通えなくなったうえに、師匠宅が火災に遭い書道塾を廃したので、ついに習わなくなった。また、画も嫌いで、勤務に就いてからはそれまで習っていたのをやめてしまった。加えて、馬琴自ら教えていた読書も、勤務を理由に復習もしないようになった。太郎はとにかく勉強嫌いだったらしい。その頃、太郎を診察した医者が、「この子は虚弱だから、読書や学問をしてはならない。強いて行わせれば、寿命が短くなることもある。ただ、武芸をするのはよい」と言ったため、太郎は虚弱であることを口実にますます勉強をしなくなったという。宗伯が若くして死んだこともあり、馬琴も、強いて勧められなくなってしまった。

四一年、幕府は、御家人《ごけにん》の子弟はすべて武芸に励むようにという通達を出した。太郎もまた武芸で身を立てようと思ったのか、剣法、槍術《そうじゅつ》、柔術、鉄砲、馬術を習い始めた。塾通いのため馬琴も経済的に大変だったが、何か一つでもモノになればと太郎の願いのまま師匠につけさせていた。しかし、勤務が忙しく、なかなか成果はあがらなかった。

馬琴の痛恨事は、息子宗伯が若くして死去したことであった。そのために太郎も早く勤務に出る必要があり、習い始めた習字や画を続けることが出来なかったのである。しかも太郎は勉強嫌いときている。好きな者は忙しくても学ぶが、嫌いな者は自分でその機会を棄てるようなもので、いかんともしがたい。「吾嘆常に茲に在り」の繰り返しは、勉強が嫌いな子をもった親の共通の悩みである。

出典　木村三四吾ほか編校『吾仏乃記（滝沢馬琴家記）』八木書店、一九八七年

参考文献　麻生磯次『滝沢馬琴』〈人物叢書〉吉川弘文館、一九五九年

80 二宮尊徳

にのみやそんとく

一七八七—一八五六

江戸時代後期の農政家。通称金次郎《きんじろう》。相模国足柄上郡《さがみのくにあしがらかみ》栢山《かやま》村の農家に生まれる。一八〇〇年（寛政十二）に父を、その二年後に母を亡くし、伯父に引き取られた。農作業に従事するかたわら、独学で『論語《ろんご》』『中庸《ちゅうよう》』などを学ぶ。〇六年に生家を再興する。一二年（文化九）より小田原藩家老服部十郎兵《はっとりじゅうろうびょう》衛《え》家に仕え、主家の財政建て直しに成功する。その手腕を認められ、その後報徳仕法《ほうとくしほう》といわれる農村改良策で、小田原藩に限らず北関東各地や相馬《そうま》藩などで、多くの村を再興させた。

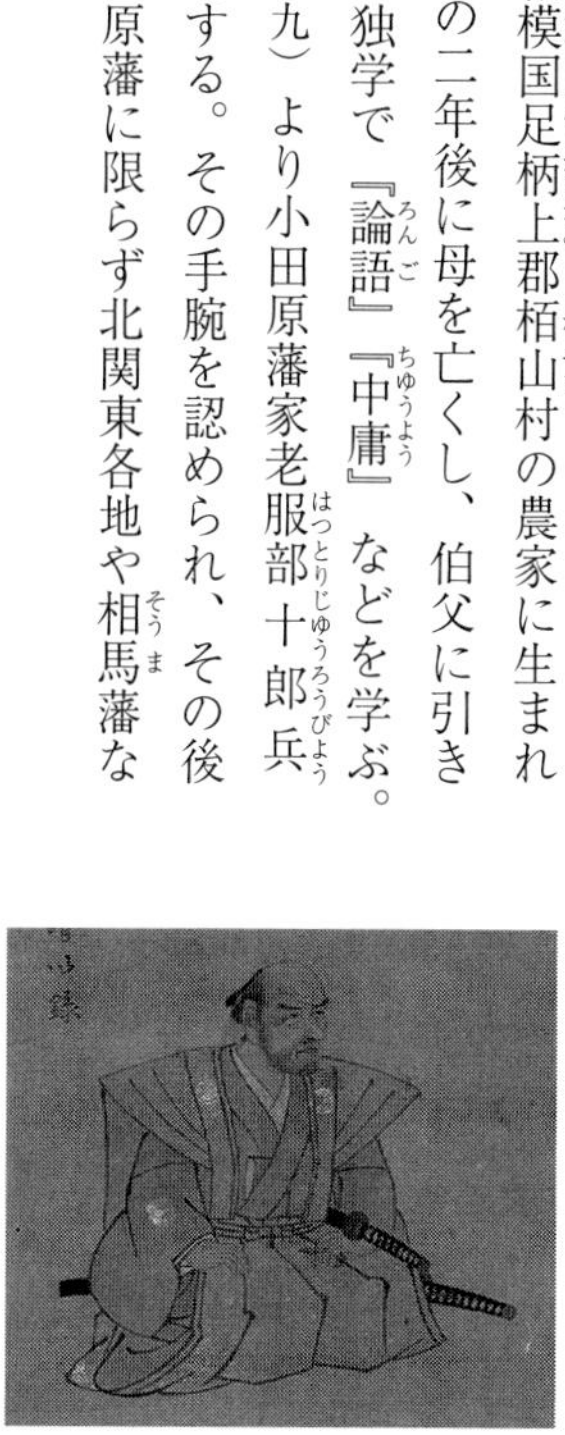

二宮尊徳

凡小人《およそしょうじん》の常、大なる事を欲して、小《ちい》さなる事を怠《おこた》り、出来難《できがた》き事を憂《うれ》ひて、出来易《できやす》き事を勤めず、夫故《それゆえ》、終《つい》に大なる事をなす事あたはず。

翁曰、大事をなさんと欲《ほっ》せば、小《ちい》さなる事を、怠《おこた》らず勤むべし。小積《つも》りて大となればなり。**凡小人《およそしょうじん》の常、大なる事を欲して、小さなる事を怠《おこた》り、出来難《できがた》き事を憂《うれ》ひて、出来易《できやす》き事を勤めず、夫故《それゆえ》、終《つい》に大なる事をなす事あたはず。**夫《それ》大は小の積んで大となる事を知らぬ故なり。譬《たとえ》ば百万石の米と雖《いえど》も、粒《つぶ》の大なるにあらず。万町の田を耕《たがや》すも、其業《そのわざ》は一鍬《くわ》づゝの功にあり。千里の道も一歩づゝ歩《あゆ》みて至《いた》る。山を作るも一簣《もっこ》の土よりなる事を明《あきら》かに弁《わきま》へて、励精《れいせい》小さなる事を勤めば、大なる事必《かならず》なるべし。小さなる事を忽《ゆるがせ》にする者、大なる事は必出来ぬものなり。（『二宮翁夜話《にのみやおうやわ》』巻之一）

【解説】大事をなそうとすれば、小事を軽視すべきでないという教訓である。小人は、大なることをなしたいと思うばかりで、日常の勤めを怠り、簡単にはできないことばかりを追って、やればできることをしない。そういった態度からは、大きなことはできないという。百万石の米も、一鍬一鍬耕すことからでき、千里の道も一歩一歩の積み重ねである。多くの農村復興をなした尊徳の言葉だけに重みがある。

翁曰、火を制《せい》する物は水なり。陽《よう》を保《たも》つ物は陰《いん》なり。世に富者あるは貧者あるが為《ため》なり。此《この》貧富の道理《どうり》は、則《すなわち》寒暑昼夜陰陽水火男女、皆相持合て相続するに同じ。則循《じゅん》環《かん》の道理なり。（『二宮翁夜話』巻之四）

【解説】世の中は、それぞれ二つの対照的なもので成り立っているという議論で、夫婦和合して家を保つことを説いている。

出　典　奈良本辰也ほか校注『二宮尊徳・大原幽学』〈日本思想大系〉岩波書店、一九七三年

参考文献　奈良本辰也『二宮尊徳』岩波新書、一九五九年

81 大塩平八郎

おおしおへいはちろう

一七九三―一八三七

江戸時代後期の大坂東町奉行所与力《よりき》。陽明《ようめい》学者。十三、四歳から見習いで出仕し、一八三〇年（天保元）に辞職するまで二十四、五年間与力を務める。在職中より自宅で洗心洞《せんしんどう》塾を開き、退職後は学問に専心する。三六年に大飢《だいき》饉《きん》が発生。大塩は、当局や豪商たちの無策に抗議し、三七年二月十九日に乱を起こす。しかし事前に内部告発があり、乱自体は半日で終結、大塩は三月二十七日に自害する。元幕臣で著名な学者が起こした乱ということで、その影響は大きく、各地で同様の事件が発生した。

大塩平八郎

然《しか》れども己《おの》れの心を正しくし、己れの身を修《おさ》むるのみを以《もっ》て学の至《きわ》みと為《な》すは、蓋《けだ》し大人《たいじん》の道に非《あら》ず。

学は固《もと》より己《おの》れの心を正しくし、己れの身を修《おさ》む。**然《しか》れども己れの心を正しくし、己れの身を修むるのみを以て学の至《きわ》みと為《な》すは、蓋《けだ》し大人《たいじん》の道に非《あら》ず。**夫《そ》れ身外の虚は、皆吾が心なり。則《すなわ》ち人物は心の中に在《あ》り。其《そ》の善を為《な》し悪を去るも亦《ま》た我が身の事にして、而《しか》して其の善を為すも亦《ま》た窮《きわま》り無く、悪を去るも亦た窮り無きなり。故《ゆえ》に大人は斃《たお》れて而《しか》る後に休《や》む。故に斃れざるの内は、其《そ》れをして善を為し、其れをして悪を去らしむ、便《すなわ》ち是《こ》れ功夫《こうふ》なり。(『洗心洞箚記』)

【解説】大塩平八郎は、大坂町奉行所与力在任中から、同僚の与力たちが学問をせず、権威を笠に着て不正な振る舞いを常としていることに我慢できなかった。人の罪を裁く町奉行所与力という立場である以上、自らの「病」をも治療する必要があり、その治療とはまさに儒学《じゆがく》を学び、古典を読むことであった。こうした態度は、大坂町奉行高井山城守《たかいやましろのかみ》の信任を得、奉行の全面的バックアップのもとで、一八二九年(文政十二)には奸吏《かんり》の不正を糾弾《きゆうだん》するなどの事績を上げ、清廉潔白な与力としての名声を得た。

しかし、高井の大坂町奉行辞任にあたり、自らも職を養子に譲って辞職した後は、私塾洗心洞《せんしんどう》での教育と学問研究に専心した。その学問的立場は、単に思索だけではなく、行動を重視する陽明学《ようめいがく》であった。庶民の苦しみを理解しない幕府に対して反乱を起こしたのも、そうした学問の実践にほかならなかった。

引用した名言は、学問は、自分の心を正しくし、行動に規律を与えるものであるが、それだけでは「大人の道」ではない、という。大塩によれば、「身外の虚」もすべて自分の心にあるものであり、世間の悪を除去することまで自らの義務としたのである。文中の「故に大人は斃れて而る後に休む」という言葉は、のちの大塩の行動を知るだけに重みが感じられる。生きている限りは、不正を摘発し、善をなそうとしなければならなかったのである。

出　典　福永光司ほか校注『佐藤一斎・大塩中斎』〈日本思想大系〉岩波書店、一九八〇年

参考文献　森田康夫『大塩平八郎の時代』校倉書房、一九九三年

82 川路聖謨

かわじとしあきら

一八〇一—六八

幕末の幕臣。豊後《ぶんご》日田《ひた》代官所勤務内藤歳由《ないとうとしよし》の長男に生まれ、十二歳で幕府小《こ》普請組《ぶしんぐみ》川路光房《みつふさ》の養子となる。勘定吟味役《かんじょうぎんみやく》・佐渡《さど》奉行・奈良奉行・大坂町奉行・勘定奉行など歴任。一八五三年（嘉永六）長崎に通商を求めて来航したロシア使節プチャーチンと交渉し、翌年下田《しもだ》で日露和親条約に調印する。六三年（文久三）五月に外国奉行に就任するが、同年十月に辞職。翌年中《ちゅう》風《ぶう》の発作を起こし左半身不随となり、六八年（明治元）三月十五日（江戸開城の翌日）にピストル自殺する。

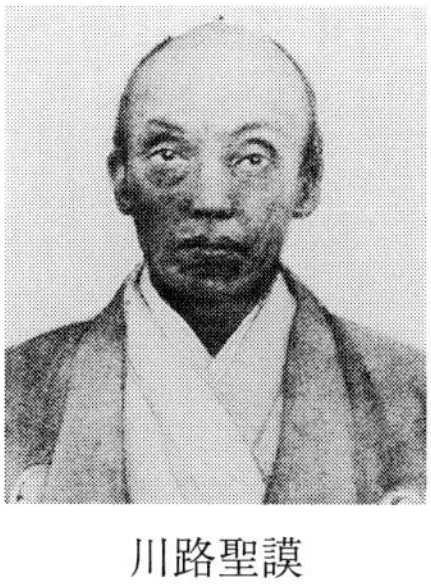

川路聖謨

縄を張候《はりそうろう》ものたるみは素無之筈《もとこれなきはず》に候得共《そうらえども》、其《その》たるみ無之候様仕候得《これなくそうろうようつかまつりそうらえ》ば、即座断絶仕《つかまつり》、縄張は出来不申《できもうさず》候に付、たるみにてこそ縄を張候儀は出来申候。

右御遊山《ゆさん》の事などは、御勤向の御たるみに相見《あいみえ》候様に候得共《そうらえども》、夫《それ》は不存《ぞんぜざる》もの、申分にて矢張《やはり》御奉公の御一ツにて、所謂《いわゆる》無用の用とか申ものに可有之歟《これあるべきか》。**縄を張候《はりそうろう》ものたるみは素無之筈《もとこれなきはず》に候得共、其《その》たるみ無之候様《これなくそうろうよう》仕候得《つかまつりそうらえ》ば、即座断絶仕、縄張は出来不申《できもうさず》候に付、たるみにてこそ縄を張候儀は出来申候。**左候得《さそうらえ》ば、時々の御遊山の類《たぐい》は、閣下の御身に被為取候《とらさせられそうろう》ては、第一の御用向かと奉存《ぞんじたてまつり》候に付、月々両三度位《くらい》は御勤め

の御心得にて、更々御用向を御忘、御保養《ごほよう》御座《ござ》候《そうろう》様《よう》仕度《つかまつりたく》奉存候。（『遊芸園随筆』九巻）

【解説】 川路聖謨『遊芸園随筆』の一節。八巻から一二巻までの五冊が現存しており、一八三三年（天保四）から四六年（弘化三）までの記事がある。

九巻は三六年正月から翌年十二月までの記事があり、その頃、川路は勘定吟味役の職にあった。引用部分は、川路を勘定吟味役に推挙してくれた老中大久保加賀守忠真に宛てた手紙の一節である。このとき大久保は病気のため登城できない日が続いていた。

川路は、大久保の精力的な働きぶりを、①すべてのことを自らが直接判断し、家来の手に託さないこと、②右筆《ゆうひつ》にたよらないこと、③遊山《ゆさん》をしないことの三つの点から心配しているという。とりわけ三点目に関して、御勤向きのたるみに見える遊山も奉公の一つだと休養を勧めている。川路が、大久保の勤務態度を張り切った縄にたとえるのは秀逸である。なるほど、縄をたるみのないように張ろうとすればすぐに切れてしまい、縄張りはできない。少しはたるみがあってこそ縄を張ることができるのである。

職務に専念するばかりでは、今度のように体を毀《こわ》してしまう。ときには仕事を忘れ、気分転換をすることが、身体のためにも、御奉公のためにも大切なことである、とは現代にも通ずるところがある。ただし、佐渡奉行・奈良奉行・大坂町奉行・勘定奉行を歴任し、外交交渉にもあたるという多忙な生活を送った川路に、縄の「たるみ」があったとはとても思えない。

出　典　『遊芸園随筆』〈日本随筆大成〉吉川弘文館、一九九四年

参考文献　川田貞夫『川路聖謨』〈人物叢書〉吉川弘文館、一九九七年／氏家幹人『江戸奇人伝　旗本・川路家の人びと』平凡社新書、二〇〇一年

83 勝 小吉《かつこきち》

一八〇二—五〇

幕府御家人《ごけにん》で勘定方男谷平蔵《おたにへいぞう》の三男。祖父は越後国《えちごのくに》の農民出身の盲人で検《けん》校《ぎょう》となり、平蔵のため、御家人株を取得した。小吉は、一八〇八年（文化五）御家人勝元良《もとよし》の養子となる。一五年五月、無断で江戸に出奔し閏《うるう》八月に帰宅する。一七年、十六歳で小普請《こぶしん》となり、そののち役を得ることは出来なかった。二二年（文政五）に再び江戸に出奔するが、同年七月に帰宅し、座敷牢に入れられる。その翌年誕生した長男麟太郎《りんたろう》は後の勝海舟《かいしゅう》。三八年（天保九）、三十七歳で隠居し、夢酔《むすい》と号する。

どんよく迷ふと、うはべは人間で、心は犬猫もどふよふになる。真人間になるよふに心懸《こころがけ》るが専一《せんいつ》だ。文武諸芸共みな〳〵学ぶに心を用《もち》ひざれば、不残《のこらず》このかたわとなる。かたわとなるならば学ばぬがましだ。よく〳〵この心を間違《まちが》はぬよふに守るが肝《かん》要《よう》だ。（『夢酔独言《むすいどくげん》』）

【解説】勝小吉の自叙伝『夢酔独言』の序「鶯谷庵独言《おうこくあんどくげん》」の一節。

小吉は、子供時代から乱暴者で、学問嫌い。若い頃は流浪《るろう》を繰り返した。十四歳での最初の出奔は「男は何をしても一生くわれるから、上方当《かみがたあた》りへかけおちをして、一生いよふ」と思ったからだという。家から七、八両盗み出して出発したものの早々にごまのはい（旅行者から金品を盗み取る者）に会ったため、乞食をして旅をすることになり、四ヵ月後に江戸に帰っている。二度目のときは、「是からは日本国をあるいて、なんぞあったら切死をしよふと覚悟して出たからは、なにもこわひことはなかった」という。剣術にはかなりの腕があったようだが、吉原あたりの顔役でもある不良御家人《ごけにん》で、一生無役《むやく》であり、刀剣の鑑定士やブローカー、露天商人の親分など多くの町人の生業を経験した。アウトローの世界から足を洗った後は、人の世話に骨を折った。そんな一生を、四十二歳のときにまとめたのが『夢酔独言』である。記された幼少期からのさまざまな経験談の端々には、どんなに運動しても役に付くことの出来なかった下級御家人の苛立《いらだ》ちや嘆《なげ》きがかいま見えている。「男たるものは決而《けっして》おれが真似《まね》おばしなゐがいゝ。孫やひこが出来たらば、よく〳〵この書物を見せて、身のいましめにするがいゝ。今は書くにも気がはづかしい」と記していることから、子孫への教訓として、かつ自らの懺悔《ざんげ》の記録として書いたものといえる。

引用部分では、まっとうな人間になるのも、文武諸芸を修めるにも心を用いることが第一で、そうでないと表向きのみの不自由な人間になってしまう、と述べる。社会の底辺を見てきた小吉の、その多くの経験に裏打ちされた言葉だろう。全編、小吉の話し言葉の調子で書かれており、それが余計に記されている事柄に真実味を与えている。

出典　勝部真長編『夢酔独言　他』〈東洋文庫〉平凡社、一九六九年

参考文献　大口勇次郎『徳川時代の社会史』吉川弘文館、二〇〇一年

近代

84

西郷隆盛

さいごうたかもり

一八二七—七七

幕末維新の英雄として庶民からも慕われる。薩摩藩下級藩士の子、幼名小吉、通称吉之助《きちのすけ》、号は南洲《なんしゅう》。藩主島津斉彬《しまづなりあきら》に取り立てられ、ともに将軍継嗣問題で一橋慶喜《ひとつばしよしのぶ》を推すが失敗、幕府から弾圧され奄美《あまみ》大島に流される。のち許されるが、島津久光《ひさみつ》により再び配流《はいる》。再び許された後は公武合体派、倒幕派の軍事指導者として活躍、戊辰《ぼしん》戦争での勝海舟《かつかいしゅう》との江戸城無血開城の交渉は有名。維新後は廃藩置県《はいはんちけん》断行を擁護するため兵士を率いて上京、その後岩倉使節団洋行中の留守政府を預かるが、征韓論《せいかんろん》で大久保利通らと対立し下野《げや》。以後、郷里で子弟の教育に尽力するが、鹿児島の私学校を中心とする不平士族に擁立され西南戦争を起こすも失敗、自刃《じじん》。

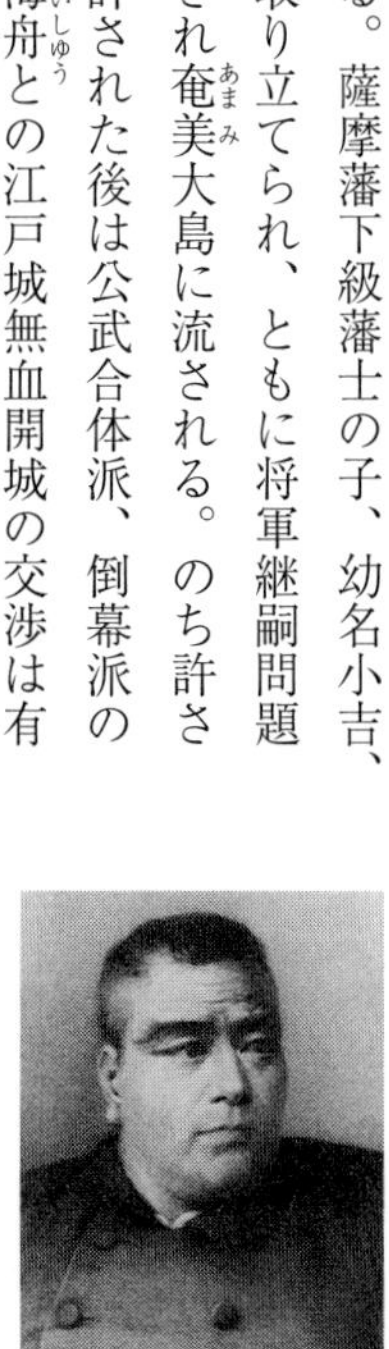

西郷隆盛

講学の道は敬天愛人《けいてんあいじん》を目的とし、身を修するに克己《こっき》を以《もっ》て終始《しゅうし》せよ。

道は天地自然の道なるゆゑ、**講学の道は敬天愛人《けいてんあいじん》を目的とし、身を修するに克己《こっき》を以《もっ》て終始《しゅうし》せよ**。己《おの》れに克《か》つの極功《きょくこう》は『毋意毋必毋固毋我』と云《い》へり。総じて人は己れに克つを以て成り、自ら愛するを以て敗るゝぞ。

……道は天地自然の物にして、人は之《これ》を行ふものなれば、天を敬するを目的とす。天は人も我も同一に愛し給《たま》ふゆゑ、我を愛する心を以て人を愛する也（『南洲翁遺訓』）

【解説】今でも西郷隆盛を歴史的に位置づけることは難しい。征韓論を唱えたり、不平士族の先頭に立って政府への反逆を試みたりする一方、たとえば武者小路《むしやのこうじ》実篤《さねあつ》は「西郷隆盛が一人居なかつたら、我等の維新に対する感じは余程ちがつてゐたやうに思ふ。あの肥大漢、目玉の大きな男が居なかつたら、維新に対する我らの感じはもつと暗いものになつてゐはしなかつたかと思ふ」（『西郷隆盛』）と述べているが、プラスの評価としての明治維新の成功はしばしば西郷個人と結びつけられて語られてきた。また、福沢諭吉《ふくざわゆきち》は「西郷は決して自由改進を嫌うに非《あら》ず、真実に文明の精神を慕《した》う者と云《い》うべし」（『丁丑公論《ていちゅうこうろん》』『福沢諭吉著作集』九巻、慶応義塾大学出版会、二〇〇二年）とその進歩性を強調している。

さて、この言葉は庄内《しょうない》藩（山形県）の藩士たちが西郷の言葉をまとめた『南洲翁遺訓』に収められたものである。庄内藩は戊辰戦争の際、朝敵《ちょうてき》として薩摩軍を中心とする官軍の攻撃を受けたが、西郷の温情によって厳罰を免れた。その御礼のため、維新後に藩主酒井《さかい》忠篤《ただすみ》らが鹿児島に西郷を訪ね、親しく教えを受けたのであるが、その際の西郷の言葉をまとめたのである。その中には、「人を相手にせず、天を相手にせよ」「平日道を踏《ふ》まざる人は、事に臨《のぞみ》て狼狽《ろうばい》し、処分の出来ぬもの也」「事に当り思慮の乏《とぼ》しきを憂《うれ》ふること勿《なか》れ。凡《およそ》思慮は平生黙坐静思《もくざせいし》の際に於《おい》てすべし」などの有名な文句が含まれているが、「敬天愛人《けいてんあいじん》」はなかでも最も有名な言葉である。この文言自体も多様な解釈が可能であり、ここにも西郷の特徴が現れているのであろう。

出典　山田済斎編『西郷南洲遺訓　付・手抄言志録及遺文』岩波文庫、一九三九年

参考文献　井上勲「徳川の遺臣」『開国と幕末の動乱』〈日本の時代史〉吉川弘文館、二〇〇四年

85 吉田松陰

よしだしょういん

一八三〇—五九

幕末長州藩の思想家、教育家。幼名虎之助《とらのすけ》、のち大次郎《だいじろう》、松次郎《まつじろう》、寅次郎《とらじろう》などと称す。父杉百合之助《すぎゆりのすけ》は二六石の藩士。山鹿流《やまがりゅう》兵学師範吉田家の養子となり、幼いときより勉学に励む。十一歳にして藩主に講義したことは有名。海防研究のため諸国を廻り、会沢正志斎《あいざわせいしさい》、佐久間象山《さくましょうざん》など多くの人物と交流を持つ。海外留学の志しやみがたく、ペリー再航の際には密航を企て投獄された。その後、萩《はぎ》の野山獄や松下村塾《しょうかそんじゅく》などで思索と教育に没頭し、多くの著作を書き残したり、高杉晋作《たかすぎしんさく》をはじめとする多くの門人を育てる。さらに、政治面でも活動し始めたが、その思想・行動が過激と幕府にみなされ、江戸に護送されて処刑された。

吉田松陰

聖賢《せいけん》に阿《おも》ねらぬこと要なり。若《も》し少しにても阿《おもね》る所あれば、道明《あきらか》ならず、学ぶとも益なくして害あり。

経書を読むの第一義は、**聖賢《せいけん》に阿《おも》ねらぬこと要なり。若《も》し少しにても阿《おもね》る所あれば、道明《あきらか》ならず、学ぶとも益なくして害あり。**（『講孟余話《こうもうよわ》』）

道を明《あきらか》にして功《こう》を計《はか》らず、義を正《ただ》して利を計らず

世の君に事《つかう》ることを論ずる者謂《おもえ》らく、功業立ざれば国家に益なしと、是大《これおおい》に誤《あやまりなり》也。道を明《あきらか》にして功《こう》を計《はか》らず、義を正《ただ》して利を計らずとこそ云《い》へ、君に事《つか》へて遇《あ》はざる時は、諫死《かんし》するも可なり、幽囚《ゆうしゅう》するも可なり、饑餓《きが》するも可也。是等《これら》の事《こと》に遇《あ》へば其身《そのみ》は功業も名誉も無き如《ごと》くなれども、人臣の道を失わず、永く後世の模範となり、必ず其風を観感《かんかん》して興起《こうき》する者あり。遂《つい》には其国風一定して、聖愚貴賤《きせん》なべて節義《せつぎ》を崇尚《すうしょう》する如くなるなり。然《しか》れば其身に於《おい》て功業名誉なき如くなれども、千百歳へかけて其忠たる、豈挙《あにこぞっ》て数《かぞ》ふべけんや。是《これ》を大忠と云なり。(『講孟余話』)

凡《およそ》学をなすの要は己《おの》が為にするにあり。己が為にするは君子《くんし》の学なり。人の為にするは小人《しょうじん》の学なり。

凡《およそ》学をなすの要は己《おの》が為にするにあり。己が為にするは君子《くんし》の学なり。人の為にするは小人《しょうじん》の学なり。而して己が為にするの学は、人の師となるを好むに非《あら》ずして自《おのずか》ら人の師となるべし。人の為にするの学は、人の師とならんと欲すれども遂《つい》に師となるに足らず。(『講孟余話』)

【解説】松陰の生涯はしばしば狂気と表現される。死を全く恐れず至誠《しせい》を貫き通すことを心がけた彼は、誰に対しても自分の主張を訴え相手を説得しようと試みた。彼を尋問した幕府の役人に対してさえもその態度を貫

いたため、結局それが命取りになったという。おそらく、このような至誠の人に説得されたら多くの人間は感化されるであろう。この点で松陰は現在でも教育者の理想像として語り継がれているのである。教育ばかりでなく、思想面でも彼は妥協を許さなかった。世俗的な功名心を一切排除し原理から説き起こす論法は舌鋒《ぜっぽう》鋭く、反論を許さない峻厳《しゅんげん》さを持っている。ここに掲載した三つの文章はいずれも『講孟余話《こうもうよわ》』から採録した。一八五五年（安政二）から五六年にかけて、松陰は野山獄（長州藩獄舎）と杉家に幽囚《ゆうしゅう》されていたが、その際に他の囚人たちに『孟子《もうし》』を講義し、そのときの講義録をまとめたのがこの『講孟余話』である。

その冒頭部分においていきなり「聖賢に阿《おも》ねらぬこと要なり」と痛烈な言葉を吐いている。ここにいう聖賢とは孔子《こうし》、孟子のことである。彼らは自分の主君が愚かだからといって他国に仕官しようとしたが、それは自分の父親が愚かだからといって隣の年寄りを自分の父親とするようなものであり、君臣の本義に悖《もと》るとして松陰は非難しているのである。

松陰の人生観・死生観をよく表しているのが「道を明《あきらか》にして功《こう》を計《はか》らず、義を正《ただ》して利を計らず」の句である。君に仕えるとは功業をなすためではなく、道義を明らかにすることであり、そのために幽囚され殺されても仕方ない、それによって「後世の模範」となり多数の人間に影響を与えて国家が良くなれば、それこそが「大忠」であるという。また「学をなすの要は己《おの》が為にするにあり」とは、教師たるものの務めを説いており、自分を鍛錬しない教師は教師たる資格がないことを力説している。

出　典　吉田松陰著、広瀬豊校訂『講孟余話』岩波文庫、一九四三年

参考文献　松本三之介編『吉田松陰』〈日本の名著〉中央公論社、一九七三年

86 大久保利通

おおくぼとしみち

一八三〇—七八

明治維新政府を代表する政治家。通称一蔵《いちぞう》、号は甲東《こうとう》。薩摩《さつま》藩士大久保利世の長男として生まれる。尊王攘《そんのうじょう》夷《い》運動に共鳴しつつも、藩主忠義《ただよし》の父で藩の実権を握った島津久光《しまづひさみつ》の下、西郷隆盛《さいごうたかもり》とともに公武合体運動に奔走、のち倒幕派に転じて長州藩と連合し、公家の岩倉具《いわくらとも》視《み》らと王政復古を実現する。維新後は、参与職から参議となり政権の中枢に位置し続けた。その間、版籍《はんせき》奉還《ほうかん》、廃藩置県《はいはんちけん》を断行し、岩倉使節団に加わって帰国後は西郷隆盛ら征韓論《せいかんろん》に反対、内治優先論を主張して内務省を創設する。しかし、西南戦争の翌年、不平士族島田一郎らに暗殺された。

大久保利通

唯《ただ》却て其《そ》の変態異物《へんたいいぶつ》の形式を悪《にく》みて其の精神を滅没《めつもつ》せしむるを恐るゝのみ。

言《い》ふ迄《まで》もなく此《こ》の国柄《くにがら》を一変し立憲代議《りつけんだいぎ》の制度を確立せさるへからす。されは其《そ》の進歩の途上《とじょう》異物変則《いぶつへんそく》の奇《き》観《かん》を生《しょう》するも今日の道行に免《まぬ》かるへからす。其の事情既《すで》に免る能《あた》はされは別に怪《あや》むにも足らす。又愧《は》つるにも及はす。**唯《ただ》却て其の変態異物《へんたいいぶつ》の形式を悪《にく》みて其の精神を滅没《めつもつ》せしむるを恐るゝのみ。**

【解説】大久保ほど、現在の歴史研究者の間でも評価の高い政治家は珍しい。その理由は長期的ヴィジョンを持った冷徹なリアリストであり、さらにそれをやり抜く意思と力を持っていたことによる所が大きいようである。彼は維新後の最初の一〇年を「兵馬《へいば》多くし則《すなわち》創業時間」とし、続いて内地殖産興業《しょくさんこうぎょう》に力を注ぐ明治十年代、そして彼の後継者たちがそれを発展させていく明治二十年代と分かち、それぞれの時代の目標を設定しその実現を目指していた。明治国家がほぼこのプラン通りに進んでいったことでも分かる通り、大久保の透徹した見識は驚くべきものであるが、彼自身は第一期が完了した時点で他界しなければならなかった。

この言葉は、暗殺される直前の一八七八年（明治十一）、地方官会議開催の是非について語ったものである。すでに世上では民撰議院《みんせんぎいん》設立論が高まりをみせており、大久保がリードする藩閥《はんばつ》政府は「有司《ゆうし》（役人のこと）専《せん》制《せい》」と批判されていた。それに対し政府は各府県の長官を招集し、地方官会議と称して種々なる問題を諮問《しもん》し議会の如くに取り扱おうとした。この会議はもちろん民選による議院でもなく立法機関でもなかった。そのため先進国の現状からみれば変則である、という批判が政府部内からも起こったが、ここにあるように、大久保は将来議会を開設することは当然であるが、先進国であってもすぐに現状の如き制度になったわけではない、結果としての形式ばかりを見るのではなく、むしろまずその精神の在る所を理解し、その完成に向かって順序立てて進むべきであり、その過程で変態異物が生じるのも致し方無いと前島密《まえじまひそか》に述べたのであった。

欧米から種々の文物を輸入する際、その断片のみが日本の土壌に接ぎ木されるため、その本来の意味とは異なる結果をもたらすことがしばしばある。その危険を痛感しつつも、なおかつ改革を進めなければならない一国の責任者としての難しさがここに表現されているように思われる。

出典　日本史籍協会編『大久保利通文書』九、東京大学出版会、一九六九年

参考文献　佐藤誠三郎『「死の跳躍」を越えて』都市出版、一九九三年

87 福沢諭吉

ふくざわゆきち

一八三四—一九〇一

幕末・明治前期の啓蒙《けいもう》思想家《しそうか》。中津《なかつ》藩士の子供として大坂蔵屋敷に生まれる。しかし父が早く死去したため、中津に戻り苦しい生活を強いられる。大坂緒《お》方洪庵《がたこうあん》の適塾《てきじゅく》で蘭学《らんがく》を学び、一八五八年（安政五）には中津藩江戸屋敷で蘭学塾を開設、これが慶応義塾《けいおうぎじゅく》に発展していくことになる。英学の必要を感じた諭吉は六〇年（万延元）咸臨丸《かんりんまる》への搭乗を許され、さらに二度洋行する。彼は書物と見聞によって誰よりも早く「西洋」を理解し、政治からは距離を置いて啓蒙思想の普及に努めた。『西洋事情』『学問のすゝめ』『文明論《ぶんめいろん》之《の》概《がい》略《りゃく》』などは大ベストセラーとなる。維新後は明六社《めいろくしゃ》に参加したり『時事新報』を創刊して、つねに世論をリードした。

福沢諭吉

天は人の上に人を造らず人の下に人を造らず

天は人の上に人を造らず人の下に人を造らずと言えり。されば天より人を生《しょう》ずるには、万人は万人皆同じ位にして、生れながら貴賤《きせん》上下の差別なく、万物の霊たる身と心との働きをもって天地の間にあるよろずの物を資《と》り、もって衣食住の用を達し、自由自在、互いに人の妨《さまた》げをなさずして各々安楽にこの世を渡らしめ給《たま》うの趣《しゅ》意《い》なり。されども今広くこの人間世界を見渡すに、かしこき人あり、おろかなる人あり、貧しきもあり、富めるもあり、貴人もあり、下人《げにん》もありて、その有様雲《ありさまくも》と泥《どろ》との相違あるに似《に》たるは何ぞや。その次第甚《はなは》だ明《あき》らかなり。実語教《じつごきょう》に、人学ばざれば智なし、智なき者は愚人なりとあり。されば賢人と愚人との別は、学ぶと学ばざることに由《よ》って出来《いできた》るものなり。（『学問のすゝめ』）

【解説】福沢の数ある名言のなかでも、『学問のすゝめ』の冒頭のこの言葉がもっとも有名であろう。一八七二年（明治五）から七六年にかけて一七編の小冊子として刊行され、のちこの一冊にまとめられた。第一編は一八八〇年時点で二〇万部出版されたといわれ、明治初期の学校教科書としても活用されていた。

小禄に甘んじて死没した父、そしてその後の恵まれない生活から諭吉は「門閥《もんばつ》制度は親の敵《かたき》でござる」（『福《ふく》翁自伝《おうじでん》』新訂版、角川文庫、一九六六年）と封建制度に強い不信感を持つようになった。以後、学問で身を立てるべく漢学・蘭学を学び学者となったが、開港したばかりの横浜の実情を見て蘭学が全く役に立たないことを知り、英学を志すようになった。そして咸臨丸に何とか乗り込み、欧米を見て大きな衝撃を受けたのであった。その模様を語ったのが『西洋事情』であるが、彼によれば「天下にコンナものを読む人があるかないかそれもわからず、たとい読んだからとてこれを日本の実際に試みるなんてもとより思いもよら」なかったが、実際にはそれを参考にした明治新政府が「一段も二段も先に進んで思い切ったことを断行して、アベコベに著述者を驚かす」ようになったため「勢《いきおい》に乗じてさらに大いに西洋文明の空気を吹き込み、全国の人心を根底から転覆《てんぷく》して、絶遠の東洋に一新文明国を開き」（『福翁自伝』）西洋のイギリスと並び立つ国にしようと決意したという。『学問のすゝめ』はこのような動機から書かれたものであった。内容的には、当時福沢が盛んに読んでいた米人ウェイランドや、英人バックルの著書に影響されている部分が多いことはよく知られている。しかし、福沢の優れているところはそれらの文献を十分に理解したうえで刺激的かつ分かり易く提示したことであった。

一身独立して一国独立す

我日本国人も今より学問を志《こころざ》し、気力を慥《たしか》にして先《ま》ず一身の独立を謀《はか》り、随《したが》って一国の富強を致すことあらば、何ぞ西洋人の力を恐るるに足らん。道理《どうり》あるものはこれに交わり、道理なきものはこれを打ち払わんのみ。**一身独立して一国独立する**とはこの事なり。（『学問のすゝめ』）

【解説】近代社会においては、国民にさまざまな自由や権利が与えられるかわりに、自らの生活に責任、義務を持たされるようになった。この自己責任意識が現在でも必ずしも強いとはいえない日本であるが、明治維新以降、福沢を先頭に多くの有識者はこの点を繰り返し強調し続けた。そして二〇年後には「一国全体の大勢は改進進歩の一方で、しだいしだいに上進して、数年の後その形に顕われたるは、日清戦争など官民一致の勝利、愉快ともありがたいともいいようがない」（『福翁自伝』）と日本の独立を喜んでいる。ところで、このように学問することを強調し続けた福沢であるが、他方で「先《ま》ず獣身《じゅうしん》を成して後に人心を養え」（『福翁百話』三二話、『福沢諭吉著作集』一一巻所収、慶応義塾大学出版会、二〇〇三年）とも述べ、特に幼児期での詰め込み勉強を批判している。ここら辺の柔軟性こそが彼を優れた思想家・教育者にしたゆえんであろう。

出典　『学問のすゝめ』岩波文庫、一九七八年

88 坂本龍馬

さかもとりょうま

一八三五—六七

幕末動乱の志士。直陰《なおかげ》、直柔《なおなり》と名乗る。高知市の町人郷士の家に生まれる。剣術で身を立てるべく江戸の北辰一刀流《ほくしんいっとうりゅう》の道場に入門。ペリー来航以後、尊《そん》王攘夷《のうじょうい》派となり武市瑞山《たけちずいざん》が結成した土佐勤王党《とさきんのうとう》に中岡慎太郎《なかおかしんたろう》らと加盟して活動。脱藩後、江戸で勝海舟《かつかいしゅう》の門に入り、神戸海軍操練所でも勝を助けて建設にあたった。この頃から勝の影響もあって開国を志向するようになり、亀《かめ》山社中《やましゃちゅう》（のち海援隊《かいえんたい》）を設立して海運・貿易業を営むと同時に、外国の武器購入を禁止されていた長州藩のために薩摩《さつま》藩名義で購入するなど、薩長同盟に尽力する。その結果は大政奉還《たいせいほうかん》の実現となるが、彼自身は京都の近江屋《おうみや》で見廻組《みまわりぐみ》に暗殺される。

坂本龍馬

どろの中のすゞめがいのよふに、常につちをはなのさきゑつけ、すなをあたまへかぶりおり申候《もうしそうろう》。

私しおけ（決）してなが（長）くあるものとおぼしめしはやくたい（益体）にて候《そうろう》。然《しかる》に人並《なみ》のよふに中々めつたに死なふぞ〱。私が死《しぬる》日《ひ》は天下大変にて生《いき》ておりてもやくにたゝず、おろん（ら）ともたゝぬよふにならねば、中々こすいいやなやつで死はせぬ。然《しかる》に土佐のいもほり《（芋掘）》ともなんともいわれぬいそふろ《（居候）》に生《うまれ》て、一人の力で天下うごかす《（動）》べきは、是又《これまた》天よりする事なり。かふ申てもけして〱つけあがりはせず、ますます《（益々）》すみ《（住）》かふて、**どろ《（泥）》の中のすゞめがい《（蜆貝）》のよふに、常につち《（土）》をはな《（鼻）》のさき《（先）》ゑつけ《（付）》、すな《（砂）》をあたま《（頭）》へかぶりおり申候。**（文久三年六月二十九日付乙女《おとめ》宛書状）

【解説】 坂本龍馬は、肉親ゆえの親しみやすさからか、姉の乙女に自分の心情を率直に示したいくつもの手紙を書いている。そのなかには「日本を今一度洗濯いたし」たいなど、現在でも有名な文句が数多くある。

時は文久二年（一八六二）、尊攘《そんじょうは》派志士であった龍馬は土佐藩を脱藩し、志を遂げるべく江戸に行ったのであるが、開国派と目された勝海舟に面会して逆に諭《さと》され、その考えを変えつつあった。そして翌年海舟の働きかけが成功し、幕府は四月に神戸に海軍操練所を設置することを決定、龍馬も海舟の右腕として尽力、福井に松平《まつだいら》春嶽《しゅんがく》を訪ね資金として五〇〇〇両を借りている。他方、京都朝廷では攘夷熱《じょうい》が高まり、三月には孝明《こうめい》天皇が将軍家茂《いえもち》をしたがえて賀茂《かも》神社に行幸《ぎょうこう》、攘夷を祈願した。そして五月十日を攘夷決行の日と定め、実際にその日から長州藩は下関《しものせき》を通過する外国船に砲撃を加えた（下関砲撃事件）。ちなみに新撰組《しんせんぐみ》（壬生浪士組《みぶろうしぐみ》）が京都に来るのもこの年の二月であった。

この乙女宛書簡が書かれたのも、この年の六月二十九日であった。この文面からは高い志と自負ばかりではなく、騒然たる物情のなかで貝のごとく足を地につけ着実に仕事をこなしつつ時が来るのを待っている、力強い心情が伝わってくる。龍馬の華麗な生涯の裏には、このような地道さもあったのであろう。

出典　宮地佐一郎編『龍馬の手紙』講談社学術文庫、二〇〇三年

参考文献　飛鳥井雅道『坂本龍馬』講談社学術文庫、二〇〇二年

89 板垣退助《いたがきたいすけ》

一八三七—一九一九

幕末・維新期の政治家、自由民権運動指導者。高知藩三〇〇石の家柄に生まれる。幼名は猪之助。山内容堂《やまのうちようどう》に認められて昇進、藩内の対立のなかで藩論を倒幕に導き、戊辰《ぼしん》戦争では会津《あいづ》攻略で功績を上げる。廃藩置県《はいはんちけん》の断行に尽力し、岩倉使節団の外遊中は留守政府の中心となるが、一八七三年（明治六）征韓論《せいかんろん》で敗れ、西郷隆盛とともに下野《げや》する。しかし翌年民撰議院設立建白書を提出し、以後自由民権運動の中心人物として活躍、八一年には自由党を結成し総理となる。のち、薩長藩閥《さつちょうはんばつ》と対立妥協を繰り返すが、九八年の隈板《わいはん》内閣瓦解後は政界を引退、社会政策に尽力する。

板垣退助

板垣死すとも自由は死せず

一壮漢あり、其《その》人々の中より現《あら》はれ、国賊《こくぞく》と呼びつゝ、右方の横合《よこあい》より躍り来つて、短刃《たんじん》を閃《ひらめ》かして板垣の胸間を刺す。板垣は是時赤手単身《このときせきしゆたんしん》、洋杖《ようじよう》すらも携《たずさ》へず、賊を見て大喝叱《たいかつしつ》して曰《いわ》く、咄《とつ》、何する乎《か》と。肱《ひじ》を以て強く敵の心臓を撃《う》ちしも余りに力を入れし為《た》め、下りて腹部に当る。敵は蹣跚《まんさん》として飛び退《の》き、更に身を転回して正面より突撃し来る。飛刃電掣《ひじんでんせい》、凄愴極《せいそうきわま》りなし。板垣敵の手首を扼《やく》せんとして、誤つて拳《こぶし》を握る。此時刃尖《このときはさき》板垣の左側の胸間に触《ふ》る。板垣身を転じて之《これ》を防ぎ、敵其《その》目的を達せざるを知り逆捩《さかねじり》して刃を引き、板垣の右手為に剜傷《わんしょう》を蒙《こうむ》り、深さ殆《ほとん》ど骨に達す。板垣更に左手を之に添へ、相争《あいあらそ》ふ。内藤魯一《ないとうろいち》、驀奔《ばくほん》し来り、直に兇漢《きょうかん》の領《うなじ》を攫《つか》んで何する乎《か》と言ひ、仰向《あおむけ》に之を倒す。此時白刃《はくじん》敵の手を離るゝと同時に、亦《また》板垣の手を離れ空を飛んで東北数歩の処《ところ》に墜《お》つ。板垣刺客を睥睨《へいげい》し、叫んで曰く**『板垣死すとも自由は死せず』**と。（『自由党史』）

【解説】 一八八二年（明治十五）四月六日、岐阜県富茂《ふもと》村で二時間にわたる演説を終え疲労を覚えた板垣は随行者たちよりも一足早く旅館に帰ろうとした。そのときにこの凶事が起こったのである。犯人は小学校教員であった。この後、胸の傷から板垣は死をも覚悟したが、幸いに傷は浅かった。そして、翌日から各新聞が「板垣死すとも自由は死せず」という言葉とともにこの事件を書き立てたため、言葉自体が一人歩きして有名になったのであった。この言葉は板垣自身が発したものではなく周囲の者が発したとか、自由民権思想の普及に努めたジャーナリストの小室信介《こむろしんすけ》の創作であるという説もあるが、全くのフィクションでもなさそうである。

其難《かた》きを期して之《これ》を勤《つとむ》る時は則《すなわち》其成るや易《やす》く、其易きを期して之を勤むる時は、則其成るや難《かた》し。

夫《そ》れ大丈夫の世に処し業を成すや、**其難《かた》きを期して之《これ》を勤《つとむ》る時は則《すなわち》其成るや易《やす》く、其易きを期して之を勤むる時は、則其成るや難《かた》し。**故《ゆえ》に凡《およ》そ業を成すや、先《ま》づ其難きを知り以《もっ》て之を成さんことを期せざる可《べか》らず。今や我党協心努力以て自由の苗《なえ》を植し、自由の実を獲《え》んとするに当《あたり》ては、先《ま》づ其開拓すべきの原野《げんや》を視望し、其芟夷《さんい》すべきの障礙《しょうがい》を観察し、其業の難きを知り、而《しか》して後《の》ち耒耜《らいし》を把《と》て事に茲《ここ》に従ひ、以て之を勤めざる可らず（「自由党組織の大意」『自由党史』所収）

【解説】一八八一年（明治十四）十月国会開設の詔《みことのり》が出されるや板垣たちはただちに自由党を結成、組織拡大のために全国で演説会を行っていた。そして、岐阜での凶事が起こる直前の一八八二年三月には静岡で「自由党組織の大意」と題する演説を行った。この文章はその時の一節である。なお、史料中の「耒耜」とは農具のすきのことである。

実際にゼロから政党組織を作り上げることは、未開の原野を開発する以上に困難なものであったろう。江戸時代に形成された藩という壁は強固なものであり、そもそも言葉さえも南の人と北の人では十分に疎通しなかったという。しかも、政党という組織がどのようなものかという共通理解もなく、一つ一つ手作りで進むしかなかった。その過程を簡単にいえば、私的利害に基づく「朋党」から公共的利益を重視する「公党」への脱皮であった。詳しくはとりあえず左記の参考文献をみていただきたいが、そこでは板垣というスターを必要とし、時には軍隊的拘束力も必要としたのである。とにかく、こうして日本中の有志者が短期間に結合しえたことは驚くべき事実といえよう。

出典　遠山茂樹・佐藤誠朗校訂『自由党史』中、岩波文庫、一九五八年

参考文献　論集日本歴史刊行会・坂根嘉久編『自由民権』〈論集日本歴史一〇〉有精堂出版、一九七三年／山田央子『明治政党論史』創文社、一九九九年

90 大隈重信

おおくましげのぶ

一八三八—一九二二

明治・大正期の政党政治家、教育家。幼名八太郎。佐賀鍋島《なべしま》藩に砲術《ほうじゅつ》・築《ちく》城術《じょうじゅつ》で仕える家に生まれたが、封建制度に反発し藩校から放校されたこともある。長崎でフルベッキに英学を学び、一八六五年（慶応元）には英学の致遠館《ちえんかん》を設立する。明治政府では大久保利通の下で秩禄処分《ちつろくしょぶん》・地《ち》租《そ》改正《かいせい》・殖《しょく》産興業《さんこうぎょう》など改革を進め、積極財政を展開する。大久保没後、早期国会開設を主張して薩長政治家と対立、明治十四年政変で政府から追放される。しかし翌年には改進党を結成し、東京専門学校（のちの早稲田大学）を創設。以後、民の立場から政治・経済・教育・マスコミ各界で活躍し二度の首相を経験する。

大隈重信

百二十五歳までの寿命を保ち得らる、道理である。

動物の生命に就いては、世上に種々の議論はあるが、一般に成長期の五倍は生きるものだと言はれてゐる。その成長期といふことにも色色の説はあるが、先づ歯の生え揃ふ時が成長期の終りといふことになつてゐる。馬の如きは歯の数を見て、其の年齢を知るのであるが、人間では歯の生え揃ふのが二十一歳から二十四五歳まで、ある。して見ると人間は自から健康を害するか、または不慮の疾病に罹《かか》ることが無くば、其の成長期の五倍たる百歳から**百二十五歳までの寿命を保ち得らるゝ道理である。**之れより長生きするのが長命で、之れに届かずして死ぬるものは夭死である。（「人間の定命」）

【解説】大隈ほど民衆政治家という表現にふさわしい人物はいないであろう。明治十四年政変に始まる藩閥《はんばつ》政府との戦いはもちろんだが、早稲田出身者を中心にして形成された新聞・雑誌のネットワークに乗り、彼の言動はいつも国民の前に露出され、また彼もそれを意識して人を喰ったような面白い話題を提供して喝采《かっさい》を浴びていた。そんななかの一つに、人生百二十五歳説がある。

実際に彼は歳をとっても元気であり、その人気は衰えるどころか、逆に高まっていた。そして第一次護憲運動の余韻いまだ覚めやらぬ一九一四年（大正三）に二度目の首相に就任したとき、それは絶頂に達したのであった。すでに七十六歳になっていたが、ライバル政友会の打倒を目指して行った全国遊説ではどこでも熱狂的な歓迎を受けた。そして、総選挙では誰もが予想しないほど大隈与党が勝利を収めたのであった。このときの選挙は、キャンペーンを通じて広く一般に訴えかける近代型選挙の嚆矢《こうし》とされている。「不断に奮進《ふんしん》し、理想の彼岸に達せずんばやまざらん」との意気込みが長寿を導き、長寿が大仕事を達成させたといえようか。これに倣《なら》ってか早稲田大学も創立一二五周年を期して一大イベントを計画中とのことである。

出典　大隈重信『国民二十訓』丁未出版社、一九一五年

参考文献　中村尚美『大隈重信』〈人物叢書〉吉川弘文館、一九六一年

91 山県有朋

やまがたありとも

一八三八—一九二二

日本陸軍の大御所。通称狂介。長州藩士、吉田《よしだ》松陰《しょういん》の松下《しょうか》村塾《そんじゅく》に学ぶ。身分制にとらわれない奇兵隊《きへいたい》に参加するなどして軍事面で活躍。維新後は西洋的な陸軍の樹立と育成に努める。一八七二年（明治五）徴兵制の採用、七八年参謀本部の創立、八二年の軍人勅諭《ちょくゆ》の発布、あるいは日清・日露戦争の戦争指導などに大きな役割を果たした。軍人以外としても、首相、内相として政治に関与し、特に政党嫌いとして有名であった。また、宮中にも大きな影響力を持ち、大正期の宮中某重大事件では攻撃される側に立たされた。

山県有朋

蓋《けだし》国家独立自衛の道に二途《と》あり、第一に主権線を守護すること、第二には利益線を保護すること

蓋《けだし》国家独立自衛の道に二途《と》あり、第一に主権線を守護すること、第二には利益線を保護することである。其《そ》の主権線とは国の彊域《きょういき》を謂《い》ひ、利益線とは其の主権線の安危《あんき》に、密着の関係ある区域を申したのである。凡《およそ》国として主権線、及《および》利益線を保たぬ国は御座《ござ》りませぬ。方今《ほうこん》列国の間に介立《かいりつ》して一国の独立を維持するには、独《ひとり》主権線を守禦《しゅぎょ》するのみにては、決して十分とは申されませぬ。必ず亦《また》利益線を保護致《いた》さなくてはならぬことゝ

存じます。（『山県有朋意見書』）

【解説】陸軍の大御所というイメージから好戦主義者のように思われがちであるが、実際には非常に慎重であった。日本軍部の実力をよく把握していた彼は、戦争するには慎重な外交的・軍事的準備が必要であることを熟知しており、特に欧米列強の意向に十分な配慮を払った。そんな彼の考えは「人種論」に基づいている。これは、国際関係を白色、黄色、褐色各人種の対抗としてとらえるものであり、特に山県の場合は一八六三年（文久三）に長州藩が攘夷《じょうい》のため下関《しものせき》を通航する外国船を砲撃した報復に、翌年英など四国連合艦隊が下関を占領した事件の記憶から、白人はいざとなったら団結するという観念を強く抱くようになったという。

　さて、山県のこの言葉は、一八九〇年（明治二十三）第一回帝国議会の場で、首相であった彼が発言したものである。ここでいう「主権線」とは日本国の国境を指し、「利益線」とは「主権線」の維持に密接な関係をもつ区域、具体的には朝鮮半島を意味した。この発言からも山県は侵略的と思われがちであるが、理論的根拠を提供したのは明治憲法作成にも関わったシュタインであり、山県も述べているように、このような考えは当時欧州でも認められていた。ただしここでの主張は、朝鮮半島を植民地化するのでは決してなく、あくまでも中立的な状態に置いておくことであった。

出典　大山梓編『山県有朋意見書』〈明治百年史叢書〉原書房、一九六六年

参考文献　岡義武『山県有朋』岩波新書、一九五八年／ジョージ・アキタ、伊藤隆「山県有朋と『人種競争』論」『年報・近代日本研究七　日本外交の危機』山川出版社、一九八五年／加藤陽子『戦争の日本近現代史』講談社現代新書、二〇〇二年

92 渋沢栄一

しぶさわえいいち

一八四〇―一九三一

近代日本を代表する実業家、財界人。青淵《せいえん》と号す。武蔵国榛沢《はんざわ》郡血洗島《ちあらいじま》村（現、埼玉県深谷《ふかや》市）の農家に生まれる。尊攘《そんじょう》運動に参加するが、一橋《ひとつばし》家に仕え、さらに慶喜《よしのぶ》の弟昭武《あきたけ》の欧行に随行して見聞を広める。維新後、一時新政府に入るが、一八七三年（明治六）政府内の対立から官を辞し、実業家の道を歩み始める。第一銀行を中心とした金融機関の育成に努め、さらに王子製紙・大阪紡績をはじめ当時の大企業の設立にはほとんど関与した。他方で実業発展の面から教育制度の充実にも尽力した。一九一六年（大正五）以降は財界から身を引き、社会事業、国際親善に貢献した。国際親善では経済発展に基礎を置く平和外交を目指し、民間人として国民外交を推進した。

渋沢栄一

わずかも道徳と経済と相《あい》離るべからざるものである。

天は万物を生み養うものである。この「生養《せいよう》」ということが天の経済である。その生養の中には一定の条理《じょうり》がある。その条理は年々易《かわ》らず、万古一轍《ばんこいってつ》のものであるから、よく万物を生養することができて一刻も生養を息《やす》むことなく、また一点の虚偽《きょぎ》もない。その真のところがすなわち天の道徳である。この道徳なくして生養の経済を遂《と》ぐることはできない。人は万物の霊長《れいちょう》たるもの、克《よ》く衣食住を養う人の経済である。天に継《つ》いで人生まれ、人生まれて衣食住自営の端《たん》を開いたのが親で、衣食住を保護するのが君である。それゆえ臣民忠勤を尽くして君の衣食住を豊かにし、子孫孝養《こうよう》を尽くして父祖の衣食住を安んずる。ここに忠孝の道が生じて来るのである。……すなわち仁義忠孝は皆経済中の道徳で、**わずかも道徳と経済と相《あい》離るべからざるものである。**（「道徳と経済」）

【解説】「士農工商」の素朴な解釈からすれば、江戸時代では何も生産せず、ただ商品を右から左に動かすだけで銭《ぜに》を儲《もう》ける商人は身分的に低いものとされた。明治維新以降の近代でも、単に金儲けだけを目的とした行為に対してはすぐに「拝金主義《はいきんしゅぎ》」というレッテルが貼られ、官民ともに忌《い》み嫌うところであった。しかし他方で、欧米の物質的繁栄を目の当たりにした政府高官たちは欧米との対抗上、殖産興業《しょくさんこうぎょう》・商権掌握の必要性も痛感していた。こうして経済は、必要悪のように見られることになったのである。

しかし、このような雰囲気のなかでは、十分に資本主義的発展を遂げることは難しかった。資本主義というごとく、会社を設立し運営していくためには資本が重要なのであるが、その資本はさまざまなところからかき集めてこなければならない。にもかかわらず、資本を提供することに倫理的に悪いイメージが付きまとっては十分に集積することはできない。つまり、どうしても経済行為と倫理観の結合が必要となる。財界の世話人として渋沢が果たした役割は、まさしくこのようなことであった。

出　典　渋沢栄一『論語を活かす』新版、明徳出版社、一九九八年

参考文献　土屋喬雄『渋沢栄一』〈人物叢書〉吉川弘文館、一九八九年

93 田中正造

たなかしょうぞう

一八四一―一九一三

足尾《あしお》銅山鉱毒事件で有名な明治期の社会運動家。現栃木県佐野市小中《こなか》町に生まれる。父は村の名主。一八七九年（明治十二）『栃木新聞』を創刊し自由民権運動に参加するとともに、県会議員・同議長として県政界をリードし、帝国議会開設後も改進党議員として活躍する。九六年の渡良瀬川《わたらせがわ》大洪水による鉱毒被害の深刻化を契機に鉱毒反対運動に本格的に没入していき、天皇への直訴も企てた。以来、被害地で救済活動を続け、その動向は国民的な関心事ともなった。

田中正造

聖代《せいだい》の汚点《おてん》に非《あら》ずと謂《い》はんや。

陛下《へいか》不世出《ふせいしゅつ》の資《し》を以《もっ》て列聖《れっせい》の余烈《よれつ》を紹《つ》ぎ徳四海《とくしかい》に溢《あふ》れ威八紘《いはっこう》に展《の》ぶ。億兆《おくちょう》昇平《しょうへい》を謳歌《おうか》せざるなし。而《しか》も輦轂《れんこく》の下《もと》に距《さ》る甚《はなは》だ遠からずして数十万無告《むこく》の窮民《きゅうみん》空しく雨露《うろ》の恩を希《ねが》ふて昊天《こう》に号泣するを見る。嗚呼《ああ》是《こ》れ**聖代《せいだい》の汚点《おてん》に非《あら》ずと謂《い》はんや**。而《しか》して其責《そのせめ》や実に政府当局の怠慢曠職《たいまんこうしょく》にして、上《うえ》は陛下の聡明《そうめい》を壅蔽《ようへい》し奉《たてまつ》り下《した》は家《か》国民生《こくみんせい》を以て念と為《な》さゞるに在《あ》らずんばあらず。嗚呼四県の地亦《また》陛下の一家にあらずや。四県の民亦陛下の赤《せき》子《し》にあらずや。政府当局が陛下の地と人とを把《とり》て如此《かくのごと》きの悲境《ひきょう》に陥《おちい》らしめて省《かえり》みるなきもの是れ臣の黙止《もくし》すること能《あた》はざる所なり。（「直訴状」）

【解説】典型的な地方名望家・政党政治家として安定した生涯を送っても不思議ではない環境にあったが、田中正造の選択は苦難の道であった。一八九一年（明治二十四）の第二回帝国議会で、古河《ふるかわ》鉱山が経営する足尾《あしお》銅山の鉱毒が渡良瀬《わたらせ》川に流れ込み、魚が死んだり田畑が荒廃する被害についての質問書を政府に提出した。以後も彼は議会で操業停止を要求し続け、政府もやっと調査会を設置し鉱毒予防令を出したが、実効は挙がらなかった。以後住民による大挙請願運動が繰り広げられたが、一九〇〇年には運動指導者が多数検挙される川俣《かわまた》事件が起き、運動は行き詰まった。こうして彼は一九〇一年十二月十日明治天皇への直訴を決行したのであった。

この直訴事件には幸徳《こうとく》秋水《しゅうすい》、石川安次郎が関わっており、実は直訴状も前日に幸徳秋水が執筆したのを田中が加筆訂正したものであった。「一君万民」的思考を逆用して政府を攻撃する論法は政府にも国民にも説得的であり、「聖代《せいだい》の汚点《おてん》に非《あら》ずと謂《い》はんや」という文言も刺激的である。当日、田中は黒紋服《くろもんぷく》、黒袴《くろばかま》という姿で衆議院議長官舎に隠れ、午前十一時頃議会開院式帰途の天皇の馬車目掛け大きな声を出しながら走った。しかし、途中でそれを止めようとした警護の者ともつれて倒れ、そこを取り押さえられてしまったため、天皇は気付くことさえなかったという。そして、田中もその日のうちに放免された。しかしこの反響は大きく、多くの支持者をえる結果ともなった。現在は彼の人権や自由に関する思想も注目され、研究が進んでいる。

出典　田中正造全集編纂会編『田中正造全集』三、岩波書店、一九七九年

参考文献　布川了『田中正造と天皇直訴事件』随想舍、二〇〇一年

94

中江兆民

なかえちょうみん

一八四七—一九〇一

明治の急進的思想家。幼名は竹馬《ちくま》、篤介《とくすけ》と称した。高知藩下級武士の家に生まれる。藩命で長崎に留学しフランス学を学ぶ。一八七一年（明治四）岩倉使節団とともに出発、フランスで法学等を学ぶ。当時フランスには西園寺公望《さいおんじきんもち》、井上毅《いのうえこわし》らがいた。帰国後は一時期官界に身を置くが、八一年、西園寺と東洋自由新聞を創刊、またルソーの『社会契約論』を漢文訳した『民約訳解《みんやくやっかい》』を発行し、社会に大きな影響を与え「東洋のルソー」と呼ばれる。以後、自由民権運動の理論的指導者として運動に多大な影響を与え、多くの著作も残した。

中江兆民

無血虫《むけっちゅう》の陳列場

衆議院彼れは腰を抜かして、尻餅《しりもち》を搗《つ》きたり、総理大臣の演説に震慴《しんしょう》し、解散の風評に畏怖《いふ》し、両度迄《まで》否決したる即《すなわ》ち幽霊とも謂《い》ふ可《べ》き動議を、大多数にて可決したり、衆議院の予算決議案を以て、予《あらかじ》め政府の同意を求めて、乃《すなわ》ち政府の同意を哀求《あいきゅう》して、其《その》鼻息を伺《うかが》ふて、然後《しかるのち》に唯々諾々《いいだくだく》其《その》命是《こ》れ聴くこと、為《な》れり、議一期の議会にして、同一事を三度迄議決して、乃ち竜頭蛇尾《りゅうとうだび》の文章を書き、前後矛盾の論理を述べ、信を天下後世に失《しっ》することと為れり、**無血虫《むけっちゅう》の陳列場**……已《や》みなん、已みなん（『立憲自由新聞』明治二十四年二月二十一日）

【解説】明治前期、フランス学は圧倒的な影響力を持っていた。そしてそのフランス学に最も精通していた知識人が中江兆民であり井上毅《いのうえこわし》であった。したがって官民両社会において二人が理論的指導者であったことも、ある意味では当然のことであった。しかし、一見して分かるように、両者にはかなりの相違点もある。その原因はフランス学そのものにあった。徳川幕府はナポレオンが作り出した軍事技術を吸収しようとし、井上は中央集権国家としてのフランスの法制を学ぼうとし、兆民はルソーからフランス革命、パリコミューンに連なる自由・平等・博愛の観念や人民主権を学んだように、多様だったのである。とにかく、兆民の文章が自由民権運動に与えた影響は非常に大きく、それらは『中江兆民全集』全一八巻に収められている。

さて、この文章は一八九一年（明治二十四）二月二十一日付『立憲自由新聞』に掲載されたものである。前年第一回衆議院議員選挙で大阪から選出された彼は、その年の暮れから始まった栄《は》えある第一回帝国議会に自由党所属代議士として臨んだ。当時、自由党、改進党など自由民権運動側の政党を民党《みんとう》といい、藩閥《はんばつ》政府系の議員を吏党《りとう》と呼んでいたが、民党がやや数で上回っていた。そのため、一時は予算の政府原案を衆議院で削減修正したのであるが、この文章が書かれた前日、兆民と同党同郷である自由党土佐派の裏切りで予算案は政府の意図通り通過してしまった。憤った彼はこの文章を書き、同時に辞表も提出したのであった。それまで「国民を友と恃《たの》み、国民の理義に賭けてきた」（山室信一『法制官僚の時代』）兆民であったが、以後は徐々に冷酷な「無血虫」日本人への不信感を露わにしていく。大きな期待は大きな失望に変わりやすいのであろうか。

出　典　『中江兆民全集』一二、岩波書店、一九八四年

参考文献　山室信一『法制官僚の時代』木鐸社、一九八四年

95 東郷平八郎

とうごうへいはちろう

一八四七―一九三四

海軍軍人、日露戦争日本海海戦の際の連合艦隊司令長官。薩摩《さつま》藩士の四男として鹿児島に生まれる。十七歳で薩英《さつえい》戦争に参加、戊辰《ぼしん》戦争でも幕府海軍と戦う。維新後はイギリスに留学、帰国後も一時は健康を害したが順調に昇進、一九〇三年（明治三十六）には連合艦隊司令長官に就任、翌年からの日露戦争では自ら作戦を立て陣頭指揮をして勝利の立役者となる。その後は救国の英雄としてカリスマ的存在となり、海外にもその名が知れ渡る。一九一三年（大正二）元帥《げんすい》、一四年東宮《とうぐう》御学問所総裁、昭和初期には海軍内の艦隊派として軍縮に強硬な反対意見を唱え、政治的にも影響を与えた。

東郷平八郎

皇国《こうこく》の興廃此《こうはいこ》の一戦に在《あ》り、各員一層奮励《かくいんいっそうふんれい》努力せよ

是《ここ》に於《おい》て全軍に戦闘開始を令《れい》し、同時（午後一時）五十五分視界内に在《あ》る我全艦隊に対し「**皇国《こうこく》の興廃此《こうはいこ》の一戦に在《あ》り、各員一層奮励《かくいんいっそうふんれい》努力せよ**」の信号を掲揚《けいよう》せり。而《しか》して主戦艦隊は少時南西に向首し敵と反航通過すると見せしが、午後二時五分急に東に折れ其《その》正面を変じて斜《ななめ》に敵の先頭を圧迫し、装甲巡洋艦隊も続航して其後に連《つらな》り……（『読売新聞』明治三十八年六月十五日付録号）

【解説】今から一〇〇年前の一九〇五年（明治三十八）五月二十七日、まさに日本の存亡を賭けた重要な一戦が始まろうとしていた。韓国、満州（中国東北地方）地域の権益を巡って前年二月に始まった日露戦争は、日本側が有利のうちに進められていた。海軍は旅順《りよじゅん》港のロシア太平洋艦隊を封鎖したうえ、その出てきたところを黄海《こうかい》海戦（一九〇四年八月）で撃破した。陸軍は苦戦した旅順攻防戦で何とか陥落させることに成功し（一九〇五年一月）、奉天《ほうてん》での大規模な会戦でも一応の勝利を収めた。しかし、日本の疲弊も激しく、第三国による講和斡旋の調停が行われつつあった。そのようななか、最後の戦いがこの日本海海戦であり、この結果次第で講和条件も大きく異なったであろうし、場合によっては戦局が大きく動く可能性もあった。

他方、ロシアバルチック艦隊は一九〇四年十月にバルト海を発ち、とりあえずウラジオストックに入港して体勢を立て直す予定であった。逆に日本は入港以前に叩くことが課題であり、その経路が対馬海峡《つしまかいきょう》か、津軽《つがる》海峡かで悩んでいたが、五月二十七日午前五時ついに対馬海峡で敵の艦影を発見した。東郷は大本営に「本日天気晴朗《せいろう》なれども波高し」と打電した。そして掲載史料にあるように主力同士が相まみえ、敵艦進行方向を横断するという有名な東郷ターンが開始されたのである。

ところでこの文句は言葉ではなく、ナポレオンのイギリス上陸の意図をトラファルガー海戦で挫《くじ》いたことで有名なネルソン提督の故事にならって信号旗で伝えられた。いわゆる四色のZ旗である。本来は「引き船を求める」という意味であるが、ここではアルファベットの最後尾に位置することから、もう後がないという意味が込められていた。それがのちの東郷から大本営への報告文でこのように表現されたようである。まさに国家としても不退転の状況に追い込まれていたのであり、以後もZ旗とともにこの言葉も言い伝えられることになった。

参考文献　田中宏巳『東郷平八郎』ちくま新書、一九九九年

96 今泉みね

いまいずみみね

一八五五—一九三七

江戸後期幕府蘭医七代桂川甫周《かつらがわほしゅう》（国興）の次女。四代桂川甫周（国瑞《くにあきら》）は、杉田玄白《すぎたげんぱく》・前野良沢《まえのりょうたく》とともに『解体新書』を翻訳し、大黒屋光太夫《だいこくやこうだゆう》の話を聞き『北槎聞略《ほくさぶんりゃく》』を著した人物である。七代甫周は、みねの誕生した一八五五年（安政二）から『和蘭字彙（ズーフ・ハルマ）』の刊行事業を始め、五八年に完成している。みねは生後すぐに母を亡くしたがこの父に慈しまれ、父を慕ってくる若き書生たち（福沢諭吉《ふくざわゆきち》・柳河春三《やながわしゅんさん》・宇都宮三郎など）の姿を見て育った。七三年（明治六）に佐賀出身の今泉利春《としはる》と結婚した。

今の教育は骨を折っていますけれど、少しこせついているように見えます。昔は無教育でいけない所もあったでしょうが、その者の特色を出させ、勉強というものをたのしみにさせたのはなるほどそうだと近ごろ思うようになりました。（『名ごりの夢』）

【解説】『名ごりの夢』より「雛《ひな》まつりとお手習い」の一節である。

みねの息子今泉源吉によると、『名ごりの夢』は源吉の出版していた雑誌『みくに』の原稿不足を補うため、みねに頼んで昔語りをしてもらい、それを掲載したのがもとになっているという。一九三五年（昭和十）からみねの亡くなる一九三七年まで続けられた。みねが源吉に語り、それを源吉の妻が筆記、みねの傍らで孫たちも聞くというなかでこの作品は成立したとのことである。

引用箇所の前の部分で、みねは桂川家の家風と自らの体験について語っている。みねの祖父は手習いや歌は習わずにもできるという考え方で、みねの父甫周をはじめとする子供たちから筆や紙を取り上げてしまったという。それなのに、みねの父や叔父叔母たちは各種に才能を発揮した。みねはそれについて、親が手出しをしなかったからこそ、特色が出たと述べている。

みね自身もそのような家風から、手習いをさせてもらったことがなく、思ったことを歌に詠みそれを書くことが手習いだった。当時は歌や俳諧《はいかい》が生活のなかにあり、別に勉強しようと身構えなくても自然に触れることのできる環境にあったのである。みねは父のもとに出入りする書生の一人であった柳河春三《やながわしゅんさん》に一ヵ月に二回歌をみてもらっていたが、柳河はあまり手を入れずに「いとよろしく候《そうろう》」と評してくれ、みねは大喜びだったという。

その経験から、みねは最近（昭和初期）の教育について「こせついている」と見ている。勉強をつめこむのではなく、本人の自由にさせ、楽しませながら学ばせることでそれぞれの得意なものが見え、それが伸びるのだ、と。しかし、桂川家のような環境は、誰にでもあるというものではないだろう。

出　典　今泉みね著、金子光晴解説『名ごりの夢』〈東洋文庫〉平凡社、一九六三年

参考文献　本田和子『江戸の娘がたり』朝日新聞社、一九九二年

97 犬養　毅

いぬかいつよし

一八五五—一九三二

戦前期日本を代表する政党政治家。木堂《ぼくどう》の号も有名。岡山藩士の家に生まれる。上京して慶応義塾に学びながら『郵便報知新聞』に寄稿し、西南戦争従軍記事で有名になる。明治十四年政変後は大隈重信とともに改進党を結成し、一八九〇年（明治二十三）の第一回総選挙以来一七回連続当選する。孫文《そんぶん》との交遊は有名で、辛亥《しんがい》革命を援助する。一九一二年（大正元）、陸軍が第二次西園寺公望《さいおんじきんもち》内閣を倒したことに反発して起きた第一次護憲運動では尾崎行《おざきゆき》雄《お》とともに運動の先頭に立ち、「憲政の神様」と呼ばれるようになった。晩年は立憲政友会《りっけんせいゆうかい》の総裁に就任して総理大臣ともなったが、五・一五事件で青年将校に暗殺される。

犬養　毅

話せば分る

巡査「総理、大変です。暴漢が闖入《ちんにゅう》しました。早くお逃げなさい」

犬養「いや、逃げない。そいつ達に会はう。会って**話せば分る**」

（青年将校たちと面会。彼らが空砲で脅かすと）

犬養「まあ待て、射《う》つのは何時《いつ》でも出来る。あっちへ行つて話を聴かう」

（青年将校と客間に行き、しばらくすると銃声が届く。家族が駆けつけた時）

犬養「煙草に火を点《つ》けろ。いまの若い者をもう一度呼んで来い。話して聞かせてやる」

（この直後に絶命）（犬養健「追憶」『中央公論』一九三二年八月号より抜粋）

【解説】犬養毅といえば「憲政の神様」としてお馴染みであるが、もう一つ別の重要な面があった。それは、青年教育に情熱を燃やした教育家であったことである。日露戦争後、日本各地に自発的に青年団体が族生するようになった。江戸時代以来の若者組は明治になってその風俗のいかがわしさから禁止されたが、この頃から地域社会の公共活動での実践（銃後《じゅうご》活動・消防・警察・災害救助・祭礼など）を担う団体として重要さが認知されるようになり、政府もその設立を勧奨するようになった。それだけではなく、彼らが再び風俗的に堕落しないよう導かなければならず、同時に官僚も軍も政党も、それぞれの基盤のなかに彼らを取り込もうと激しい争奪戦を始めた。そんななか、犬養も一九一三年（大正二）に大日本青年協会なる団体を創立し、『青年』という雑誌を発行して積極的に青年との接触を図った。その創立趣意書には「立憲治下の国民には、自らこれに必要なる知識あり、道徳あり、若《も》し此《こ》の知識道徳を欠かんか、憲政の完美得て望む可《べか》らず。……而《しか》して智徳の根本を心髄の微処に求めんと欲せば、青年の未《いま》だ深く弊習《へいしゅう》に浸潤《しんじゅん》せざる時に於《おい》て、先《ま》づ立憲智徳を涵養《かんよう》し、増進し、以《もっ》て善美の新国民を造らざる可《べか》らず」とある。そして、実際に第一次護憲運動で犬養が示した妥協を排し、筋を通す姿勢は多くの若者の共感を呼び、「木堂会《ぼくどうかい》」という青年修養団体が全国に創立された。

ここに掲載した史料は、一九三二年（昭和七）五月十五日に青年将校が要人を襲撃したいわゆる五・一五事件の際に、首相官邸で交わされた犬養と青年将校の会話を家族が書き止めたものである。「話せば分る」は名文句として有名であるが、この史料を読めば、犬養が死の直前まで青年教育に強い意欲を持っていたことが分かり、何気ないこの言葉にも、彼の人生からすれば重い意味が込められていたのである。

参考文献　時任英人『犬養毅』論創社、一九九一年

順境《じゅんきょう》とか逆境とか、貧富とかいふことを苦にするとせぬは、畢竟《ひっきょう》目的が定つて居《お》るか居《お》らないかに在《あ》る。

順境《じゅんきょう》とか逆境とか、貧富とかいふことを苦にするとせぬは、畢竟《ひっきょう》目的が定つて居《お》るか居《お》らないかに在《あ》る。……自分の経験から言つても、多年の間所謂《いわゆる》逆境に居るのであるが、自分は未《いま》だ曽《かつ》て人の思ふ如《ごと》く苦痛を感じたことはない。（『木堂談叢』博文堂、一九二二年）

【解説】では犬養はどのようなことを青年に述べていたのであろうか。それはやはり自らの経験を踏まえる形で説かれることが多かった。彼の政治遍歴は、晩年こそ多数党の政友会総裁におさまったが、それは一度引退したのちに政友会側の事情から担ぎ出されたものであり、それまではいつも少数党に籍を置いていた「逆境」の政治家であった。そのため、趣味の書画骨董《こっとう》を売って政治資金を稼ぐことさえあった。そのような彼の口からこのような言葉が出たとき、多くの純朴な青年たちは大いに共鳴したことであろう。

出典　鷲尾義直編『犬養木堂伝』中〈明治百年史叢書〉復刻、原書房、一九六八年

98 原　敬 はらたかし 一八五六―一九二一

わが国で最初に政党内閣を樹立したことで有名な政党政治家。「白川以北一《ひと》山百文《やまひやくもん》」からとった「一山」の号は有名。白髪であったことから「白頭翁《はくとうおう》」と呼ばれた。盛岡南部《なんぶ》藩の家老《かろう》格の家に生まれるが、戊辰《ぼしん》戦争で藩が朝敵《ちょうてき》となったため維新後は苦労し、身分も平民となった。さまざまな苦難の遍歴をたどるが、他方で陸奥宗光《むつむねみつ》、伊藤博文《ひろぶみ》など彼の才能を高く評価する人物にも恵まれ、一九〇〇年（明治三十三）の伊藤の立憲政友会《りっけんせいゆうかい》創立に参画し、以後党内では組織の整備、党外では山県閥《やまがたばつ》との政治交渉の中心となり、ついに一八年（大正七）に首相に就任するが、暗殺されてしまう。

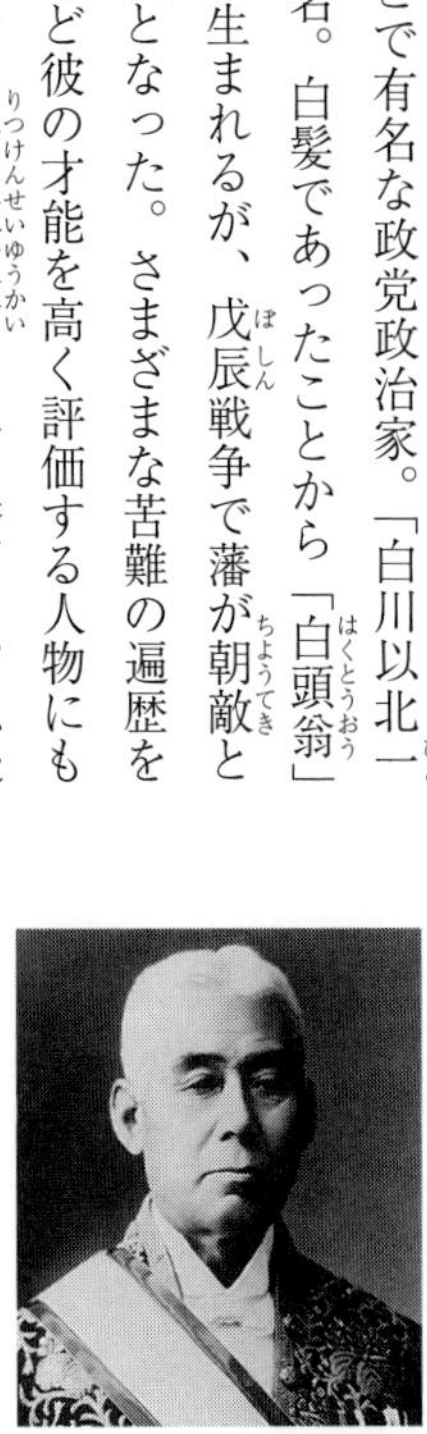
原　敬

天下の患《うれい》は勢《いきおい》を知らざるより大なるはなく、而《しか》して治国《ちこく》の要《よう》は勢を察するより急なるはなし。

天下の患《うれい》は勢《いきおい》を知らざるより大なるはなく、而《しか》して治国《ちこく》の要《よう》は勢を察するより急なるはなし。今夫《そ》の勢を知らざる者は往々《おうおう》大勢の赴《おもむ》く所に反す。是《これ》を以て禍乱踵《からんきびす》を旋《めぐ》らさゞるべし。而して能《よ》く勢を察する者誰か大勢の赴く所に乗ぜざらんや。是を以て其《その》欲する所は期せずして之《これ》を得べし。況《いわ》んや勢に正非なし。故《ゆえ》に勢に乗じて起る者未《いま》だ必らずしも正理なるにあらず。而して勢に反して倒る、者亦《また》未だ必らずしも非理ならざるに於《おい》てをや。政党の上に坐して勢の赴く所を知らずんば猶ほ一髪万鈞《いっぱつばんきん》を引くが如し。蓋《けだ》し亦危《あやうし》矣。国を為《おさ》むる者安《いずく》んぞ其勢の赴く所を察して予め処理する所なかる可けんや。（「大勢を知るは官民の急務」『郵便報知新聞』明治十四年十一月十九日号）

【解説】この「大勢を知るは官民の急務」が『郵便報知新聞』に掲載されたのは、明治十四年政変の余韻いまだ収まらないときであった。原のこの主張は、国会開設に消極的な薩長政府を「勢」を知らないとして強く非難したものであった。三谷太一郎氏によれば、原が何よりも重視したのは「自然の趨勢《すうせい》」であったという。「自然の趨勢」とは世界的規模で人類の動向を突き動かしている力であり、日本もそれによって明治維新が起きたのであり、それには正義も悪もなく、ただ勢いの赴くところを察して棹《さお》さすべきであると原は考えていた。

しかし、原が単に時流に流されて生きていたととらえるのは大きな間違いである。なぜなら、世間からは暴れん坊（壮士《そうし》）集団として厄介視《やっかいし》されていた政党を、政権担当者に相応《ふさわ》しい立派な存在に育て上げる過程で発揮された、彼の堅固な意思と粘り強い実行力は並外れたものであり、自らの手で「勢」を作っていったとさえ言えよう。つまり、自分の意思と「勢」を一体化させ、その力を背景に彼は偉業を成し遂げたのであった。ただそんな彼も、自らの課題（政党内閣の樹立）を達成した瞬間には、将来の「勢」の赴く所を国民によく提示しえず、残念な最期を迎えることになった。

出典　『原敬全集』上〈明治百年史叢書〉復刻、原書房、一九六九年

参考文献　前田蓮山『原敬伝』上・下、高山書院、一九四三年／三谷太一郎『日本政党政治の形成』増補、東京大学出版会、一九九五年

99 穂積陳重

ほづみのぶしげ

一八五六—一九二六

明治・大正の代表的な法律家。宇和島《うわじま》藩士の子供として生まれる。大学南校《だいがくなんこう》に学んだのちイギリス・ドイツに留学し、帰国後は東京大学法学部教員となり、一八八二年（明治十五）には二十七歳で法学部長に就任する。明治二十年代には、憲法をはじめ続々と重要な法律が制定されたが、彼もその中心的人物として民法、商法等に深く関与した。さらに第一次大戦後にも法体系が大幅に変更されたが、このときも彼は臨時法制審議会総裁としてその中心にあった。また枢密《すうみつ》顧問官、枢密院議長に就任し、法の番人としても活躍した。

穂積陳重

刑法は自身にも進化し、かつ社会の進化をも補うもの

刑法は何のために我々の社会にあるかというと、刑法は社会の進化を補うために存在するもので、即《すなわ》ち社会の生存競存（ママ）の一つの作用であります。凡《およ》そ一国の基礎を危うする者は、外よりその存在を攻撃するものと、内よりその存在を害するものとの二つがあります。外の侵害は海陸軍の力によってこれを防ぎ、内の攻撃は法律なかんずく刑法を以《もっ》てこれを防ぎまする。故《ゆえ》に刑法は一国全体と罪人との生存競争にて、国家は自己の生存のために罪人を罰するのであります。いわば刑法は国家の爪牙《そうが》の如《ごと》きものであります。下等動物が爪または牙を以

て一身を護《まも》ると同じく、国家は刑法によりて始めて内より国家の基礎を危くする者を防ぐを得るのであります。故に、**刑法は自身にも進化し、かつ社会の進化をも補うもの**であろうと思います。（「刑法進化の話」）

【解説】穂積一族を抜きにしては、日本の法学は語れない。陳重の弟八束《やつか》は憲法学で美濃部達吉《みのべたつきち》のライバルとして、あるいは「民法出《みんぽうい》でて忠孝亡《ちゅうこうほろ》ぶ」という言葉で有名であり、息子重遠《しげとお》は民法の分野で大きな業績を残した。

陳重の学問的特徴は「法律進化論」にあった。彼が国家の期待を担って留学した当時、欧州ではダーウィンの進化論が社会科学の分野も含めて世間を席巻《せっけん》していた。陳重もその影響を受け、人類が生まれ持った性質から法の発生を説き起こし、個人の個性が合同して社会化していく進化の過程にあわせて法も進化してきたことを論証し、さらに将来の世界共通法形成を展望することを自らのライフワークとしたのである。残念ながらその四分の一程度しか果たせずに病死してしまったが、その断片は『復讐《ふくしゅう》と法律』や『法窓夜話《ほうそうやわ》』に見られ、今日でも該博《がいはく》さやスケールの大きさに驚かされる。

その「法律進化論」を刑法に即して述べたのが、ここに掲載した文章である。これは一八八八年（明治二十一）九月に「刑法進化の話」と題して行われた演説で、もともと種の保存のために復讐という行為は人類に本源的に備わっていたが、それが人類の団結が強まると同時に私刑を禁じて刑法が誕生し、それがさらに合理的に制度化されていくと論じている。西洋と日本、前近代と近代が交錯《こうさく》する不安定な状況のなかで、法律になじみのない日本国民に、古今東西の例を渉猟《しょうりょう》して懸命にその存在意義を説き伏せようと奮闘する姿には強い使命感が感じられる。

出典　穂積陳重『復讐と法律』岩波文庫、一九八二年

100 加藤高明

かとうたかあき

一八六〇—一九二六

原敬《はらたかし》と並ぶ大正時代の代表的政党政治家。名古屋藩の下級武士の家に生まれる。妻は岩崎弥太郎《いわさきやたろう》の娘。一八八一年（明治十四）にできて間もない東京大学法学部を首席で卒業した近代学歴エリートの嚆矢《こうし》。三菱《みつびし》本社に入社しイギリスに留学する。のち、陸奥宗光《むつむねみつ》、大隈重信、伊藤博文らに引き立てられて官界で順調に出世、特に駐英公使・外相として外交畑で活躍、「日英同盟骨髄主義」として知られる。一九一三年（大正二）桂太郎《かつらたろう》創設の新党に参加、桂が死去したため同年立憲同志会《りっけんどうしかい》（のち憲政会《けんせいかい》）総裁に就任、原敬政友会《せいゆうかい》の好敵手となる。一九二四年第二次護憲運動ののち、首相に就任。

加藤高明

一国の政治は少くとも其《その》時代に於《お》ける国民の平均道徳以上を目標としなくてはならぬ。

予の確信する所によれば**一国の政治は少くとも其《その》時代に於《お》ける国民の平均道徳以上を目標としなくてはならぬ。**由来政友会内閣のなす所を見るに、常に国民平均道徳以下を標準として政治を行ひ来れるが、是れ政治を以て国民道徳を蹂躙《じゅうりん》するものにして綱紀《こうき》の紊乱《ぶんらん》、風教の頽廃《たいはい》固《もと》より当然の結果である。（「四十五議会に臨《のぞ》むに際して」『憲政』大正十一年一月号）

【解説】この文章は、憲政会《けんせいかい》の機関誌『憲政』に加藤が書いた論文の一節である。加藤ほど若いときから将来を約束された人物はいないだろう。近代学校制度が誕生してから最初に輩出された優等生であり、三菱財閥の経済的・人脈的援助もあった。エリートらしくイギリスに長く駐在し、すっかりと貴族的な政党政治家になって帰国したのであるが、そのうえツキにも恵まれ、彼を待っていたかのように桂太郎が政党を結成し、そしてすぐに他界したため労せずして政党総裁となり、同時に首相候補者の一人にもなったのである。

しかし、候補になってから首相になるまでが長かった。しばしば「雌伏《しふく》一〇年」と言われたが、その原因の一つは後継首相の選任に大きな影響力を持つ元老山県有朋《げんろうやまがたありとも》に嫌われたことである。一九一五年（大正四）の対《たい》華《か》二一ヵ条要求の際、外相として元老の外交交渉介入を抑止したため山県の勘気《かんき》を蒙《こうむ》り、以後融通《ゆうづう》の利《き》かない非妥協的な政治家というイメージになった。

実はこの融通の利かないという点にこそ、加藤の真骨頂があった。彼は小さいとき、鈍重なため「牛」という渾名《あだな》を献上されたが、成人してからも強い正義感を持ち首尾一貫はしているが、「ブッキラボー」な頑固者であると評されていた。では彼の信念とは何かといえば、それこそがこの文章である。彼によれば、政治家たる者は国民の平均以上の道徳を持つ者でなければならず、そのような政治家が国民を道徳的にリードしていってこそ国家は発展するという。この点では「私の考えでは最良の政治と云《い》ふものは、民衆政治を基礎とする貴族政治であると思ふ」と述べた吉野作造《よしのさくぞう》と同じであり、つまり加藤は吉野流の「民本主義《みんぽん》」を実現すべく献身したのであった。このような加藤の信念は、いつの世でも求められることであろう。

参考文献　岡義武『近代日本の政治家』岩波文庫、二〇〇一年／松尾尊兊ほか編『吉野作造選集』三、岩波書店、一九九五年

101

内村鑑三

うちむらかんぞう

一八六一―一九三〇

キリスト教宗教家、評論家。高崎藩《たかさきはん》下級武士の子として江戸藩屋敷に生まれる。官費が支給されることもあって札幌農学校に入学、そこでキリスト教に触れ洗礼を受ける。卒業後、開拓使、農商務省に勤めるが、渡米しアーマスト大学、ハートフォード神学校に学ぶ。帰国後、北越《ほくえつ》学館、一高、泰西《たいせい》学館、熊本英学校等で教鞭《きょうべん》をとる。一高では一八九一年（明治二十四）に教育勅語《きょういくちょくご》に拝礼しないという、不敬事件を起こして職を追われた。万朝報《よろずちょうほう》に入社し、幸徳秋水《こうとくしゅうすい》らと日露非戦論を展開したこともあったが、徐々に無教会主義に基づく信仰に傾倒していき、独特の思想を確立していった。

内村鑑三

私に愛する二個のJがある、其一はイエス（Jesus）であつて、其他の者は日本（Japan）である

私に愛する二個のJがある、其一はイエス（Jesus）であつて、其他の者は日本（Japan）であると。イエスと日本とを較《くら》べて見て、私は孰《いずれ》をより多く愛するか、私には解《わか》らない。其内の一を欠けば私には生きて居る甲斐がなくなる。……日本は決してイエスが私を愛して呉《く》れたやうに愛して呉れなかつた。それに係《かか》はらず私は今尚日

本を愛する。止《や》むに止まれぬ愛とは此《この》愛であらう。（「私の愛国心に就て」『聖書之研究』三〇五号、大正十五年一月十日号）

【解説】彼の墓碑に、I for Japan: Japan for the World: The World for Christ: And All for God（余は日本のため、日本は世界のため、世界はキリストのため、そして全ては神のため）と書かれているように、個人から国家、世界、宇宙が一体となり、自然も歴史もすべて包み込む世界観が彼にはあったという。逆にいえば、熱烈なキリスト教徒であった彼にしても、国家はぬぐいがたく存在していたのである。

しかし、彼の人生は国家から裏切られてばかりであった。アメリカの進歩的な空気を思いきり吸い込み意気揚々と帰国した彼を待っていたのは、国家主義の洗礼であった。教育勅語への拝礼を拒否して問題となり、世間から囂々《ごうごう》たる非難を受けたいわゆる不敬事件である。これは松沢弘陽氏によれば、内村の「将来に向かって開かれた」国家主義と、自己の優越性に基づく一般的な「自己閉鎖的」国家主義の相違であったという。この後、彼は信仰に基づく社会改良に燃えてジャーナリズムで活躍するが、日露戦争頃にはなかなか西欧化（アメリカが理想であった）しない帝国主義日本に批判的となって非戦論を唱え、さらに第一次大戦に遭遇するに及んで人類の進歩そのものに懐疑的となり、キリストの再臨以外に世界平和の方法は無いとの境地に至った。ここでは「自己意識」を重視する近代的キリスト教も、日本の大正デモクラシーも批判の俎上《そじょう》に上げられた。

しかし、批判の反面、世間との対立を自らの問題として誠実に受け止め、かつこの「二個のJ」にあるように、熱烈な愛国心に支えられていたために、今でも多くの支持、尊敬を集めているのであろう。

出　典　『内村鑑三全集』二九巻、岩波書店、一九八三年

参考文献　松沢弘陽編『内村鑑三』〈日本の名著〉中央公論社、一九七一年

102 岡倉天心

おかくらてんしん

一八六二―一九一三

岡倉天心

美術評論家、思想家。幼名角蔵、のち覚三《かくぞう》。横浜の生糸商の家に生まれ、幼いときより英語、漢籍を学ぶ。東京大学文学部に入学、卒業後は文部省に入省、フェノロサとともに渡欧して美術行政を勉強したり、国内各地の調査をしたりして日本の伝統美術の復興に尽力する。一八八九年（明治二十二）東京美術学校創設、翌年に校長となる。九八年には橋本雅邦《はしもとがほう》、横山大観《よこやまたいかん》らと日本美術院を創立。一九〇四年よりアメリカ・ボストン美術館東洋部長として毎年渡米、英文で論文を執筆し東洋の文化や思想を欧米に紹介した。

自己の内側の大いなるものの小ささを感ずることができぬものは、他人の内側の小さなものの大いさを見のがしやすいものだ。

自己の内側の大いなるものの小ささを感ずることができぬものは、他人の内側の小さなものの大いさを見のがしやすいものだ。一般の西洋人は、茶の湯を見て、東洋の珍奇《ちんき》と稚気《ちき》を構成する、あの無数にある奇癖《きへき》のうちの一例に過ぎぬとまともに信じているであろう。彼らは、日本が平和な文芸にふけっていたころは野蛮国と見なしていた。しかし、日本が満州の戦場に大殺戮《だいさつりく》行動をおこしてからは、文明国とよんでいる。（『茶の本』）

【解説】岡倉天心といえば「アジアは一つである」という言葉が有名である。「ヒマラヤ山脈は、二つの偉大な文明——孔子《こうし》の共産主義をもつ中国文明と『ヴェーダ』の個人主義をもつインド文明を、ただきわだたせるためにのみ、分かっている。しかし、雪をいただくこの障壁でさえも、究極と普遍をもとめるあの愛のひろがりを一瞬といえどもさえぎることはできない」(『東洋の理想』)と続き、西欧帝国主義に対するアジア文化の復権と連帯を訴えたものであった。一九〇一年(明治三十四)天心はインド各地の遺跡を巡っていたが、独立を志す青年たちと交わりその運動に共鳴した。「アジアの兄弟姉妹よ、われわれの父祖の地は、大いなる苦難のもとにある。今や、東洋は衰退の同義語になり、その民は奴隷《どれい》を意味している」(『東洋の目覚め』)という言葉も、この交流のなかから生まれた。これら刺激的な言動によって天心は、昭和戦前期にはアジア主義を代表する人物として讃えられ、戦後は逆に侵略主義として非難されることになったのである。

さて、ここで紹介した文は『茶の本』と題して一九〇六年に英語で書かれたもので、当時彼はボストン美術館東洋部長を務め、社交界で注目を集める存在になっていた。そんな彼が茶の心について解説したこの本はたちまち欧米で評判になった。色川大吉氏によれば「日露戦争の勝利の結果、欧米諸国民の眼が一時に日本にあつまり、日本を武士道や『はらきり』の国、好戦国民とみなしたのにたいし、天心がこの風潮に抗して、日本人は古来いかに茶や花の心を愛してきた優雅で平和的な国民であったかを説いたもの」という。ここで明らかなように彼のアジア主義は後世に誤解されてしまったのであった。

出典 色川大吉編『岡倉天心』〈日本の名著〉中央公論社、一九七〇年

103　夏目漱石

なつめそうせき

一八六七—一九一六

明治・大正期、否、近代日本を代表する作家。幼名金之助《きんのすけ》。江戸牛込《うしごめ》（現、新宿区）の有力な町名主の家に生まれたが、家庭的愛情には恵まれなかった。帝国大学文科大学英文科を卒業し、東京高等師範、松山中学、五高等の教員を歴任、一九〇〇年（明治三十三）文部省よりイギリスへ留学を命ぜられ、帰国後は一高、東京帝国大学の講師となる。この頃、『吾輩《わがはい》は猫である』『坊っちゃん』などで人気を博す。一九〇七年教職をやめて朝日新聞の専属作家となる。以後、『虞美人草《ぐびじんそう》』『三四郎』『門』『明暗』など、自我の貫徹と社会的拘束、孤独について知性溢れる作品を発表。胃潰瘍《いかいよう》のため五十歳で死去。

夏目漱石

西洋の開化《かいか》（即《すなわ》ち一般の開化）は内発的であって、日本の現代の開化は外発的である。

それで現代の日本の開化《かいか》は前に述べた一般の開化と何処《どこ》が違うかと云《い》うのが問題です。若《も》し一言にして此《この》問題を決しようとするならば私はこう断じたい、**西洋の開化（即《すなわ》ち一般の開化）は内発的であって、日本の現代の開化は外発的である。**ここに内発的と云うのは内から自然に出て発展すると云う意味で丁度《ちょうど》花が開くようにおのずから蕾《つぼみ》が破《やぶ》れて花弁《かべん》が外に向うのを云い、又外発的とは外からおっかぶさった他の力で已《や》むを得ず一種の形式を取るのを指した積《つもり》なのです。（「現代日本の開化」）

涙を呑《の》んで上滑《うわすべ》りに滑って行かなければならない

我々の遣《や》っている事は内発的でない、外発的である。是《これ》を一言にして云《い》えば現代日本の開化《かいか》は皮相上滑《ひそううわすべ》りの開化であると云う事に帰着するのである。……併《しか》しそれが悪いからお止《よ》しなさいと云うのではない。事実已《や》むを得ない、**涙を呑《の》んで上滑《うわすべ》りに滑って行かなければならない**と云うのです。（「現代日本の開化」）

【解説】 以上は、一九一一年（明治四十四）八月、大阪朝日新聞主催の和歌山で行われた漱石の講演「現代日本の開化」の一部である。日本の近代化の特徴をよく表しているこの部分は、多くの論文に引用され有名なものである。彼によれば、開化は人間の活力の源である、しかし西欧の開化が一つずつ積み重ねてできあがった内発的・安定的なものであるのに対し、日本は圧倒的な活力を誇る西欧文化の果実だけを外発的に吸い取るしか方法がなかったため、つねに上滑りしているので精神的安定に欠け、あるいは上滑りしないように踏ん張れば神経衰弱にならざるを得ず、したがって開化したからといって必ずしも幸福になったわけではないということになる。それを承知で「涙を呑《の》んで上滑《うわすべ》り」しなければならないという境地が、作品にもいっそうの凄みを与えているのであろう。

出典 『夏目漱石全集』一〇巻、筑摩書房、一九六六年

私は個人主義だと公言して憚《はばか》らない

義務心を持っていない自由は本当の自由ではないと考えます。と云《い》うものは、そうした我儘《わがまま》な自由は決して社会に存在し得ないからであります。よし存在してもすぐ他から排斥《はいせき》され踏《ふ》み潰《つぶ》されるに極《きま》っているからです。私は貴方がたが自由にあらん事を切望するものであります。同時に貴方がたが義務というものを納得せられん事を願って已《や》まないのであります。斯《こ》ういう意味に於《お》て、**私は個人主義だと公言して憚《はばか》らない**積《つもり》です。……一体国家というものが危《あやう》くなれば誰だって国家の安否《あんぴ》を考えないものは一人もない。国が強く戦争の憂《うれい》が少なく、そうして他から犯される憂がなければない程、国家的観念は少なくなって然《しか》るべき訳《わけ》で、其空虚《そのくうきよ》を充《み》たす為《ため》に個人主義が這入《はい》ってくるのは理の当然と申すより外《ほか》に仕方がないのです。（「私の個人主義」）

【解説】漱石はまた講演の名手でもあった。一般大衆や学生を相手にその心を掴《つか》みつつ「紆余曲折《うよきょくせつ》の妙」を発揮して話題を展開し最後に納得させる、その流れは今でも多くの講演者の模範になっているようである。そこで、彼の講演からもう一つ紹介しよう。これは一九一四年（大正三）十一月二十五日、「私の個人主義」と題して学習院で行われた講演の一節である。将来は「皇室の藩屏《はんぺい》」として国家に奉じ大衆を指導するよう教育されている学習院の学生を相手に、個人の自由が個性の発展につながり、個性の発展が個人の幸福につながると漱石は個人主義を一生懸命鼓吹《こすい》した。この文章からも漱石が西欧の自由や個人など根本概念を深く理解し、それを日本の実情に適用するに際してもよく考慮を巡らしていたかが分かろう。

出典　『夏目漱石全集』一〇巻、筑摩書房、一九六六年

104

徳富蘆花

とくとみろか

一八六八—一九二七

明治・大正期の小説家。本名健次郎《けんじろう》。現、熊本県水俣《みなまた》市にて惣庄屋《そうじょうや》の家に生まれる。熊本洋学校から京都の同志社《どうししゃ》に学び、その間キリスト教の洗礼を受ける。一八八九年（明治二十二）上京して実兄徳富蘇峰《そほう》の民友社《みんゆうしゃ》に入り、ジャーナリストでありながら創作活動も行う。九八年、大山巌《おおやまいわお》長女信子とその嫁ぎ先との不和を題材とした『不如帰《ほととぎす》』が大ベストセラーとなり、以後も『思出《おもいで》の記』『巡礼紀行』『黒い眼と茶色の目』などを発表。社会の矛盾や、「真なる自己」の希求などをテーマにした作品が多い。

徳富蘆花

新しいものは常に謀叛《むほん》である。……我等は生きねばならぬ。生きる為《ため》に謀叛をしなければならぬ。

幸徳君等《こうとくくんら》は時の政府に謀叛人《むほんにん》と見做《みな》されて殺された。が、謀叛を恐れてはならぬ。謀叛人を恐れてはならぬ。自ら謀叛人となるを恐れてはならぬ。**新しいものは常に謀叛である**。「身を殺して魂《たましい》を殺す能《あた》はざる者を恐るゝ、勿《なか》れ」。肉体の死は何でも無い。恐るべきは霊魂《れいこん》の死である。人が教へられたる信条《しんじょう》のまゝに執着《しゅうちゃく》し、言はせらるゝ如《ごと》く言ひ、為《さ》せらるゝ如くふるまひ、型《かた》から鋳出《いだ》した人形の如く形式的に生活の安《やすき》を偸《ぬす》んで、一切の自立自信、自化自発《じかじはつ》を失《うしな》ふ時、即《すなわ》ち是《こ》れ霊魂の死である。**我等は生きねばならぬ。生きる為《ため》に謀叛をしなければならぬ。**（「謀叛論」）

【解説】これは一九一一年（明治四十四）二月に、徳富蘆花が一高弁論部の河合栄治郎《かわいえいじろう》・河上丈太郎《かわかみじようたろう》らの要請で行った演説「謀叛論《むほんろん》」である。冒頭の「幸徳君」という人名から分かる通り、前年に起きた大逆《たいぎやく》事件を題材にしたものであり、このなかで蘆花は幸徳秋水《こうとくしゅうすい》を弁護し、彼を処罰した政府を非難している。

彼の根本にある発想は明治維新への熱き思いであったようである。「世界を流る、一の大潮流《だいちょうりゅう》の余波《よは》は、暫《しばら》く鎖《とざ》した日本の水門を乗り越え潜《くぐ》り脱《ぬ》けて滔々《とうとう》と我《わが》日本に流れ入つて、維新の革命は一挙に六十藩を掃蕩《そうとう》し日本を挙げて統一国家とした。其時《そのとき》の快豁《かいかつ》な気持は、何ものを以《もつ》てするも比《ひ》すべきものが無かつた。諸君解脱《げだつ》は苦痛である。而《しこう》して最大愉快《ゆかい》である」と維新を革命に喩《たと》えて賛美し、さらに「人類の大理想は一切《いつさい》の障壁《しようへき》を推《おし》倒《たお》して一《いつ》にならなければ止まぬ。一にせん、一にならんともがく。国と国との間もそれである。人種と人種の間も其通《そのとお》りである。階級と階級の間もそれである。性と性の間もそれである。……或《あるい》は夢であらう。夢でも宜《よ》い。人間夢を見ずに生きて居《い》られるものではない。其時節《そのじせつ》は必ず来る」と述べているように、「解脱」「革命」そして「謀叛」は永続しなければならないものであった。そして蘆花は秋水に対し、同じ「遅れてきた維新の志士」としての同情を禁じ得なかったのであろう。青年のような心意気、迸《ほとばし》る情熱は明治人の多くに共通するものであると同時に、国・人種・階級・性を超えるべしと言う蘆花の主張は現代でも叫ばれているように、それはしばしば時代を超越する可能性を含んでいたのである。

出典　『徳富蘆花・木下尚江』〈明治の文学〉筑摩書房、二〇〇二年

105 樋口一葉

ひぐちいちよう

一八七二―九六

明治前期の歌人・小説家。本名樋口奈津《なつ》。東京で生まれ育つ。中島歌子《なかじまうたこ》に師事し歌人として立つつもりであったが、父が死去し家計を助けるために小説家を目指すことになり、半井《なからい》桃水《とうすい》の指導を受ける。一八九四年（明治二十七）現東京文京《ぶんきょう》区西片《にしかた》に転居してから『たけくらべ』『にごりえ』『十三夜』『おおつごもり』などを文芸雑誌『文学界』などに続けて発表する。雅俗折衷《がぞくせっちゅう》体《たい》による写実的手法を用いた。二十五歳とあまりに早い死去であった。

樋口一葉

我れは女なり　いかにおもへることありともそは世に行ふへき事かあらぬか

しばし文机《ふづくえ》に頬《ほほ》つえつきておもへ《（思）》は誠にわれは女成《おんななり》けるものを、何事のおもひありとてそはなすへき事かは。われに風月のおもひ有《ある》やいなやをしらす　塵《ちり》の世をすてゝ深山《みやま》にはしらん《（走）》こゝろ《（心）》あるにもあらす　さるを厭世《えんせい》家《か》とゆひ《（指）》さす人あり　そは何のゆゑ《（故）》ならん　はかなき草紙《そうし》にすみ《（墨）》つけて世に出《いだ》せは当代の秀逸《しゅういつ》なと有《あり》ふれたる言《こと》の葉《は》をならへ《（並）》て明日はそしらん口の端《は》にうや〳〵しきほめ詞《ことば》なとあな侘《わび》しからすや　かゝる界《さかい》に身を置きてあけくれに見る人の一人も友といへるもなく我れをしるもの空しきをおもへはあやしう一人この世に生れし心《ここ》地《ち》そする　我れは女なり　いかにおもへることありともそは世に行ふへき事かあらぬか（一八九六年二月の日記）

【解説】明治文壇の一瞬の煌《きら》めき、樋口一葉の登場と死はあまりに突然であった。父は東京府の下級官吏であったが上昇志向が強く、実業方面に野心を燃やしていたが、逆にそれが禍《わざわ》いし全財産を喪失して他界した。その後、一時兄の家に同居したが、家族間の折り合い悪しく、戸主である一葉が母・妹の面倒をみるという生活が始まった。着物の仕立てをし、あるいは小説執筆そのものも食べるための仕事であった。

しかし、北村透谷《きたむらとうこく》主宰の『文学界』に、封建制度に苦しむ若き男女の悲恋などをテーマに続々と小説を発表すると、一躍有名となる。彼女自身もわざわざ日記に「はかなき草紙《そうし》にすみつけて世に出《いだ》せは当代の秀逸《しゅういつ》なと有《あり》ふれたる言《こと》の葉《は》をならへて」と書き込んでいるように褒められ嬉しい気持ちもあったようだが、同時に「我れを訪《とぶら》ふ人十人に九人まてはたゝ女子《おなご》なりといふを喜ひてもの珍らしさに集《つど》ふ成《なり》けり　されはこそことなる事なき反古紙《ほごがみ》作り出ても今清少《せいしょう》よむらさき（紫式部）よとはやし立る」（一八九六年五月の日記）と述べているように、内容そのものよりも若き女性の手になるスキャンダラスな筋書きが注目されていることを知っていた。

ここに掲載した文章は、女であるがゆえに思ったことを実行するのに躊躇《ちゅうちょ》しなければならない心情を表現している。それは「一葉はうまし、上手《じょうず》なり、余《よ》の女どもは更也、男も大かたはかうべ（頭）を下《さ》くへきの技倆《ぎりょう》なり、たゝうまし　上手なりといふ斗《ばかり》　その外《ほか》にはいふ詞《ことば》なきか」（一八九六年五月の日記）とあるように、女としてしか見てもらえないことに対する苛立《いらだ》ちに起因していたようである。

出典・参考文献　山田有策編『作家の自伝二二　樋口一葉』日本図書センター、一九九五年

106

柳田国男

やなぎたくにお

一八七五—一九六二

民俗学の創始者。兵庫県神東《じんとう》郡田原《たわら》村（現、神崎郡福崎町）の医者の家に生まれる。実兄に歌人井上通泰《いのうえつうたい》、弟に画家松岡映丘《えいきゅう》。東京帝国大学法科大学を卒業し農商務省に入省、以後貴族院書記官長、国際連盟委任統治委員会委員、朝日新聞論説担当等を歴任する。他方で大学時代から新体詩人《しんたいしじん》として知られ、また民間伝承に興味を持って全国を歩き回り、『後狩詞記《ごかりことばのき》』『遠野物語《とおのものがたり》』を刊行、以後も続々と研究成果を発表した。『郷土研究』という雑誌を発行したり、戦後も自ら民俗学研究所を創設して多くの研究者を育てるとともに彼らと連携して、「常民《じょうみん》」を中心とした民俗学という学問分野を確立した。

柳田国男

改革は期して待つべきである。

改革は期して待つべきである。 一番大きな誤解は人間の痴愚軽慮《ちぐけいりょ》、それに原因をもつ闘諍《とうそう》と窮苦《きゅうく》とが、個々の偶然であって防止のできぬもののごとく、考えられていることではないかと思う。それは前代以来のまだ立証せられざる当て推量であった。われわれの考えてみた幾つかの世相は、人を不幸にする原因の社会にあることを教えた。すなわちわれわれは公民として病みかつ貧しいのであった。（『明治大正史世相篇』）

【解説】 柳田の著作は今でも我々に大いなる刺激を与えてくれる。その一端をここに掲載した言葉から紹介してみよう。『明治大正史世相篇』は一九三一年（昭和六）、つまり戦前では民主化が最高潮に達した時期に、明治維新以来の近代社会の世相の変化をまとめ上げた本で、民俗学の本流からは外れるが、歴史的固有名詞を使わずに国民の歴史を描いた傑作である。具体的には「眼に映ずる世相」に始まり、食物、民家、交通、酒、恋愛、労働、病、共同体などをテーマにし、全国各地の事例を通してその変遷をたどっている。

さて、本書には「人心をすでに動いていた」という記述がしばしば見られる。たとえば「故郷異郷」の章では「日本では土地貧乏ともいって、住村《じゆうそん》に幸不幸の大なる差があることが、早くから知られていた」が、かといって他の土地に住み移るわけにもいかないため「何とかして坐《い》ながらこれを有利にしようと心がけたこと、これが近代の農事改良の基調であった。人心はすなわちすでに動いていたのである」と書かれている。つまり、西欧文明が輸入される以前から日本人には生活の改善を求めるこころが芽生えており、それが近代化の底流になっていると言っている。最近の近世史研究によって十八世紀頃からのめざましい近代化以前の経済発展が明らかになってきていることを考え合わせれば、柳田の指摘は近世、近代の歴史理解にとって重要であろう。

また柳田は同時代人としても鋭敏なセンスを持っていた。明治中・後期ではうち続く戦争のなかで国民は「臥薪嘗胆《がしんしようたん》」の生活を強いられたが、大正期以降国民は再び自分の生活に目を向けるようになった。そのようななかで、柳田は民族が総体として生活を改善し、将来の豊かな生活を送ることを目的として民俗学を打ち立てたのである。以後、高度成長期を含めて今日まで日本人の生活が全面的に改革されてきたことを見るとき、「改革は期して待つべきである」とはまさしく昭和時代を通しての日本人の心性を表しているように思われる。

出典　柳田国男『明治大正史世相篇』上・下、講談社学術文庫、一九七六年

107 寺田寅彦

てらだとらひこ

一八七八―一九三五

物理学者、随筆家。筆名吉村冬彦《よしむらふゆひこ》、俳名藪柑子《やぶこうじ》、寅日子《とらひこ》。高知県士族、陸軍会計監督寺田利正の子として東京に生まれ、高知県立尋常中学校、熊本五高を経て一九〇三年（明治三十六）東京帝国大学理科大学物理学科を卒業、音響の研究で理学博士の学位を取って同大学助教授となる。「ラウエ斑点《はんてん》の撮影に関する研究」で帝国学士院恩賜賞《おんししょう》を受賞。このほか、航空研究所でも研究する。他方で、五高時代に夏目漱石《なつめそうせき》に俳句を師事したことから文人とも交流し、正岡子規《まさおかしき》が主宰する雑誌『ホトトギス』に随筆等を発表するなど、文筆家としても有名。

寺田寅彦

人間とは一つの微分《びぶん》である。しかし人智の究《きわ》め得《う》る微分は人間にとっては無限大なるものである。

物理学は他の科学と同様に知の学であって同時にまた疑いの学である。疑うが故《ゆえ》に知り、知るが故に疑う。暗夜に燭《しょく》を秉《と》って歩む、一歩を進むれば明は一歩を進め、暗もまた一歩を進める。しかして暗は無限大であって明は有限である。暗は一切であって明は微分《びぶん》である。悲観する人はここに到《いた》って自棄《じき》する。微分を知って一切を知らざれば知るも何の甲斐《かい》あらんやと云《い》って学問を嘲《あざけ》り学者を罵《ののし》る。／**人間とは一つの微分《びぶん》である**。しかし**人智の究《きわ》め得《う》る微分は人間にとっては無限大なるものである**。一塊《いっかい》の遊星は宇宙の微分子であると同様に人間はその遊星の一個の上の微分子である。これは大きさだけの事であるが知識の dimensions はこれに止《とど》まらぬ。空間に対して無限であると同時に時間に対しても無限である。時と空間で織り出した Minkowski の Welt にはここまで以上には手の届かぬという限界はないのである。（「知と疑い」）

【解説】寺田寅彦の論文「ラウエ斑点《はんてん》の撮影に関する研究」とはX線研究のことであり、その水準は世界的であったという。このほかにも音響、気象、地震、海洋、航空などその専門分野は現在では考えられないほど幅広かった。これは彼の研究スタイルにある。日常的で不確かな自然現象への興味から得られたアイデアを源泉としてさまざまな研究に没頭し、ある程度の成果が得られれば次の研究に取りかかるのであり、現在のようによく言えば高度専門的、悪く言えばタコ壺的に正確性を追究する方法とは異なっている。

しかし、とにかく彼は超一流の物理学者であった。そんな彼の随筆は文科系の人間にも非常に面白い。「熊本より東京は広い。東京よりも日本は広い。日本より……頭の中の方が広いでしょう」とは彼の師夏目漱石の表現であるが（『三四郎』）、この「知と疑い」という随筆における明＝有限＝微分＝人間、暗＝無限＝人智という図式はいかにも物理学者らしい比喩《ひゆ》である。なお、Minkowski（ミンコフスキー）とは三次元の空間に時間を加えて四次元時空を考案したドイツの数学者で、Minkowski の Welt とは四次元空間を指す。ミンコフスキーの弟子アインシュタインはこれを基礎の一つとして「一般相対性理論」（一九一六年）を考え出した。

出典　『寺田寅彦全集』五、岩波書店、一九九七年

108 マッカーサー

Douglas MacArthur

一八八〇—一九六四

太平洋戦争後の占領時代のGHQ最高司令官。アメリカ陸軍中将の子供として生まれ、本人もアメリカ陸軍士官学校に進学、伝説的な優等生として卒業。フィリピンに勤務し、第一次大戦ではフランス戦線で活躍、戦後は陸軍士官学校校長を経て一九三〇年（昭和五）には参謀総長となる。その後退役してフィリピンにとどまるが、一九四一年極東方面軍司令官として復帰、日米開戦後は一時フィリピンからオーストラリアに脱出したが、対日戦を指揮し勝利に導く。四五年八月十五日に日本が無条件降伏をするや、連合国最高司令官として日本に上陸、天皇の人間宣言をはじめさまざまな民主的改革を推進した。

マッカーサー

勝者も敗者も含めてわれわれに課せられていることは、われわれがこれから追求しようとしている神聖な目的にふさわしい、より高い尊厳をめざして立上がり、……

われわれ主要交戦国の代表は平和を回復する厳粛な協定を締結するため、ここに集った。いろいろな理想と思想にからむ問題はすでに世界の戦場で決定されており、もはやわれわれが討議すべきものではない。また地球上の大多数の人々を代表するわれわれは、不信と悪意と憎悪の精神でここに集ったわけではない。／**勝者も敗**

者も含めてわれわれに課せられていることは、われわれがこれから追求しようとしている神聖な目的にふさわしい、より高い尊厳をめざして立上がり、われわれすべての国の国民がここに正式に引受けようとしている責務を忠実に果すことを誓うことである。（『マッカーサー回想録』）

【解説】 一九四五年（昭和二十）九月二日朝、東京湾上のミズーリ号甲板《かんぱん》で降伏調印式が行われた。連合国の日本に対する態度が明らかになる瞬間でもあり、世界はマッカーサーの一挙手一投足に注目した。彼によれば「何をいい、何をすべきか」について、本国政府から何の指示もなかったという。ミズーリ号のベランダ・デッキは金色や茶色の華やかな装飾で埋め尽くされ、見物人、カメラマンがマスト、煙突、砲塔に鈴なりになっていた。敗戦という屈辱の確認を、このようなお祭り気分のなかで行わなければならない日本側代表が戦々恐々としているとき、颯爽《さっそう》と現れたマッカーサーは、本来の式次第にはないこの演説を行った。

おそらくこのように、征服者から「勝者も敗者も」ともに「悪意と憎悪」に満ち溢れた過去に拘わらず、ただ将来に対して一緒に「神聖な目的」「より高い尊厳」の実現を目指そうと手を差し伸べられたとき、敗残者は大いに胸をなで下ろし彼に感謝したことであろう。もちろん、この後の連合国軍総司令部の対日態度は寛大だけであったわけではない。七名に絞首刑を言い渡した東京裁判、多くの該当者を出した公職追放、財閥解体、そして憲法をはじめとする多くの押しつけは、その断固たる態度を表している。しかし、威厳のなかにも余裕から醸し出される親近感（もちろんこれも計算されたものであった）もあって、征服者は敗残者からゲリラ的な抵抗を挑まれることもなく、間接統治による占領政策を円滑に遂行していくのであった。

出　典　マッカーサー著、津島一夫訳『マッカーサー回想録』上・下、朝日新聞社、一九六四年

109

平塚らいてう

ひらつからいちょう

一八八六―一九七一

大正・昭和の女性運動家、評論家。本名奥村明《おくむらはる》。会計検査院次長の父の下で裕福な生活を送りながらも、厳格な父への反発も強かった。日本女子大学を卒業後、心中事件を起こし世間から非難される。しかし、一九一一年（明治四十四）雑誌『青鞜《せいとう》』を創刊、センセーションを巻き起こす。エレン＝ケイの影響が強く、大正期には母性を巡って他の論客と論争もあった。市川房枝《いちかわふさえ》らと新婦人協会を結成し、婦人の選挙権獲得をめざしたり、社会主義・無政府主義にも接近。第二次大戦後も婦人運動、平和運動に参加し、国際民主婦人連盟副会長などを務めた。

平塚らいてう

元始《げんし》、女性は実に太陽であった。

元始《げんし》、女性は実に太陽であった。真正《しんせい》の人であった。／今、女性は月である。他に依《よ》って生き、他の光によって輝く、病人のような蒼白《あおじろ》い顔《かお》の月である。／さてここに『青鞜《せいとう》』は初声《うぶごえ》を上げた。／現代の日本の女性の頭脳と手によって始めてできた『青鞜』は初声を上げた。／女性のなすことは今はただ嘲《あざけ》りの笑《わら》いを招くばかりである。／私はよく知っている、嘲りの笑いの下に隠れたるあるものを。／そして私は少しも恐れない。／しかし、

『青鞜』創刊号表紙

どうしよう女性みずからがみずからの上にさらに新たにした羞恥《しゅうち》と汚辱《おじょく》の惨《いた》ましさを。／女性とはかくも嘔吐《おうと》に価《あたい》するものだろうか。／否々、真正の人とは（「元始女性は太陽であった」『青鞜』創刊号）

【解説】一九一一年（明治四十四）、平塚らいてう、木内錠子《きうちていこ》、物集和子《もずめかずこ》、保持研子《やすもちよしこ》、中野初子《なかのはつこ》ら二十代の女性が発起人となり、一八名の文学を志す女性が集って青鞜社《せいとうしゃ》が結成された。発起人たちはさらにイギリスの雑誌 *Blue Stocking* の日本版のようなものを発行すべく奔走《ほんそう》し、同年九月ついに『青鞜』は発行された。この雑誌も長沼智恵子《ながぬまちえこ》（後の高村光太郎妻）が描いた女性像の表紙を初め、詩歌、小説、翻訳などすべて女性の手によってなされたものであった。

その創刊号に、発刊の辞として掲載されたのがこの文章である。らいてうによれば、他の発起人はみな他の作業で忙殺されているため彼女が執筆を引き受けざるをえなくなり、「編集をすべて終えてから、深夜、自室に静座後、夜明け頃までに一気に書き上げた」ものであり、「ずい分、稚拙《ちせつ》な、恥《はず》かしいものであり、かつ意識的でない部分もあると思いますが、とにかく、『青鞜』発刊の際の自分の心持、若い日の張りつめた自分の魂の息吹《いぶき》が、何ものの抑圧もうけずにここに吐露《とろ》されて」いるという。たしかに文自体の出来栄えよりも圧倒的迫力が伝わってくるのであり、それが当時の若き女性の心を突き動かしたのであった。大正時代に入ると、『青鞜』は良妻賢母主義に反するとして発行禁止になったこともあったがその影響力は絶大であった。

出典　『平塚らいてう著作集』一巻、大月書店、一九八三年

参考文献　平塚らいてう「わたしの歩いた道」『作家の自伝八　平塚らいてう』日本図書センター、一九九四年／らいてう研究会編『『青鞜』人物事典』大修館書店、二〇〇一年／瀬戸内晴美『青鞜』中公文庫、一九八七年

山の動く日来る、

山の動く日来る、かく云《い》へども人われを信ぜじ。山は姑《しばら》く眠りしのみ、その昔彼等皆火に燃えて動きしものを。されど、そは信ぜずともよし、人よ、ああ、唯《ただ》これを信ぜよ、すべて眠りし女今ぞ目覚めて動くなる。（「そぞろごと」『青鞜』創刊号）

【解説】『青鞜』創刊号には与謝野晶子《よさのあきこ》も詩を寄稿していた。これがその詩である。ときは越えて一九八九年（平成元）、土井たか子率いる社会党は参議院選挙においてマドンナブームを巻き起こし大躍進を遂げた。その朗報を聞き、土井委員長は「山が動いた」と語ったといわれているが、それはこの詩と関連しているようである。なお、嫁の理想像としてよく引用され、旧制三高の寮歌でもある「妻をめとらば才たけてみめ美《うるわ》しく情《なさ》けある」は、与謝野晶子の夫与謝野鉄幹《てっかん》の作である（『人を恋ふる歌』）。

出典　『日本の詩歌』四、中央公論社、一九六八年

110 石川啄木

いしかわたくぼく

一八八六—一九一二

明治時代の詩人。本名石川一《はじめ》。岩手県で僧侶の子として生まれる。盛岡尋常中学校時代から文学と恋愛に目覚め、カンニング事件で退学となる。不遇な青春時代を送るが、与謝野鉄幹《よさのてつかん》に認められて明星《みょうじょう》派《は》の詩人となり、最初の詩集『あこがれ』で注目される。しかし、家庭の事情で渋民《しぶたみ》村に帰って代用教員となり、さらに追われるように北海道に渡るなど不遇な生活は続いた。一九〇九年（明治四十二）やっと東京朝日新聞校正係として東京に職を得、創作では短歌で高い評価を獲得、『一握《いちあく》の砂』で有名となる。また、自然主義文学から社会主義にも接近する。結核のため二十七歳で死去。

石川啄木

我々は一斉《いっせい》に起《た》つて先《ま》づ此《この》時代閉塞《へいそく》の現状《げんじょう》に宣戦《せんせん》しなければならぬ。

今や我々には、自己主張の強烈な欲求が残つてゐるのみである。自然主義発生当時と同じく、今猶《いまなお》理想を失ひ、方向を失ひ、出口を失つた状態に於《おい》て、長い間鬱積《うっせき》して来た其《それ》自身の力を独りで持余《もてあま》してゐるのである。……さうしてこれは実に「時代閉塞《へいそく》」の結果なのである。……今や我々青年は、此《この》自滅の状態から脱出する為《ため》に、遂《つい》に其《その》「敵」の存在を意識しなければならぬ時期に到達してゐるのである。それは我々の希望や乃至《ないし》其他の理由によるのではない、実に必至《ひっし》である。**我々は一斉《いっせい》に起《た》つて先《ま》づ此《この》時代閉塞の現状《げんじょう》に宣戦《せんせん》しなければならぬ。**自然主義を捨て、盲目的反抗と元禄《げんろく》の回顧《かいこ》とを罷《や》めて全精神を明日の考察―我々自身の時代に対する組織的考察に傾注《けいちゅう》しなければならぬのである。（「時代閉塞の現状」）

【解説】これは一九一〇年（明治四十三）八月に「時代閉塞の現状」と題して書かれたが、実際には発表されず彼の死後に発見されている。

彼によれば、明治維新は多くの英雄豪傑的青年の手で成し遂げられたが、彼らが明治国家を建設し父兄となったとき、「青年を囲繞《いにょう》する空気は、今やもう少しも流動しなくなつた。強権の勢力は普《あまね》く国内に行亘《ゆきわた》つてゐる。現代社会組織は其隅々《そのすみずみ》まで発達して」おり、我々青年は理想を失い出口を失った状態となって自分の力を発揮する場所に困っているという。啄木自身の代用教員の経験からも、教育とは「其一切《そのいっさい》の所有を提供して次の時代の為《ため》にする犠牲」と考えていたところ、実際は「たゞ其『今日』に必要なる人物を養成する」だけで「リーダーの一から五までを一生繰返」さなければ教育界にいられないような状況であると訴えている。

この時期の青年の思潮を分析した岡義武氏は、第一に個人的「成功」を夢見るようになったこと、第二に享《きょう》楽《らく》的傾向が強まったこと、第三に人生への煩悶《はんもん》、懐疑《かいぎ》が強くなったことを挙げ、逆に旧世代は国家への忠誠心の減退を嘆くようになったと指摘している。そんななか、煩悶の末に啄木は国家・父兄を「敵」に回して宣戦布告したのであった。

出　典　『啄木全集』四巻、筑摩書房、一九八〇年

参考文献　岡義武「日露戦争後における新しい世代の成長」上・下、『思想』五一二・五一三号、一九六七年

111

柳　宗悦

やなぎむねよし

一八八九―一九六一

柳　宗悦

民芸《みんげい》運動の創始者。海軍少将の子として生まれ、学習院を経て東京帝国大学文科大学哲学科に入学、『白樺《しらかば》』同人となり、ブレーク、ホイットマンを研究する。一九一六年（大正五）朝鮮に旅行して朝鮮美術に関心をもち、朝鮮民族美術館をソウルに設立した。日本の「民衆的工芸」にも興味をもち、陶芸家となったイギリス人バーナード・リーチや、浜田庄司《はまだしょうじ》、河井寛次郎《かわいかんじろう》らと民芸運動を展開、日本全国を行脚《あんぎゃ》して民芸品の持つ美を発見して紹介したり、その制作に助言を与える。三六年（昭和十一）に日本民芸館を創立する。

手が機械と異る点は、それがいつも直接に心と繋《つな》がれていることであります。

手が機械と異る点は、それがいつも直接に心と繋《つな》がれていることであります。機械には心がありません。これが手仕事に不思議な働きを起させる所以《ゆえん》だと思います。手はただ動くのではなく、いつも奥に心が控えていて、これがものを創らせたり、働きに悦《よろこ》びを与えたり、また道徳を守らせたりするのであります。そうしてこれこそは品物に美しい性質を与える原因であると思われます。それ故《ゆえ》手仕事は一面に心の仕事だと申してもよいでありましょう。手より更に神秘な機械があるでありましょうか。（『手仕事の日本』）

【解説】この『手仕事の日本』という本で、まず驚かされるのは一九四三年（昭和十八）に原稿化されたということである（刊行は第二次大戦後）。物資動員計画が実施され軍需的重化学工業一色に塗りつぶされていたなか、いわば不要不急の民芸品を、正しさ美しさを基準にして紹介しているのであり、当時でいえば非国民ということになろう。しかも「吾々《われわれ》はもっと日本を見直さねばなりません。それも具体的な形のあるものを通して、日本の姿を見守らねばなりません。そうしてこのことはやがて吾々に正しい自信を呼び醒《さ》ませてくれるでありましょう。ただ一つここで注意したいのは、吾々が固有のものを尊《とうと》ぶということは、他の国のものを誹《そし》るとか侮《あなど》るとかいう意味が伴ってはなりません。もし桜が梅を誹ったら愚かだと誰からもいわれるでしょう。国々はお互に固有のものを尊び合わねばなりません」と、排他的な自民族中心主義を正面から批判していた。

文明―野蛮という基準による序列意識が支配的な近代日本のなかで、それぞれ固有の自然と歴史に基づく固有の文化を持っている人たちがその個性を発揮しつつ共生して、より美しく豊かな文化を創り出すことを理想とした彼のような存在は比較的珍しい。しかし、実際に近代日本の多くの優れた技術が、手先の器用さを活かした日本伝統の「心と繋がれている」手工芸技術と西欧的機械技術の融合であったことを思うとき、彼の主張も納得できよう。

出　典　柳宗悦『手仕事の日本』岩波文庫、一九八五年

参考文献　中見真理『柳宗悦　時代と思想』東京大学出版会、二〇〇三年

112

芥川龍之介

あくたがわりゅうのすけ

一八九二—一九二七

大正期の小説家。母の実家芥川家で育つが、同家は代々江戸城奥坊主《おくぼうず》を務める家柄で江戸時代以来の文化を吸収しつつ成長した。東京帝国大学在学中に久米正雄《くめまさお》や菊池寛《きくちかん》らと第三・四次『新思潮《しんしちょう》』を創刊、一九一六年（大正五）発表の『鼻』が評判を博し、夏目漱石《なつめそうせき》にも認められた。多くの本を耽読《たんどく》して得たさまざまな技法を駆使した文章から、新技巧《しんぎこう》派あるいは新理知《しんりち》派と呼ばれる。しかし、生来の病弱にも影響されて作品は徐々にニヒリズム的傾向を帯びていき、ついに三十六歳で自殺した。

芥川龍之介

民衆を支配する為《ため》には大義の仮面を用《もち》ひなければならぬ。しかし一度用ひたが最後、大義の仮面は永久に脱することを得ないものである。

民衆は大義を信ずるものである。が、政治的天才は常に大義そのものには一文《いちもん》の銭《ぜに》をも抛《なげう》たないものである。唯《ただ》**民衆を支配する為《ため》には大義の仮面を用《もち》ひなければならぬ。しかし一度用ひたが最後、大義の仮面は永久に脱することを得ないものである。**もし又強《し》いて脱さうとすれば、如何《いか》なる政治的天才も忽《たちま》ち非命《ひめい》に仆《たお》れる外《ほか》はない。つまり帝王も王冠の為にをのづから支配を受けてゐるのである。この故《ゆえ》に政治的天才の悲劇は必ず喜劇をも兼ねぬことはない。たとへば昔仁和寺《にんなじ》の法師《ほうし》の鼎《かなえ》をかぶつて舞つたと云《い》ふ「つれづれ草」の喜劇をも兼ねぬことはない。(『侏儒《しゅじゅ》の言葉』)

【解説】 芥川の箴言《しんげん》集『侏儒の言葉』は、『文藝春秋《ぶんげいしゅんじゅう》』の創刊時(一九二三年〈大正十二〉)から連載された短文をまとめて一冊にしたものである。侏儒とは「この綵衣《さいい》を纏《まと》い、この筋斗《きんと》の戯《ぎ》を献じ、この太平を楽しんでいれば不足のない」人間、すなわち王様などの城に住みついている芸人を意味するが、いわばその口を借りてさまざまな世間的常識を皮肉っている。「人生とは何ぞや?」「国家とは?」と大上段に振りかぶっていた明治とは異なり、ここには都会的インテリとしてのセンスが満ちあふれているといえよう。

さてここに掲載した一節であるが、一九二三年といえば明治以来の念願がかなって政党内閣が登場し、政治への期待が高まったときであった。しかし、皮肉屋芥川はその舞台裏をさらけ出して揶揄《やゆ》しているのである。ところで、作家芥川自身も「芸術至上主義」という「仮面」を被りながら、社会制度や価値観が多様化、分化するなかで「ぼんやりした不安」を抱えて悩んでいた。そして、その悩みは現代の都市インテリも共有しているように思われる。この意味で芥川は、新たな時代の到来を告げる作家であったといえよう。

出　典　芥川龍之介『侏儒の言葉　他』岩波文庫、二〇〇三年

参考文献　吉田精一『芥川龍之介』新潮文庫、一九五八年

113 高群逸枝

たかむれいつえ

一八九四—一九六四

女性史研究のパイオニア、詩人。本名橋本《はしもと》イツエ。熊本県下益城《しもましき》郡豊川《とよかわ》村に小学校長の娘として生まれる。教員としての道を歩むも、一九一六年（大正五）橋本憲三《けんぞう》と出会い創作活動に進む。アナーキスト的な詩集、評論で有名となり、雑誌『婦人戦線』を刊行したが、一九三一年（昭和六）女性史研究を志し、外界との交渉を断って没頭し、『大日本女性史』『招婿婚《しょうせいこん》の研究』『女性の歴史』などを著した。これらは伝統的と思われていた男性中心の封建的な日本の家制度に対し、母系社会の存在を主張して社会に多大な衝撃を与えた。

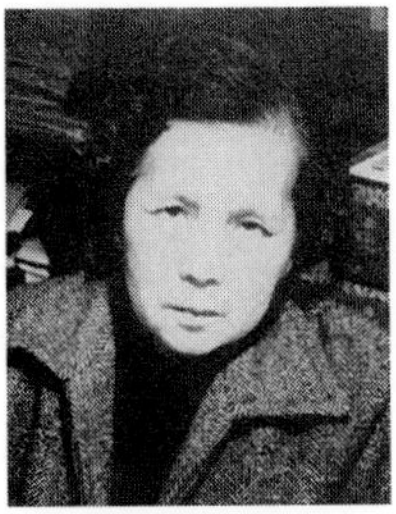

高群逸枝

「真」の前にひざまずき、「真」以外は見ず、「真」以外は語るまい

一三年余を費して、ここにようやく結語を書く時がきたことに、著者は一まつのうらがなしさをおぼえる。招《しょう》婿婚《せいこん》の研究は、それほど著者に重荷であり、牛歩遅々《ぎゅうほちち》であり、臥薪嘗胆《がしんしょうたん》であり、勇気の要請であり、宗教でさえあつたといえる。はじめてこれに着手するとき、私の前には唯《ただ》見る人跡未踏《じんせきみとう》の原野があり、私の心は恐怖におののいた。このとき、私の信条としては、ただひとつ「**真**」の前にひざまずき、「**真**」以外は見ず、「**真**」

以外は語るまいという必死の誓《ちかい》があるだけであつた。（『招婿婚の研究』）

【解説】単に女性史における研究成果ばかりではなく、彼女の生き様そのものが凄絶であり研究者の鏡であった。それまで女性を巡るさまざまな論争に、過激な主張で華々しく関わってきた高群逸枝であるが、それに行き詰まりを感じ始め、一九三一年（昭和六）夫が用意してくれた東京世田谷《せたがや》の研究所で、女性史に関する研究に没頭するようになった。「五坪の書斎のまんなかに、三尺の机をぽつんと置き、『古事記伝《こじきでん》』（本居宣長《もとおりのりなが》）を一冊のせて座ったとき、書架や書庫にはまだ何一つなく、金もなく、多難な前途がしみじみと思いやられた」状態から出発したが、その後は門外不出、面会謝絶、一日一〇時間研究を死に至るまで三四年間続けたという（高群逸枝自伝『火の国の女の日記』、『高群逸枝全集』一〇巻所収）。

こうして「女性文化の発達を研究する一方、女性自身の立場」に立脚する歴史研究としての女性史が日本で初めて開始されたのであった。一九三八年にまず『母系制の研究』を発表、戦後の五三年に『招婿婚《しょうせいこん》の研究』を完成し「招婿婚という母系婚が、太古から南北朝にいたる長い期間、支配的婚姻形態としてわが国に存続」し、「同居家族は原則的に母系によつて構成されて」いたという結論を得ることになった。もっとも現在では、この結論に対し多くの疑問が投げかけられている。

ここに掲載した文章は、『招婿婚の研究』の結語部分である。戦争中の騒然たる世間から超越した、換言すれば孤立した状況のなかで、彼女を支えたのはこのような「真」に対する信念だけであったのだろう。

出　典　『高群逸枝全集』三巻、招婿婚の研究（二）、理論社、一九六六年

参考文献　鹿野政直・堀場清子『高群逸枝』朝日選書、一九八五年

114 松下幸之助

まつしたこうのすけ

一八九四―一九八九

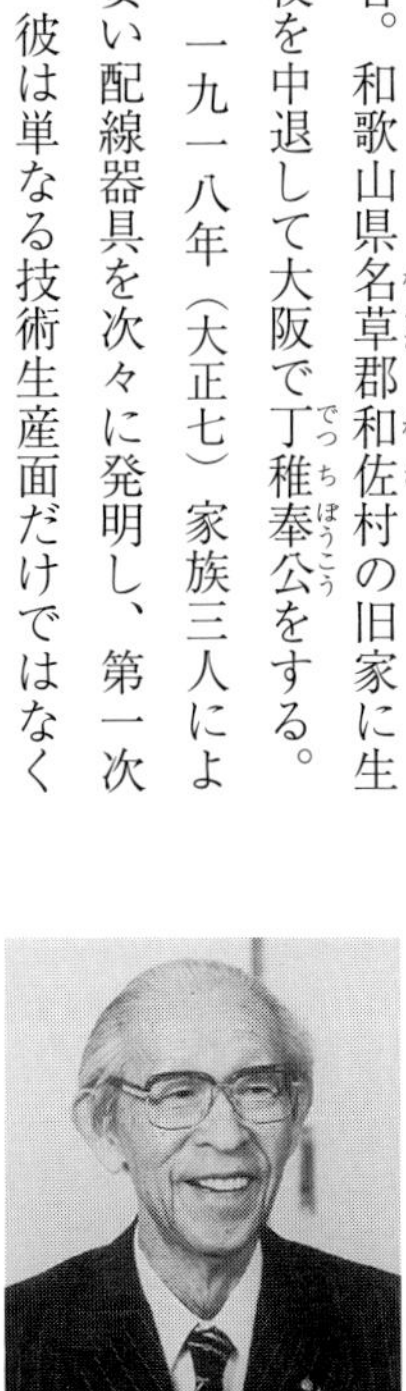
松下幸之助

昭和の電気事業家。松下電器産業創設者。和歌山県名草《なぐさ》郡和佐《わさ》村の旧家に生まれるが、父が米相場《こめそうば》で失敗し、小学校を中退して大阪で丁稚奉公《でっちぼうこう》をする。電気事業に目を付け大阪電灯に入社し、一九一八年（大正七）家族三人による松下電気器具製作所を設立、便利で安い配線器具を次々に発明し、第一次大戦期の好景気もあって業績をあげる。彼は単なる技術生産面だけではなく流通販売面にも新機軸を打ち出し、事業部制、正価販売、連盟店制度などを実施した。第二次大戦後、公職追放、財閥家族指定を受けたが、民需への転換を図って生産販売を復活、朝鮮戦争による特需《とくじゅ》の後押しもあって順調に生産を伸ばし、以後世界的企業に成長させた。

貧困は罪悪であります。

生産を高め、分配を豊かにして、すべての人の消費に不自由なからしめることが経済の目的であります。／自然の理を基とし、経験と体験とも生かして、今日の知識を高めていくところに、適正な経済の仕組みが生まれてまいります。／**貧困は罪悪であります。**われわれは常に経済の仕組みを向上させ、生産と消費を限りなく高めてこれを除去し、繁栄の社会を招来《しょうらい》することに最善を尽くさねばなりません。（「経済の目的」）

【解説】「経済の目的」との題で一九四八年（昭和二十三）九月に発表されたものである。「商売の神様」「経営の神様」と賞された松下幸之助はそのユニークな発言でも有名であった。「コストを五％下げるのは大変やろ。だけど二〇％ならできるはずや」と人を喰ったような逆転の発想から、深く人生哲学を論じたものまで幅広いが、歴史的に見てこの言葉が興味深い。

一九三〇年（昭和五）頃、日本は世界恐慌《きょうこう》、昭和恐慌という大不景気に見舞われた。時の民政党浜口雄幸《はまぐちおさち》内閣は率先して倹約《けんやく》するなど緊縮政策を打ち出した。これに対し幸之助は「緊縮政策では、絶対に繁栄を来たさない。伸びんがための緊縮政策というとちょっと理窟が通るようだが、それは信念なきものの言葉だ。国家を経済的に発展さすには生産につぐ生産、消費につぐ消費と、次第々々に加速度をつけていくところに、その根本原理を見出すべきだ」と考え、よりいっそうの消費を主張したという（神山誠『繁栄の指導者　松下幸之助』）。二宮尊徳《にのみやそんとく》に代表されるように、それまで「倹約」が美徳とされてきた日本社会のなかで、「消費」すなわち大量消費社会の到来を確信し、こんな発言をする人間はほかにあまりいなかった。この信念があったからこそ、敗戦直後の時代風潮のなかでも彼は「貧困は罪悪」と言い切れたのであろう。

戦後の日本社会が「貧困は罪悪」と感じ、国民総生産高を絶対的な指標として、高度成長、総中流化社会へと突き進んだことを考えるとき、彼のこの言葉は非常に重みをもってくる。

出　典　『松下幸之助発言集』三八巻、PHP研究所、一九九三年

参考文献　神山誠『繁栄の指導者　松下幸之助』林書店、一九六六年

著者紹介（生年／現職／執筆項目）―五十音順

大隅和雄（おおすみ　かずお）　一九三二年／東京女子大学名誉教授／30、32、33、37、40、42

神田千里（かんだ　ちさと）　一九四九年／東洋大学文学部教授／34-36、38、39、41、43-56

季武嘉也（すえたけ　よしや）　一九五四年／創価大学文学部教授／84-95、97-114

山本博文（やまもと　ひろふみ）　一九五七年／東京大学史料編纂所教授／57-83、96

義江彰夫（よしえ　あきお）　一九四三年／東京大学名誉教授／1-29、31

人名索引

太字は項目のページを示す。

頭語句索引

名言の冒頭から17字以内を採取した。

知っておきたい 日本の名言・格言事典

二〇〇五年(平成十七)八月一日 第一刷発行
二〇一七年(平成二十九)八月一日 第六刷発行

著者 大《おお》隅《すみ》和《かず》雄《お》
神《かん》田《だ》千《ち》里《さと》
季《すえ》武《たけ》嘉《よし》也《や》
山《やま》本《もと》博《ひろ》文《ふみ》
義《よし》江《え》彰《あき》夫《お》

発行者 吉川道郎

発行所 株式会社 吉川弘文館
郵便番号一一三—〇〇三三
東京都文京区本郷七丁目二番八号
電話〇三—三八一三—九一五一(代)
振替口座〇〇一〇〇—五—二四四番
http://www.yoshikawa-k.co.jp/

印刷＝株式会社 平文社
製本＝誠製本株式会社
装幀＝山崎 登

ISBN978-4-642-07944-0

姉妹編

知っておきたい日本史の名場面事典

大隅和雄・神田千里・季武嘉也・森　公章・山本博文・義江彰夫著

A5判・二八六頁／二七〇〇円（税別）

大化の改新、壇浦の戦い、川中島合戦、赤穂浪士の討ち入り、玉音放送、東京オリンピック…。日本史の転機となった名場面が、詳細・平易な解説と臨場感あふれる豊富な図版で鮮やかによみがえる。出典と参考文献を付す。

知っておきたい名僧のことば事典

中尾　堯・今井雅晴編

A5判・三〇四頁／二九〇〇円（税別）

日本史上に大きな足跡を残した名僧三四名の珠玉のことばを集成。心にしみる言葉の理解のために、名僧の生涯を辿り、現代語訳と平易な解説を付す。混迷の時代を生きる現代人に、多くの指針を与えてくれる座右必備の書。

知っておきたい日本の年中行事事典

福田アジオ・菊池健策・山崎祐子・常光　徹・福原敏男著

A5判・二二四頁／二七〇〇円（税別）

七草・花祭り・お彼岸・歳の市…。年々繰り返されるいとなみに折々の四季を感じる年中行事。どこでどのように行われ、その意味とはいかなるものか。行事の謂われや有り様、こめられた願いを平易に描き出した読む事典。

吉川弘文館

二宮尊徳（人物叢書）
大藤　修著　二四〇〇円

西郷隆盛（人物叢書）
田中惣五郎著　二二〇〇円

福沢諭吉（人物叢書）
会田倉吉著　一九〇〇円

中江兆民（人物叢書）
飛鳥井雅道著　一九〇〇円

山県有朋（人物叢書）
藤村道生著　二〇〇〇円

◇人をあるく

聖徳太子と斑鳩三寺
千田　稔著　二〇〇〇円

紫式部と平安の都
倉本一宏著　二〇〇〇円

源頼朝と鎌倉
坂井孝一著　二〇〇〇円

（価格は税別）

親鸞と東国
今井雅晴著　二〇〇〇円

日蓮と鎌倉
市川浩史著　二〇〇〇円

足利尊氏と関東
清水克行著　二〇〇〇円

豊臣秀吉と大坂城
跡部　信著　二〇〇〇円

徳川家康と関ヶ原の戦い
本多隆成著　二〇〇〇円

坂本龍馬と京都
佐々木　克著　二〇〇〇円

勝海舟と江戸東京
樋口雄彦著　二〇〇〇円

西郷隆盛と薩摩
松尾千歳著　二〇〇〇円

◇歴史文化ライブラリー

〈聖徳太子〉の誕生
大山誠一著　一七〇〇円

役行者と修験道の歴史
宮家　準著　一七〇〇円

変貌する清盛『平家物語』を書きかえる
樋口大祐著　一七〇〇円

親　鸞
平松令三著　一七〇〇円

武田信玄
平山　優著　一七〇〇円

大久保利通と明治維新
佐々木　克著　一七〇〇円

柳田国男 その生涯と思想
川田　稔著　一七〇〇円

柳宗悦と民藝の現在
松井　健著　一七〇〇円

吉川弘文館